アウンサンスーチー政権下の
# ミャンマー経済
## 最後のフロンティアの成長戦略

工藤年博・大木博巳
国際貿易投資研究所
［編著］

文眞堂

# はしがき

　ミャンマーは 2011 年 3 月に 23 年間におよぶ軍事政権（1988 年 9 月〜2011 年 3 月）が終わり，テインセイン大統領が率いる文民政権が発足した。その 5 年後の 2016 年 3 月には，アウンサンスーチー氏率いる国民民主連盟（National League for Democracy：NLD）が新政権を発足させた。これらの政権交代に伴い，欧米諸国の制裁が段階的に解除され，スーチー政権下では全面解除が実現した。ミャンマーは対外開放と経済自由化を推進し，アジアのラスト・フロンティアと称されて，その有望性が高く評価された。日本でも 2012 年以降に「ミャンマー・ブーム」が起きた。軍政時代に世界のパーリア（除け者）であったミャンマーが，今やもっとも経済的ポテンシャルを秘めた新・新興国として世界デビューを果した。

　しかし，2011 年の民政移管から 8 年が経過して，当初の「ミャンマー・ブーム」が終わるとともに，ミャンマー経済は景気が減速し，踊り場を迎えている。2020 年の総選挙を意識し始めたアウサンスーチーは，経済政策に力を入れ始めた。我々は民政移管後のミャンマー経済の成果を，どう評価すべきであろうか。ミャンマー経済の活性化のために必要な取り組みはなんであろうか。本書は，こうした問題を貿易，投資，物流インフラ，アパレル産業等から解明し，ミャンマー経済が踊りから脱却するには，インフラや人材育成など高度で効率的な市場経済を機能させる「第二段階の改革」が必要であると提言する。

## 歴史的機会を活かせていないミャンマーの貿易と投資

　第 1 章の貿易では，スーチー政権下のミャンマーの経済成長率が失速し，期待外れの原因の一つは，ミャンマーの貿易が期待している以上には伸びていないことにある。これは，ベトナムの貿易拡大と比べるとミャンマーの停滞ぶり

が際立つ。ベトナムはエレクトロニクスを中心に産業内分業が進んだのに対して，ミャンマーは，対中貿易依存を高め，エネルギーを輸出，中国からは工業品を輸入する垂直貿易の域を出ていない。欧米市場へのアクセスが禁止されていた経済制裁が，全面解除されたことで，欧米市場向け輸出の拡大が期待されたが，その歴史的機会を活かせていない。

　第2章の投資では，アジアのラスト・フロンティアとして有望性を高く評価されたミャンマーへの投資や進出企業は，当初は増加したが，今や，この動きが一巡してしまった。これから投資を呼び込むには，投資を通じた産業の成長シナリオや発展戦略が鍵となる。法制度整備は透明なプロセスで進展してきているが，その運用面や，インフラ整備等はまだ大いに改善の余地がある。ミャンマーと，日本をはじめとする投資国・企業の持続的なウィンウィンの関係構築が必要となる。

　第3章は，ミャンマー投資が，タイやベトナム勢といった「新興投資国」の企業にとって，チャンスとなっていることを事例で紹介している。ミャンマーにとっても，日中韓や欧米の企業よりは新興国企業による投資のほうが，より市場に近いという点で，実利的かもしれない。個別企業の事例を見ると，ミャンマー市場の開拓を狙ったものが目立ち，タイの大手企業ではサイアム・セメント・グループや，華人系財閥のTCCグループとチャロン・ポカパン（CP）グループなど，ベトナム大手企業では通信のベトテルや農業・不動産開発のホアン・アイン・ザーライなどの動きがある。

## 中国，インド，タイとの連結性の実態と課題

　ミャンマーは，インド，バングラデシュ，中国，ラオス，タイと国境を接する。ミャンマー経済，特に地域経済にとって，これらの諸国との連結性を高めることが発展につながる。信頼のおける輸送・通信手段，倉庫保管などの物流力がなければ，国境をまたぐ財やサービスの流れは阻害され，経済発展のペースは滞ってしまう。一国の社会経済の発展は，生産能力に物流力が加わって可能となる。物流は多くの場合，国や市場の内側に止まることなく国境の外にも拡がっていく，そこにビジネスチャンスが生まれる。連結の有効性を高めれば，国や地方は競争力を高められる。

第4章では，世界の二大人口大国の隣国であり，東南アジアに於いて戦略的な立地条件に恵まれているミャンマーの優位性をどう経済発展につなげることができるかを論じている。

全般的にミャンマーとその周辺諸国の連結性改善にはまだ時間が必要だが，地政学的重要性と経済成長の余力に富むミャンマーは「アジアのフロンティア」として引き続き注視に値する。

まずは，ミャンマーと隣国をつなぐインフラ・プロジェクトを実現させるべくその安全性を担保すること。そのために，ロヒンギャ問題等におけるミャンマーの問題解決能力が問われている。

第5章は，2018年8月および2019年3月の現地実走と聞き取りをベースに，ミャンマーにおける輸送インフラや工業団地の整備状況および隣国3ヵ国（タイ，インド，中国）との連結性の実態を報告した。

メコン地域において輸送インフラ整備が遅れているミャンマーだが，タイとの陸路連結性は進展しており，メーソート・ミャワディ国境は様々なビジネスが発現し活発な国境経済を形成している。マンダレーから中国国境に向かう北東方向も道路整備が進展し，中緬国境貿易の大動脈を形成しており，このルートでの中国資本の浸透が著しい。一方，マンダレーからインド国境へ向かう北西方向は道路状況が劣悪で，現状では連結性が最も遅れている。

ミャンマーに進出している日系企業は今のところヤンゴンおよびその近郊に集中している。大半の日系進出企業はその物流をヤンゴン港かティラワ港に頼っているが，「タイ・プラスワン」型の企業のなかには東西経済回廊の陸路を利用しているところもある。ただし片荷問題など課題は多い。

## ミャンマーの産業発展の課題：アパレル産業と産業人材育成

ミャンマー産業が持続的に発展するに必要な課題は何か。一つは，産業発展の嚆矢となるアパレル産業の輸出拡大，もう一つは産業人材の育成にある。

第6章では，アパレルをとり上げている。ミャンマーのアパレル輸出の競争相手は，カンボジア，バングラデシュが同等規模で，まずは，欧米市場でこの2か国との競争に勝つことである。そのためには，衣類輸出を担う外資系企業の誘致を進めることである。懸念点は，早ければ，2024年にはLDCから『卒

業』し，享受してきた GSP 等の関税上の優遇措置や ODA などが受けられなくなることである。特に，衣類輸出は GSP 等の優遇措置を活かしたことが大きかっただけに，それへの備えが急務になる。

　第7章ではミャンマーにおける産業人材育成の現状と課題を確認したうえで，先進的で一定の成果を上げている職業訓練機関や企業の事例について実態を紹介している。

　現状と課題については，政府や国際機関のポリシーペーパーなどで産業人材育成の重要性が指摘されつつも，実態としては潜在的なニーズに対して適切な教育・職業訓練サービスが提供されていない。育成される人材や企業，職業訓練機関の個々の努力だけでは限界があるので，長期的な社会経済発展の基盤となる産業人材育成による貢献への期待を勘案すると政策的な支援などの課題が残っていることが明らかになった。


## ミャンマー経済，踊り場からの脱却へ向けての方策

　第8章は，現在，ミャンマー経済は減速し，踊り場にあるとして，この踊り場から脱却し，次の段階へすすむために，新たに必要な「第2段階の改革」を提言している。テインセイン政権期には経済の自由化，規制緩和，対外開放などにより，経済活動の制約を除くことで成長を実現することができた。しかし，これからは自由化や規制緩和をすすめると同時に，高度で効率的な市場経済を機能させるためのインフラ，制度，人材をつくり上げ，生産・物流・取引のボトルネックを解消していかなければならない。近代的な市場経済を動かすための専門性をもった官僚の不足も課題である。


　本書は，国際貿易投資研究所（ITI）のミャンマー研究会での議論を基に作成された報告書を全面加筆修正し，第8章の提言を新たに加えた。

　本書から，読者の方々がこれからのミャンマー経済の将来を考える上で，些かなりとも寄与するところがあれば誠に幸いである。

　最後に，ITI ミャンマー研究会を組織するに当たり，公益財団法人 JKA から補助金の交付を受け，多大なご支援をいただいたことに謝意を表すとともに，本書の刊行を快諾され，編集の労をとられた文眞堂編集部の前野弘太氏

に，心から御礼を申し上げたい。

　2019 年 12 月

編著者

# 目　　次

## 第3章　タイ・ベトナム企業，対ミャンマー投資を拡大……………72
### —新興国企業の参入で市場争奪戦が激化—

# ミャンマーの対外貿易の課題
## ―貿易拡大のチャンスをつかめるか―

**要約**

　ミャンマーは，第2次世界大戦後，東南アジア有数の豊かな国であった。しかし，欧米の経済制裁が長期化したことで，ASEANの貧困国に転落した。スーチー氏率いる文民政権の誕生によって，米国が経済制裁を全面解除した。これにより，5,000万人超の人口を抱え，高い潜在力を持つミャンマーに経済再生の到来を期待する声が高まった。

　この歴史的機会を経済発展に活かせるかどうかは，国際分業と外資導入を推進する「外向き」の経済政策の成否にある。ミャンマー経済をベトナムと比較すると，ミャンマーの停滞ぶりが浮き彫りになる。ベトナムが，輸出指向型経済成長を実現している一方で，ミャンマーの貿易は伸び悩んでいる。

　ミャンマーの新政権も，国際分業のへの参加と外資導入を推進する「外向き」の経済政策を志向しているが，まだ，これといった成果は出ていない。米中経済戦争で対米輸出拠点を中国からASEANに移管する動きが活発であるが，移管先としてミャンマーを選択する企業はほとんどない。理由は，インフラが十分に整っていないことにあるが，加えて，賃金の上昇やミャンマーは対中貿易依存度が高く，中国から割安な製品が流入して投資化を難しくさせていること，国内に抱える少数民族問題に平和的解決がまだ実現していないことも影響している。

# 1. はじめに―期待外れのミャンマー経済

　アウンサンスーチー氏が率いる国民民主連盟（NLD）政権が誕生（2016年3月30日）してから，3年が経過した。新政権発足の初年度（2016年）の経済成長率は，農業部門の不振などで，テインセイン前政権（2011年3月〜）の高成長（2014年8.2％，2015年7.5％）に及ばず5.2％に鈍化した。7〜8％台が期待されていた17年は6.3％，18年は，6.8％にやや回復している（表1-1-①）。ASEAN諸国との比較でみると，2017，18年の経済成長率は，ベトナム，フィリピン，カンボジアも6％台の成長率を遂げており，ミャンマーが取り立てて高い成長率を記録しているわけではない。

　海外からの直接投資（FDI）の認可額も，2015年度をピークに，2016〜17年度と2年連続して減少した。14〜15年度は原油・天然ガス採掘の入札があったことで，認可額が膨らんだが，それが剥落した2016年度は前年比22％減の22億ドルと落ち込んだ。もっとも，2011〜14年平均と比べれば2倍超の水準になっているが，最後のフロンティアと喧伝された割には，直接投資流入額の規模は小さい。国家運営に不慣れなNLD政権の戦略を外国の投資家は疑問視していたことも影響したとみられている。

　ミャンマー投資委員会の外国投資認可額は，18年4月から19年2月までに34億ドル（約3,700億円），前年同期比35％減と落ち込んでいる。イスラム系少数民族ロヒンギャへの迫害問題を受け欧米が投資を控えていることが響いている[1]。

　他方，ミャンマーの貿易は，ASEAN平均の貿易成長率を大きく上回り，拡大している。欧米諸国の経済制裁下にあった2000年から2010年間に，輸出伸び率が8.9％，輸入は3.0％と輸出が伸びた。開放政策に転じた2011年から2018年間では，輸出が10.8％，輸入が12.2％と輸入が急増した（表1-1-②）。このうちテインセイン政権下では，輸出が8.8％，輸入が18.3％と輸入が急増したが，NLD政権下では19.0％，11.2％と輸出が拡大し，輸入は鈍化している。

**表 1-1　ミャンマー等 ASEAN 諸国の実質成長率と貿易成長率，ASEAN の GDP（名目）・貿易に占めるミャンマー**

① 実質経済成長率

| 国名 | 伸び率（%） | | | | | | | | | |
|---|---|---|---|---|---|---|---|---|---|---|
| | 1998-2000 | 2000-2010 | 2011 | 2012 | 2013 | 2014 | 2015 | 2016 | 2017 | 2018 |
| インドネシア | 2.9 | 5.4 | 6.2 | 6.0 | 5.6 | 5.0 | 4.9 | 5.0 | 5.1 | 5.2 |
| マレーシア | 7.4 | 4.6 | 5.3 | 5.5 | 4.7 | 6.0 | 5.0 | 4.4 | 5.7 | 4.7 |
| フィリピン | 3.7 | 4.8 | 3.7 | 6.7 | 7.1 | 6.1 | 6.1 | 6.9 | 6.7 | 6.2 |
| タイ | 4.5 | 4.6 | 0.8 | 7.2 | 2.7 | 1.0 | 3.1 | 3.4 | 4.0 | 4.1 |
| ベトナム | 5.8 | 6.8 | 6.2 | 5.2 | 5.4 | 6.0 | 6.7 | 6.2 | 6.8 | 7.1 |
| ミャンマー | 12.3 | 10.3 | 5.5 | 6.5 | 7.9 | 8.2 | 7.5 | 5.2 | 6.3 | 6.8 |
| シンガポール | 7.5 | 5.8 | 6.2 | 3.9 | 5.0 | 3.6 | 2.2 | 2.4 | 3.6 | 2.9 |
| カンボジア | 10.3 | 8.0 | 7.1 | 7.3 | 7.4 | 7.1 | 7.0 | 6.9 | 7.0 | 7.5 |

資料：WEO 及び IMF 2019 年 10 月見通し。

② 貿易成長率

（単位：%）

| 国名 | 輸出 | | | | | 輸入 | | | | |
|---|---|---|---|---|---|---|---|---|---|---|
| | 1998-2000 | 2000-2010 | 2011-2018 | 2011-2015 | 2016-2018 | 1998-2000 | 2000-2010 | 2011-2018 | 2011-2015 | 2016-2018 |
| インドネシア | 12.7 | 9.8 | -1.7 | -7.3 | 14.7 | 10.7 | 15.0 | 1.2 | -5.3 | 19.1 |
| マレーシア | 15.6 | 7.3 | 1.2 | -3.3 | 14.3 | 18.7 | 7.2 | 0.3 | -1.6 | 6.7 |
| フィリピン | 13.8 | 3.0 | 5.0 | 5.1 | 9.7 | 8.1 | 5.7 | 7.4 | 2.6 | 9.2 |
| タイ | 11.6 | 10.9 | 1.9 | -1.1 | 8.3 | 19.0 | 11.6 | 1.2 | -3.1 | 13.1 |
| ベトナム | 24.7 | 17.1 | 14.4 | 14.4 | 16.7 | 17.6 | 18.2 | 12.0 | 13.8 | 11.9 |
| ミャンマー | 69.1 | 8.9 | 10.8 | 8.8 | 19.0 | 15.9 | 3.0 | 12.2 | 18.3 | 11.2 |
| シンガポール | 12.1 | 9.8 | 0.1 | -3.8 | 11.8 | 15.1 | 8.7 | 0.2 | -5.1 | 14.7 |
| カンボジア | 21.1 | 15.1 | 8.9 | 6.3 | 9.9 | 11.9 | 13.2 | 18.0 | 16.3 | 23.2 |
| ASEAN 10 | 13.7 | 9.4 | 2.2 | -1.5 | 12.7 | 15.1 | 10.0 | 2.7 | -1.1 | 12.9 |

資料：DOT

③　ASEAN の GDP（名目），貿易に占めるシェア（％）

| 国名 | GDP | | | | 輸出 | | | | 輸入 | | | |
|---|---|---|---|---|---|---|---|---|---|---|---|---|
| | 1998 | 2000 | 2010 | 2018 | 1998 | 2000 | 2010 | 2018 | 1998 | 2000 | 2010 | 2018 |
| インドネシア | 22.7 | 28.2 | 38.1 | 37.2 | 14.8 | 14.5 | 15.1 | 12.6 | 9.8 | 9.1 | 14.2 | 13.4 |
| マレーシア | 15.3 | 15.8 | 12.9 | 11.6 | 22.2 | 23.0 | 19.0 | 17.4 | 21.0 | 22.3 | 17.2 | 15.5 |
| フィリピン | 14.2 | 12.7 | 10.1 | 12.2 | 8.9 | 8.9 | 4.9 | 4.7 | 10.6 | 9.4 | 6.3 | 7.6 |
| タイ | 22.4 | 19.8 | 17.2 | 15.9 | 16.7 | 16.1 | 18.5 | 17.5 | 15.7 | 16.8 | 19.4 | 17.1 |
| シンガポール | 16.9 | 15.0 | 11.9 | 10.8 | 33.2 | 32.3 | 33.6 | 28.2 | 36.5 | 36.5 | 32.5 | 26.4 |
| ベトナム | 5.4 | 4.9 | 5.7 | 8.0 | 2.8 | 3.4 | 6.7 | 16.7 | 4.1 | 4.2 | 8.7 | 16.2 |
| ミャンマー | 1.5 | 1.6 | 2.5 | 2.5 | 0.3 | 0.6 | 0.7 | 1.1 | 0.8 | 0.9 | 0.4 | 1.5 |
| カンボジア | 0.6 | 0.6 | 0.6 | 0.8 | 0.3 | 0.3 | 0.5 | 0.9 | 0.4 | 0.4 | 0.5 | 1.4 |
| ASEAN 10 | 100.0 | 100.0 | 100.0 | 100.0 | 100.0 | 100.0 | 100.0 | 100.0 | 100.0 | 100.0 | 100.0 | 100.0 |

注：GDP の 2017 年以降は予測値。
資料：貿易額：DOT，GDP：WEO（2018 年 10 月）。

　ASEAN 経済，貿易に占めるミャンマーの比率は，極めて小さい。ASEAN の GDP に占めるミャンマーの比率は 2018 年に僅か 2.5％，2010 年と同じ水準である（表 1-1-③）。ASEAN 貿易に占める比率でも，ミャンマーは，輸出で 2010 年の 0.7％から 2018 年に 1.2％，輸入では同じく 0.4％から 1.4％に増えているが，ASEAN の加盟国の中で，小国ラオスを除いて，ミャンマーはカンボジアと ASEAN の最下位争いをしている。

　一方，同じメコンのベトナムは，ASEAN の GDP に占める比率では，2010 年の 5.7％から 2018 年には 8.0％に拡大している。シンガポールやマレーシアが射程に入って来ている。ASEAN 貿易に占めるベトナムの比率は，輸出が 2010 年の 6.7％から 2018 年に 16.6％，輸入も 8.7％％から 16.6％へと大きく拡大している。輸出入ともに，ほぼタイと並んでいる。

　ミャンマーは，5,000 万人超の人口を抱え，高い潜在力を持つミャンマー市場をアジア最後のフロンティアと喧伝されて，投資家の間で関心を高めた。しかし，2016～2018 年間の NLD 政権におけるミャンマーの経済成長率は，ASEAN の中で突出した高成長率を記録したわけではなく，ベトナム，カンボジア，フィリピン並みにとどまっている。高成長への期待値が高かった NLD 政権下のミャンマーの経済成長率の鈍化に歯がゆさが感じられる。

## 1.1　広がるベトナムとミャンマーの経済格差

　2000 年代におけるミャンマーとベトナムの経済を比較して，格差が著しかったのは貿易である。まず，両国の貿易を長期的推移で比較してみると，ベトナムの輸出は，1981 年に 1 億ドル，1984 年までミャンマーを下回っていた。ドイモイが始まった 1985 年に 6.9 億ドルに跳ね上がり，1989 年に 10 億ドルを超えた。10 億ドル超はミャンマーより 6 年早く達成している。1994 年に 40 億ドル，2000 年に 140 億ドルと 100 億ドル超えたが，100 億ドル達成はミャンマーより 17 年早く到達している。

　ベトナムの輸出は，2000 年以降に飛躍的に拡大する。2012 年に 1,110 億ドル，2017 年は 2,100 億ドルとほぼ倍増している。2000 年にはベトナムの輸出額はミャンマーの輸出額の 5.8 倍であったが，2017 年には 15 倍に格差が広がっている。

　GOP に占める貿易の比率を比較すると，2000 年時点ではミャンマーが輸出で 24.2％，輸入で 31.5％，ベトナムが輸出で 46.5％，輸入で 50.2％と，ベトナムがミャンマーを 20％ポイント程度上回っていた。2017 年では，ベトナムは輸出が 89.8％，輸入では 100.9％へと倍増し輸出指向型経済成長を実現した。2017 年のミャンマーの比率は，輸出で 20.8％，輸入で 29.2％と 2000 年時点と比べて下回っている。

　ベトナムの貿易拡大は外資が主導している。ベトナムの GDP に占める直接

**図 1-1　ミャンマーとベトナムの GDP に占める輸出・輸入比率（1998〜2017 年）**

出所：輸出入：DOT，名目 GDP：WEO。

投資のシェアは20％に近く，工業生産の約半分，輸出の約70％は，外資系企業が占めている。しかも，外資系企業のほとんどは100％外国所有で，現地企業との合弁が非常に少ない[2]。ドイモイ後のベトナムは積極的に外資を導入し，経済発展過程におけるFDIの役割が大きい。特に，2013年から新しいブームがベトナム北部を中心に沸き上がり，ベトナム経済は文字通りFDI主導型成長を強めた。

　ベトナムの場合は，タイやマレーシアが半世紀以上をかけて労働集約的産業から始まりエレクトロニクス，自動車産業等の機械産業へと高度化したパターンとは異なる。アパレル輸出と共に2010年から携帯電話（スマートフォン）輸出が開始した。前者は労働コストが誘引となるが，後者は国際的なIT機器産業のサプライチェーンにおいて最終組み立て工程が生産移管されたことによる。米中貿易戦争による中国生産リスクや中国華南のIT産業集積地の近接性などが誘因となっている。

　産業集積が進む中国に比較的に近いという地理的優位性，投資インセンティブ，労働コスト，政治の安定性などの面から，ベトナムの投資環境が相対的に高く評価されていること等が理由に挙げられる。


## 2.　工業品貿易拡大の機会を失ったミャンマー

　ミャンマーの貿易は，欧米諸国の経済制裁下にあった2000年から2010年間に，輸出伸び率が8.9％，輸入は3.0％と輸入が停滞した。開放政策に転じた2011年から2018年間では，輸出が10.8％，輸入が13.8％ともに伸びているが特に輸入が急増した。

　ミャンマーの貿易を財別国地域別に2000年，2010年，2016年の3時点で比較して，この間におけるミャンマーの貿易構造の変化を取り上げる。テインセイン政権時代とそれ以前との貿易構造の比較となる。

　貿易データは，ミャンマーの主要貿易相手国の貿易データから対ミャンマー貿易をまとめたものである（表1-2，1-4）。主要相手先はASEAN，中国，米国，日本，EU，インドである。

表 1-2　主要国の財別対ミャンマー輸入（ミャンマーの輸出に占める比率）
～ミャンマーの財別輸出～

(単位：％)

| 年 | 財・業種 | 各国の対ミャンマー輸入 | | | | | | | | | | |
|---|---|---|---|---|---|---|---|---|---|---|---|---|
| | | ASEAN10 | シンガポール | タイ | インドネシア | マレーシア | 中国 | 日本 | 米国 | EU28 | インド | 小計 |
| 2000 | 総額 | 21.3 | 5.0 | 11.7 | 1.0 | 3.2 | 5.7 | 5.5 | 24.0 | 17.4 | 8.2 | 82.1 |
| | 素材 | 11.8 | 1.1 | 9.1 | 0.3 | 1.2 | 3.7 | 0.7 | 0.2 | 0.6 | 6.6 | 23.6 |
| | 加工品 | 2.9 | 0.5 | 1.8 | 0.2 | 0.2 | 1.1 | 0.9 | 0.9 | 1.5 | 0.1 | 7.4 |
| | 部品 | 0.2 | 0.0 | 0.0 | 0.0 | 0.1 | 0.1 | 0.2 | 0.1 | 0.1 | 0.0 | 0.7 |
| | 資本財 | 0.1 | 0.0 | 0.0 | 0.0 | 0.1 | 0.0 | 0.1 | 0.0 | 0.5 | 0.0 | 0.7 |
| | 資本財(輸送機器除く) | 0.1 | 0.0 | 0.0 | 0.0 | 0.1 | 0.0 | 0.1 | 0.0 | 0.1 | 0.0 | 0.3 |
| | 産業用輸送機器 | 0.0 | 0.0 | 0.0 | — | — | — | — | — | 0.4 | — | 0.4 |
| | 消費財 | 6.1 | 3.3 | 0.6 | 0.5 | 1.6 | 0.8 | 3.5 | 22.8 | 14.6 | 1.4 | 49.3 |
| | 食料・飲料 | 4.6 | 2.0 | 0.4 | 0.5 | 1.6 | 0.8 | 2.7 | 1.4 | 1.1 | 1.4 | 12.1 |
| | 乗用車等 | 0.0 | — | — | 0.0 | — | — | 0.0 | — | 0.0 | 0.0 | 0.0 |
| | 耐久消費財 | 0.1 | 0.0 | 0.1 | 0.0 | 0.0 | 0.0 | 0.0 | 0.1 | 0.4 | 0.0 | 0.7 |
| | 半耐久消費財 | 1.1 | 1.1 | 0.0 | 0.0 | 0.0 | 0.0 | 0.8 | 18.5 | 12.1 | 0.0 | 32.5 |
| | 非耐久消費財 | 0.2 | 0.2 | 0.0 | 0.0 | 0.0 | 0.0 | 0.0 | 2.7 | 1.1 | — | 4.0 |
| 2010 | 総額 | 44.5 | 1.1 | 38.3 | 0.4 | 3.1 | 12.9 | 5.2 | — | 2.9 | 15.1 | 80.7 |
| | 素材 | 39.2 | 0.5 | 36.2 | 0.0 | 1.5 | 6.7 | 0.4 | — | 0.0 | 5.8 | 52.2 |
| | 加工品 | 1.5 | 0.2 | 0.7 | 0.0 | 0.5 | 3.8 | 0.2 | — | 0.0 | 0.2 | 5.8 |
| | 部品 | 0.0 | 0.0 | 0.0 | — | 0.0 | 0.0 | 0.0 | — | 0.0 | 0.0 | 0.1 |
| | 資本財 | 0.0 | 0.0 | 0.0 | 0.0 | 0.0 | 0.0 | 0.0 | — | 0.0 | 0.0 | 0.0 |
| | 資本財(輸送機器除く) | 0.0 | 0.0 | 0.0 | 0.0 | 0.0 | 0.0 | 0.0 | — | 0.0 | 0.0 | 0.0 |
| | 産業用輸送機器 | 0.0 | 0.0 | 0.0 | — | — | — | — | — | 0.0 | — | 0.0 |
| | 消費財 | 3.7 | 0.3 | 1.5 | 0.4 | 1.1 | 2.5 | 4.5 | — | 2.8 | 9.0 | 22.5 |
| | 食料・飲料 | 3.4 | 0.3 | 1.3 | 0.4 | 1.0 | 2.4 | 1.0 | — | 0.4 | 9.0 | 16.2 |
| | 乗用車等 | 0.0 | 0.0 | 0.0 | — | — | — | — | — | 0.0 | — | 0.0 |
| | 耐久消費財 | 0.0 | 0.0 | 0.0 | 0.0 | 0.0 | 0.0 | 0.0 | — | 0.0 | 0.0 | 0.0 |
| | 半耐久消費財 | 0.2 | 0.0 | 0.0 | 0.0 | 0.0 | 0.1 | 3.5 | — | 2.3 | 0.0 | 6.1 |
| | 非耐久消費財 | 0.0 | 0.0 | 0.0 | 0.0 | 0.0 | 0.0 | 0.0 | — | 0.1 | 0.0 | 0.2 |
| 2016 | 総額 | 21.8 | 0.9 | 18.4 | 0.9 | 1.5 | 27.1 | 7.3 | 2.1 | 8.5 | 8.4 | 75.2 |
| | 素材 | 16.6 | 0.2 | 16.0 | 0.0 | 0.4 | 20.8 | 0.3 | 0.0 | 0.0 | 0.1 | 37.9 |
| | 加工品 | 2.0 | 0.1 | 1.1 | 0.5 | 0.3 | 4.2 | 0.2 | 0.2 | 0.7 | 1.2 | 8.5 |
| | 部品 | 0.2 | 0.1 | 0.1 | 0.0 | 0.0 | 0.0 | 0.0 | 0.0 | 0.0 | 0.0 | 0.4 |
| | 資本財 | 0.2 | 0.1 | 0.1 | 0.0 | 0.0 | 0.2 | 0.1 | 0.0 | 0.1 | 0.4 | 1.1 |
| | 資本財(輸送機器除く) | 0.2 | 0.1 | 0.1 | 0.0 | 0.0 | 0.2 | 0.1 | 0.0 | 0.1 | 0.0 | 0.7 |
| | 産業用輸送機器 | 0.0 | 0.0 | 0.0 | — | — | — | — | 0.0 | — | 0.4 | 0.4 |
| | 消費財 | 2.8 | 0.4 | 1.1 | 0.3 | 0.9 | 1.8 | 6.7 | 1.9 | 7.6 | 6.7 | 27.5 |
| | 食料・飲料 | 2.3 | 0.2 | 1.0 | 0.3 | 0.7 | 0.7 | 0.6 | 0.4 | 0.9 | 6.7 | 11.7 |
| | 乗用車等 | 0.0 | 0.0 | 0.0 | — | — | — | 0.0 | — | 0.0 | — | 0.0 |
| | 耐久消費財 | 0.0 | 0.0 | 0.0 | 0.0 | 0.0 | 0.0 | 0.0 | 0.0 | 0.1 | 0.0 | 0.9 |
| | 半耐久消費財 | 0.3 | 0.1 | 0.0 | 0.0 | 0.1 | 0.4 | 5.8 | 1.4 | 5.8 | 0.0 | 13.6 |
| | 非耐久消費財 | 0.1 | 0.0 | 0.0 | 0.0 | 0.0 | 0.0 | 0.3 | 0.1 | 0.8 | 0.0 | 1.3 |

注：主要国地域の対ミャンマー財別輸入に占めるミャンマーの輸出（DOT）。

主要国・地域の対ミャンマー財別輸入の伸び率

| 財 | 平均伸び率（％） | |
|---|---|---|
| | 2000-2010 | 2010-2016 |
| **総額** | 12.9 | 8.3 |
| 素材 | 22.4 | 3.9 |
| 加工品 | 10.2 | 17.0 |
| 部品 | -6.9 | 37.8 |
| 資本財 | -16.1 | 90.9 |
| 　資本財（輸送機器除く） | -9.2 | 76.5 |
| 　産業用輸送機器 | -45.1 | 263.8 |
| 消費財 | 4.5 | 13.3 |
| 　食料・飲料 | 16.5 | 3.8 |
| 　乗用車等 | -9.8 | 12.3 |
| 　耐久消費財 | -13.3 | 78.5 |
| 　半耐久消費財 | -4.4 | 25.4 |
| 　非耐久消費財 | -18.4 | 56.3 |

注：主要国：ASEAN，日本，中国，米国，EU，インド。
資料：ITI貿易マトリックス。

### 表1-3　主要国の対ミャンマー，ベトナムのアパレル輸入

① ミャンマー

（単位：100万ドル）

| 国名 | 2000 | 2001 | 2002 | 2003 | 2004 | 2005 | 2006 | 2007 | 2008 | 2009 | 2010 | 2011 | 2012 | 2013 | 2014 | 2015 | 2016 | 2017 |
|---|---|---|---|---|---|---|---|---|---|---|---|---|---|---|---|---|---|---|
| 日本 | 5 | 8 | 15 | 32 | 45 | 53 | 71 | 96 | 133 | 149 | 184 | 349 | 409 | 478 | 561 | 582 | 652 | 714 |
| 中国 | 0 | 0 | 0 | 0 | 0 | 0 | 0 | 0 | 0 | 0 | 2 | 7 | 21 | 39 | 34 | 41 | 45 | 47 |
| 韓国 | 1 | 3 | 2 | 5 | 6 | 7 | 18 | 30 | 30 | 54 | 124 | 232 | 279 | 391 | 462 | 397 | 346 | 353 |
| 米国 | 405 | 410 | 303 | 235 | — | — | — | — | — | — | — | — | 2 | 16 | 44 | 77 | 139 | |
| ドイツ | 65 | 76 | 67 | 91 | 116 | 96 | 106 | 95 | 91 | 77 | 74 | 79 | 49 | 62 | 111 | 162 | 238 | 357 |
| タイ | 0 | 0 | 0 | 0 | 0 | 0 | 0 | 0 | 0 | 1 | 1 | 0 | 1 | 2 | 2 | 4 | 6 | 10 |
| インドネシア | 0 | 0 | 0 | — | 0 | 0 | 0 | 0 | 0 | — | — | 0 | 0 | 0 | 1 | 1 | 1 | 2 |
| マレーシア | — | — | — | — | — | — | — | — | — | — | 4 | — | — | — | — | — | 15 | 21 |
| インド | — | — | — | — | — | — | — | — | — | — | — | — | — | — | — | — | 0 | 1 |
| 計 | 476 | 497 | 387 | 364 | 167 | 157 | 196 | 222 | 255 | 282 | 388 | 668 | 759 | 973 | 1,188 | 1,231 | 1,381 | 1,644 |

② ベトナム

（単位：100万ドル）

| 国名 | 2000 | 2001 | 2002 | 2003 | 2004 | 2005 | 2006 | 2007 | 2008 | 2009 | 2010 | 2011 | 2012 | 2013 | 2014 | 2015 | 2016 | 2017 |
|---|---|---|---|---|---|---|---|---|---|---|---|---|---|---|---|---|---|---|
| 日本 | 644 | 581 | 510 | 538 | 609 | 651 | 675 | 756 | 916 | 1,096 | 1,278 | 1,948 | 2,280 | 2,570 | 2,858 | 3,095 | 3,387 | 3,614 |
| 中国 | 2 | 1 | 2 | 10 | 5 | 10 | 13 | 26 | 44 | 45 | 78 | 190 | 247 | 414 | 562 | 740 | 854 | 1,047 |
| 韓国 | 29 | 41 | 48 | 44 | 41 | 49 | 67 | 83 | 150 | 241 | 411 | 865 | 1,128 | 1,732 | 2,206 | 2,272 | 2,475 | 2,906 |
| 米国 | 48 | 49 | 883 | 2,362 | 2,553 | 2,703 | 3,204 | 4,338 | 5,197 | 5,051 | 5,848 | 6,614 | 7,078 | 8,115 | 9,276 | 10,566 | 10,794 | 11,567 |
| ドイツ | 290 | 269 | 243 | 221 | 284 | 274 | 388 | 478 | 535 | 499 | 533 | 703 | 646 | 713 | 892 | 897 | 937 | 973 |
| タイ | 0 | 1 | 1 | 1 | 1 | 2 | 5 | 9 | 7 | 10 | 9 | 17 | 26 | 38 | 45 | 53 | 65 | 77 |
| インドネシア | 0 | 0 | 0 | 0 | 0 | 1 | 1 | 4 | 2 | 11 | 4 | 9 | 11 | 17 | 17 | 21 | 24 | 45 |
| マレーシア | 16 | — | — | — | — | — | — | — | — | — | 9 | — | — | — | — | — | 91 | 97 |
| インド | 0 | — | — | — | — | — | — | — | — | 15 | — | — | — | — | — | — | 30 | 52 |
| 計 | 1,030 | 942 | 1,685 | 3,175 | 3,495 | 3,690 | 4,353 | 5,695 | 6,852 | 6,953 | 8,186 | 10,346 | 11,415 | 13,598 | 15,857 | 17,644 | 18,657 | 20,378 |

資料：各国貿易統計よりITI作成。

表 1-4 主要国の対ミャンマー財別輸出（ミャンマーの輸入に占める比率）
〜ミャンマーの財別輸入〜

（単位：%）

| 年 | 財・業種 | 各国の対ミャンマー輸出 | | | | | | | | | | | |
|---|---|---|---|---|---|---|---|---|---|---|---|---|---|
| | | ASEAN 10 | シンガポール計 | 再輸出 | タイ | インドネシア | マレーシア | 中国 | 日本 | 米国 | EU28 | インド | 小計 |
| 2000 | 総額 | 45.4 | 15.8 | 8.9 | 18.2 | 2.4 | 8.4 | 18.0 | 7.1 | 0.6 | 3.9 | 1.6 | 76.6 |
| | 素材 | 5.5 | 0.1 | 0.0 | 0.1 | 0.0 | 5.2 | 0.1 | 0.0 | 0.0 | 0.0 | 0.0 | 5.6 |
| | 加工品 | 20.3 | 6.2 | 2.1 | 9.7 | 1.7 | 2.5 | 8.5 | 1.0 | 0.1 | 0.8 | 0.8 | 31.5 |
| | 部品 | 4.8 | 2.7 | 2.2 | 1.8 | 0.2 | 0.1 | 1.3 | 2.4 | 0.2 | 1.0 | 0.2 | 10.0 |
| | 資本財 | 3.3 | 2.2 | 1.6 | 0.8 | 0.2 | 0.1 | 4.5 | 3.5 | 0.3 | 1.6 | 0.1 | 13.2 |
| | 資本財(輸送機器除く) | 3.3 | 2.2 | 1.6 | 0.8 | 0.2 | 0.1 | 4.1 | 3.0 | 0.3 | 1.2 | 0.1 | 12.0 |
| | 産業用輸送機器 | 0.1 | 0.0 | 0.0 | 0.0 | 0.0 | 0.0 | 0.3 | 0.5 | − | 0.3 | 0.0 | 1.3 |
| | 消費財 | 10.5 | 4.0 | 2.9 | 5.6 | 0.3 | 0.4 | 3.5 | 0.2 | 0.1 | 0.4 | 0.4 | 15.1 |
| | 食料・飲料 | 4.1 | 1.4 | 0.7 | 2.4 | 0.1 | 0.2 | 0.8 | 0.0 | 0.0 | 0.1 | 0.0 | 5.0 |
| | 乗用車等 | 0.7 | 0.1 | 0.1 | 0.6 | − | 0.0 | 0.1 | 0.1 | 0.0 | 0.0 | − | 0.9 |
| | 耐久消費財 | 1.4 | 1.1 | 0.9 | 0.2 | 0.0 | 0.0 | 0.3 | 0.0 | 0.0 | 0.0 | 0.0 | 1.8 |
| | 半耐久消費財 | 1.7 | 0.5 | 0.4 | 1.2 | 0.1 | 0.1 | 0.9 | 0.0 | 0.0 | 0.1 | 0.0 | 2.8 |
| | 非耐久消費財 | 2.6 | 0.9 | 0.8 | 1.2 | 0.2 | 0.1 | 1.4 | 0.0 | 0.0 | 0.3 | 0.3 | 4.7 |
| 2010 | 総額 | 43.5 | 12.8 | 6.3 | 22.9 | 3.1 | 4.0 | 38.4 | 2.9 | 0.1 | 1.2 | 3.0 | 89.2 |
| | 素材 | 0.3 | 0.0 | 0.0 | 0.2 | 0.0 | 0.1 | 0.3 | 0.0 | 0.0 | 0.0 | 0.0 | 0.7 |
| | 加工品 | 26.2 | 7.9 | 2.6 | 12.1 | 2.7 | 3.1 | 16.1 | 0.7 | 0.0 | 0.2 | 0.9 | 44.1 |
| | 部品 | 3.4 | 1.7 | 1.3 | 1.5 | 0.1 | 0.0 | 4.8 | 0.2 | 0.0 | 0.2 | 0.3 | 9.0 |
| | 資本財 | 3.6 | 1.5 | 1.3 | 1.7 | 0.1 | 0.0 | 11.1 | 1.6 | 0.0 | 0.4 | 0.2 | 17.0 |
| | 資本財(輸送機器除く) | 3.2 | 1.4 | 1.2 | 1.4 | 0.1 | 0.0 | 8.8 | 1.3 | 0.0 | 0.3 | 0.2 | 13.8 |
| | 産業用輸送機器 | 0.4 | 0.1 | 0.1 | 0.3 | 0.0 | 0.0 | 2.3 | 0.3 | − | 0.1 | 0.0 | 3.2 |
| | 消費財 | 9.8 | 1.5 | 1.1 | 7.5 | 0.3 | 0.4 | 6.5 | 0.3 | 0.0 | 0.3 | 1.6 | 18.5 |
| | 食料・飲料 | 5.2 | 0.7 | 0.4 | 4.3 | 0.0 | 0.2 | 0.7 | 0.0 | 0.0 | 0.1 | 0.8 | 6.7 |
| | 乗用車等 | 0.7 | 0.0 | 0.0 | 0.6 | − | 0.0 | 2.7 | 0.3 | 0.0 | 0.0 | 0.0 | 3.7 |
| | 耐久消費財 | 0.8 | 0.4 | 0.4 | 0.4 | 0.0 | 0.0 | 1.1 | 0.0 | 0.0 | 0.0 | 0.0 | 2.0 |
| | 半耐久消費財 | 0.9 | 0.1 | 0.1 | 0.8 | 0.0 | 0.0 | 1.2 | 0.0 | 0.0 | 0.0 | 0.0 | 2.1 |
| | 非耐久消費財 | 2.2 | 0.3 | 0.3 | 1.4 | 0.2 | 0.0 | 0.7 | 0.0 | 0.0 | 0.3 | 0.7 | 4.0 |
| 2016 | 総額 | 36.3 | 10.3 | 4.5 | 18.8 | 2.8 | 4.3 | 36.3 | 4.7 | 0.9 | 2.8 | 5.3 | 86.1 |
| | 素材 | 0.3 | 0.0 | 0.0 | 0.2 | 0.0 | 0.0 | 0.3 | 0.0 | 0.0 | 0.1 | 0.0 | 0.7 |
| | 加工品 | 19.4 | 6.9 | 1.8 | 6.9 | 2.2 | 3.3 | 16.2 | 0.7 | 0.3 | 0.5 | 1.0 | 38.1 |
| | 部品 | 2.7 | 1.3 | 1.0 | 1.3 | 0.0 | 0.1 | 3.3 | 0.2 | 0.1 | 0.4 | 0.3 | 7.0 |
| | 資本財 | 4.3 | 1.2 | 1.1 | 2.8 | 0.1 | 0.2 | 10.2 | 2.2 | 0.1 | 1.2 | 0.4 | 18.4 |
| | 資本財(輸送機器除く) | 4.1 | 1.1 | 1.0 | 2.7 | 0.1 | 0.2 | 8.3 | 0.5 | 0.1 | 0.9 | 0.4 | 14.3 |
| | 産業用輸送機器 | 0.2 | 0.1 | 0.1 | 0.1 | − | 0.0 | 1.8 | 1.7 | 0.0 | 0.3 | 0.0 | 4.1 |
| | 消費財 | 9.7 | 1.0 | 0.6 | 7.6 | 0.4 | 0.6 | 6.6 | 1.5 | 0.1 | 0.6 | 3.4 | 21.8 |
| | 食料・飲料 | 5.8 | 0.4 | 0.1 | 4.9 | 0.2 | 0.2 | 1.3 | 0.0 | 0.0 | 0.1 | 2.4 | 9.6 |
| | 乗用車等 | 0.7 | 0.1 | 0.0 | 0.1 | − | 0.0 | 1.7 | 1.4 | 0.0 | 0.2 | 0.0 | 3.9 |
| | 耐久消費財 | 0.6 | 0.2 | 0.2 | 0.0 | 0.0 | 0.0 | 1.5 | 0.0 | 0.0 | 0.0 | 0.0 | 2.2 |
| | 半耐久消費財 | 0.7 | 0.1 | 0.1 | 0.6 | 0.0 | 0.0 | 1.3 | 0.0 | 0.0 | 0.0 | 0.1 | 2.1 |
| | 非耐久消費財 | 1.8 | 0.2 | 0.2 | 1.2 | 0.2 | 0.2 | 0.9 | 0.0 | 0.0 | 0.3 | 0.9 | 3.9 |

注：主要国地域の対ミャンマー財別輸出に占めるミャンマーの輸入（DOT）。

主要国・地域の対ミャンマー財別輸出の伸び率

| 財 | 平均伸び率（%） | |
|---|---|---|
| | 2000 − 2010 | 2010 − 2016 |
| 総額 | 14.4 | 15.3 |
| 素材 | -9.2 | 18.6 |
| 加工品 | 16.5 | 13.2 |
| 部品 | 11.5 | 11.1 |
| 資本財 | 15.5 | 17.6 |
| 　資本財（輸送機器除く） | 14.3 | 16.7 |
| 　産業用輸送機器 | 23.5 | 21.1 |
| 消費財 | 15.0 | 19.2 |
| 　食料・飲料 | 16.1 | 23.1 |
| 　乗用車等 | 30.0 | 17.3 |
| 　耐久消費財 | 14.2 | 17.9 |
| 　半耐久消費財 | 9.6 | 15.8 |
| 　非耐久消費財 | 10.7 | 15.8 |

注：主要国：ASEAN，日本，中国，米国，EU，インド。
資料：ITI貿易マトリックス。

## 2.1　アパレル輸出国から対中資源輸出国に

　ミャンマーは，2000年と2010年を比較すると，アパレル輸出国から素材輸出国に変貌した。2000年におけるミャンマーの輸出品は，消費財が49.3％とほぼ過半を占めていた。消費財輸出の内訳は，食料飲料が12.1％，半耐久消費財が32.5％であった（表1-2）。半耐久消費財の大宗はアパレルである。アパレル輸出の仕向地は米国が18.5％，EUが12.1％を占め，欧米市場であった。ところが，2010年には米国向けアパレルが皆無となり，EU向けも激減して，半耐久消費財の輸出シェアは6.1％に縮小している。

　ミャンマーは，1990年代末から，委託加工によるアパレル輸出が伸びはじめていた。ASEANの中で対外開放が最も遅れたカンボジア，ラオス，ミャンマーは，農村に低廉な労働力を抱え，低コスト労働力の活用の余地が大きい。これらの諸国は，生産年齢人口が増加し，労働投入量の増加を促す前期人口ボーナス期の局面にある。ミャンマーやカンボジアでは，これらの低コスト労働力を利用したアパレルなどの労働集約型産業が勃興していた時期であった。

　しかし，2003年にスーチー氏拘束に反発した米国が，対ミャンマー経済制

裁を実施し，ミャンマーとの貿易を全面に禁止したため，ミャンマーの対米輸出がストップした。表 1-3 は，主要 8 国の対ミャンマー，対ベトナムのアパレル輸入である。2000 年で，8 か国の対ミャンマー輸入が 476 億ドル，対ベトナム輸入が 1,014 億ドルとベトナムがミャンマーを大きく上回っていた。しかし，米国の輸入額はミャンマーが 405 億ドル，ベトナムが 48 億ドルとミャンマーが大きかった。これが米国の対ミャンマー経済制裁で輸入停止，一方，ベトナムは米越通商条約の締結により，米国の対ベトナム・アパレル輸入が急増した。対米輸出によってベトナムはアパレル産業の基盤を構築した。

　米市場を失ったミャンマーのアパレル輸出は，日本が最大の輸出先となったが，輸出額は米国に及ばない。ミャンマーの対米アパレル輸出は，2016 年 11 月に米国の対ミャンマー経済制裁が全面解除されたことで復活し，2017 年に 1.3 億ドルと前年比倍増近くになった。しかし，2003 年の水準には，回復していない。ミャンマーのアパレル輸出にとって，米国の経済制裁で米市場を失った影響は甚大である。

　アパレルに代わってミャンマーの輸出を支えたのが素材である。ミャンマーは，石油・天然ガス，石炭，銅，鉛，亜鉛，金，銀，錫，タングステン，鉄など豊富な地下資源を有しているが，ミャンマーの素材輸出のほとんどは，天然ガスである。2000 年の素材輸出は，タイ向けの天然ガスが中心であった。これが，2010 年には，中国向けが加わり，輸出に占める素材のシェアが 52.2％と過半に達した。

　ミャンマーの主要ガス田は，シュエ（Shwe），ヤダナ（Yadana），ゾーティカ（Zwtika），イェタグン（Yetagun）の沖合のガス田である。シュエで採掘されたガスのうち 8 割は中国に輸出，イェタグンで採掘された全ての天然ガス，ヤダナとゾーティカで採掘された 8 割の天然ガスはタイに輸出されている。これら沖合の天然ガス田 4 カ所のうち，アンダマン海のイェタグンでの生産量が 2018 年 1 月から 2 月にかけて一日の生産量が 2014 年比で約 55％と大幅に減少している。

　ところが，2016 年では，ミャンマーの輸出は，素材が 37.9％に低下する一方で，消費財が 27.5％に拡大している。素材では，天然ガスの輸出額が 2015 年，2016 年と激減した。消費財は，アパレルの対米輸出が復活し，日本や EU

向けが伸びたことで，非耐久消費財のシェアが 2010 年比倍増の 13.6％に回復した。

　2000 年から 2016 年間におけるミャンマーの輸出のもう一つの変化は，中国依存を高めたことである。ミャンマーの輸出に占める中国の比率は，2010 年の 5.7％から 2016 年に 27.1％に上昇し，ミャンマーにとって中国は，ASEAN を抜いてミャンマー最大の輸出パートナーとなった。

　ミャンマーの対中輸出品は，2016 年で素材が 20.8％，加工品が 4.2％とほぼ資源関連である。天然ガス，フェロニッケル，精製銅の輸出が拡大している[3]。ニッケルは，2010 年 7 月に中国企業 2 社とミャンマーのタガウン・タウン・ニッケル採鉱プロジェクトの共同開発の契約を結んだ。銅山開発では，2010 年に中国企業の万宝鉱産公司がミャンマー中部の「レパダウン銅山」開発を始めている。万宝鉱業公司は，中国国有の武器製造大手，中国北方工業公司の子会社である。中国企業によるミャンマー資源投資が結実している。

## 2.2　低調な部品輸入

　ミャンマーの輸入構造は，2000 年，2010 年，2016 年の各時点を比較して大きな変化はない。加工品の比率が最も高く，次いで消費財，資本財という順番は変わっていない（表 1-4）。2016 年では，加工品が 38.1％，消費財が 21.8％，資本財が 18.4％となっている。機械産業の国際分業の指標となる部品の比率は極めて小さい。

　第 1 の加工品は，鉄鋼，繊維，化学品が主な業種である。ミャンマーの加工品輸入額は，主要国地域のデータでみると，2016 年で鉄鋼が 15.8 億ドル，繊維が 15.1 億ドル，化学品が 12.0 億ドルである。鉄鋼の輸入は，7 割弱が中国で，合金鋼，フラットロールである。韓国からは 2.3 億ドル，タイからは 1.3 億ドルである。

　繊維は中国からの輸入が 7 割強を占めている。次にタイが続いている。化学品では，中国が 5.2 億ドル，タイが 3.3 億ドルといずれも対中輸入依存が高い。

　第 2 の消費財輸入は，タイと中国に依存している。2017 年の中国，タイからの消費財輸入額は，2010 年と比べて，中国で 3 倍弱，タイで 2.5 倍に拡大し

ている。タイからの消費財輸入は，砂糖，アルコール，調整食料品，オートバイ，ビール，医薬品，履物等多岐にわたっている。中国からの輸入品は，2017年でオートバイが3.2億ドルと最も大きく，次にリンゴ，ソース調整品，エアコン，アパレル，テレビ，調整食料品，果実，自転車等の多様な日用品・雑貨が中国から流入している。中国製品はミャンマー内陸部の市場，タイ製品はミャンマー南部の市場に，国境貿易を通じてより広く流通している。

　日本からの輸入は，かつては，中古自動車が占めていた。しかし，日本からの中古自動車の輸入は，2012年をピークに減少傾向にある。ミャンマー政府は，2011年に中古車の輸入規制を大幅に緩和したことで，右ハンドルの日本の中古車が大量に流入し，2011年度に25万台だった乗用車の登録台数は2015年度には46万台に増えた。これに伴い，特にヤンゴンなどの都市部で渋滞が深刻になり事故も増えた。ミャンマー政府は2017年から右ハンドル車の輸入を規制し始めた。2018年からは右ハンドル車の輸入を全面禁止とした。

　第3の資本財輸入は，中国に依存している。中国から輸入する資本財は，2017年で携帯電話・スマートフォンが約4分の1を占めている。これに基地無線局が続いている。約3割が通信機器関連，次に，トラックが来ている。

　タイからの資本財輸入も，中国と似ている。2017年で携帯電話がトップ，次にトラックの輸入が大きい。コンバインやトラクターなどの農業機械も上位にある。

　ミャンマーの資本財輸入品の最大は携帯電話である。タイからは減少傾向にあるが，中国からは2014，2015年に急拡大した後，2015年に落ち込んだが，その後持ち直している。

　第4に部品輸入は，輸入に占める比率が，2000年に10％，2010年が9.0％，2016年は7.0％と低調である。輸入先は，2000年ではASEAN，日本，中国の順であったが，2010年には，日本が後退し，中国が最大の輸入先となった。


## 3. 中国のミャンマー貿易とミャンマー内陸部における中国

　ミャンマーの貿易にとって中国の存在感は，2011年の民政移管後及び2016

図1-2　ミャンマーの輸出入に占める ASEAN10，タイ，中国のシェア

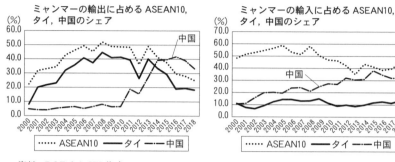

資料：DOT より ITI 作成。

年の NLD 政権誕生後に高まった。ミャンマーの輸出に占める中国の比率は，2015 年に 39.5％と ASEAN の 37.5％を抜いて最大の輸出先となり，2018 年には中国が 33.1％，ASEAN は 25.0％と差を拡大させている。輸入は，同じく 2015 年に 37.9％に上昇し，2018 年では 32.0％に低下したが，国としては最大の輸入相手先である。

　ミャンマーにとって対中貿易は，第1に陸路貿易を通じて，中国製消費財の流入やミャンマー内陸部の産業活動に必要な生産財を調達（輸入），第2は海路貿易による沿海部の工業化やインフラ建設に必要な鉄鋼，繊維などの中間財を調達（輸入），第3は天然ガス等資源輸出である。中国にとってミャンマー貿易は，エネルギー資源を，マラッカ海峡を経由せずに直接中国内陸部にパイプラインで調達できる戦略的な要衝である。

　ミャンマーは対中貿易依存度を高める一方で，中国の対ミャンマー貿易依存度は小さく，非対称的な関係である。

## 3.1　中国のメコン貿易におけるミャンマー

### (1)　伸び悩む中国のミャンマー貿易

　中国の対 ASEAN 貿易において，メコン（タイ，ベトナム，ミャンマー，カンボジア，ラオス）貿易が占める比率が上昇傾向にある（図1-3）。中国の対 ASEAN 輸出に占めるメコン貿易の比率は，1999 年の 23.9％から 2018 年に

図 1-3　中国の対 ASEAN 貿易に占めるベトナム，ミャンマーの比率

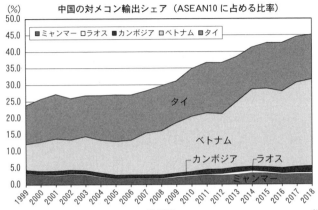

中国の対メコン輸出シェア（ASEAN10 に占める比率）

伸び率　　　　　　　　　　　　（単位：%）

| 年 | メコン | | | | | 海の ASEAN | ASEAN 10 |
|---|---|---|---|---|---|---|---|
| | ミャンマー | ベトナム | ラオス | タイ | カンボジア | | |
| 1999－2010 | 21.6 | 33.5 | 32.2 | 26.9 | 26.2 | 22.9 | 24.6 |
| 2010－2018 | 14.1 | 17.4 | 14.4 | 10.2 | 20.6 | 8.6 | 11.0 |

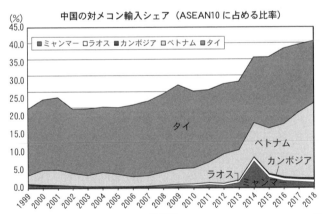

中国の対メコン輸入シェア（ASEAN10 に占める比率）

伸び率　　　　　　　　　　　　（単位：%）

| 年 | メコン | | | | | 海の ASEAN | ASEAN 10 |
|---|---|---|---|---|---|---|---|
| | ミャンマー | ベトナム | ラオス | タイ | カンボジア | | |
| 1999－2010 | 22.7 | 31.1 | 44.8 | 25.3 | 4.9 | 22.9 | 23.7 |
| 2010－2018 | 18.3 | 29.2 | 14.2 | 3.8 | 39.7 | 3.8 | 6.6 |

資料：中国貿易統計より ITI 作成。

は55.2％へと倍増している。輸入も22.1％から41％へと拡大している。その原動力は，ベトナム貿易の拡大である。中国のメコン貿易は，長らくタイが最大のパートナーであった。しかし，輸出では2009年から，輸入では2018年にタイに替わりベトナムが最大の貿易相手先に浮上した。

　他方，中国の対ASEAN貿易におけるミャンマーの比率は，2018年で輸出が3.1％，輸入が1.4％である。過去最高は，2014年の輸出が3.5％，輸入が7.5％である。2010〜2018年間の平均伸び率は，輸出が14.1％，輸入が18.3％である。輸出伸び率では，カンボジア，ベトナム，ラオスに次いで第4位，輸入伸び率ではカンボジア，ベトナムに次いで第3位である。また，中国の対ミャンマー貿易伸び率は1999〜2010年間の伸び率と比較して，2010から2018年間の伸び率は鈍化している。中国の対メコン貿易は，貿易相手先がタイからベトナムにシフトしている中で，対ミャンマー貿易は，伸び悩んでいる。

　中国の対ベトナム輸出と対ミャンマー輸出を，輸送形態別（空路，海路，陸路）で比較したのが表1-5である。中国の対ベトナム輸出は，空路，海路，陸路のいずれでも大きく拡大している。空路では携帯電話向けなどの電子部品，陸路から繊維，電子・機械部品，消費財，海路では鉄鋼などの加工品が運ばれている。なお，中国の陸路経由の輸出では，対ベトナムが南寧税関区，対ミャンマーでは昆明税関区からの輸出が大宗を占めている。

　中国の対ベトナム輸出で拡大傾向にあるのが，ベトナム北部と中国華南地方との貿易である。ベトナムへの外資系企業進出では最大経済圏であるホーチミン圏が先行したが，ハノイ圏も2000年代以降，まず，日本の大手電気・電子企業が進出し，次に2010年前後から韓国をはじめとする外国企業の進出ラッシュが起きて，経済成長を加速させた。ベトナム北部は輸出加工拠点として海路・空路を経由した国際経済統合を進展させてきたが，近年は中国企業の進出が加わって中国華南地方との陸路経由の統合も進展し，ベトナム北部のハノイ経済圏は，中国華南地方との陸路ルートでの越境サプライチェーンが形成されつつある。とくに中国と国境を接するクアンニン省へは中国資本が進出し，中国華南地方の産業集積がベトナム北部へ波及する形で経済統合が進む。

　中国は，海路，陸路，空路のいずれの輸送形態でも対ベトナム輸出を拡大させている。対ミャンマー貿易では，2018年でベトナムと比較して空路が80分

表 1-5　中国のミャンマーとベトナム輸出（業種別・輸送形態別）

（単位：100 万ドル）

| 年 | ミャンマー | | | | | | ベトナム | | | | | |
|---|---|---|---|---|---|---|---|---|---|---|---|---|
| | 空路 | 海路 | 陸路自動車 | 昆明税関区 | その他 | 計 | 空路 | 海路 | 陸路自動車 | 南寧税関区 | 陸路鉄道 | 計 |
| 1999 | 4 | 171 | 232 | 226 | 0 | 407 | 7 | 534 | 351 | 288 | 72 | 964 |
| 2000 | 2 | 235 | 259 | 248 | 0 | 496 | 11 | 869 | 430 | 353 | 227 | 1,537 |
| 2001 | 2 | 250 | 245 | 234 | 0 | 497 | 14 | 954 | 599 | 485 | 236 | 1,805 |
| 2002 | 3 | 379 | 342 | 330 | 0 | 725 | 37 | 1,366 | 531 | 392 | 215 | 2,150 |
| 2003 | 4 | 481 | 423 | 416 | 0 | 908 | 45 | 2,291 | 646 | 475 | 197 | 3,180 |
| 2004 | 8 | 462 | 467 | 462 | 1 | 939 | 83 | 3,137 | 693 | 471 | 344 | 4,260 |
| 2005 | 7 | 411 | 513 | 510 | 4 | 935 | 119 | 4,319 | 866 | 636 | 318 | 5,639 |
| 2006 | 9 | 554 | 636 | 632 | 5 | 1,207 | 242 | 5,678 | 1,084 | 767 | 421 | 7,468 |
| 2007 | 16 | 883 | 788 | 783 | 5 | 1,692 | 395 | 8,728 | 2,037 | 1,297 | 629 | 11,906 |
| 2008 | 15 | 1,050 | 908 | 897 | 6 | 1,979 | 456 | 11,388 | 2,647 | 2,060 | 498 | 15,139 |
| 2009 | 13 | 1,206 | 1,047 | 1,040 | 7 | 2,279 | 628 | 10,984 | 3,792 | 3,028 | 679 | 16,278 |
| 2010 | 66 | 1,681 | 1,726 | 1,717 | 5 | 3,481 | 1,011 | 14,879 | 5,961 | 4,842 | 985 | 23,121 |
| 2011 | 36 | 2,488 | 2,295 | 2,272 | 6 | 4,825 | 1,328 | 17,797 | 7,894 | 6,574 | 1,772 | 29,088 |
| 2012 | 59 | 3,133 | 2,478 | 2,440 | 5 | 5,675 | 2,842 | 19,503 | 9,479 | 7,483 | 2,233 | 34,224 |
| 2013 | 85 | 3,460 | 3,797 | 3,773 | 7 | 7,349 | 4,404 | 25,244 | 17,649 | 13,797 | 1,091 | 48,598 |
| 2014 | 103 | 4,029 | 5,226 | 5,169 | 16 | 9,375 | 4,509 | 30,013 | 27,852 | 23,010 | 1,105 | 63,618 |
| 2015 | 107 | 5,429 | 3,833 | 3,758 | 19 | 9,387 | 5,052 | 34,916 | 25,226 | 20,256 | 1,057 | 66,372 |
| 2016 | 113 | 4,380 | 3,480 | 3,404 | 27 | 7,999 | 5,453 | 35,716 | 18,644 | 14,279 | 1,008 | 60,910 |
| 2017 | 153 | 4,768 | 3,773 | 3,632 | 24 | 8,718 | 9,847 | 37,704 | 22,850 | 17,308 | 1,157 | 71,642 |
| 2018 | 120 | 5,334 | 4,519 | 4,234 | 38 | 10,010 | 10,848 | 43,019 | 28,944 | 23,202 | 596 | 83,511 |

資料：中国貿易統計より ITI 作成。

の 1，海路が 8 分の 1，陸路が 6 分の 1 程度にとどまっている。

## (2)　中国のミャンマー貿易，陸路貿易と海路貿易

　中国の対ミャンマー貿易を輸送形態別にみると，2018 年で，輸出額が，陸路 45.1 億ドル，海路が 53.3 億ドルである。過去の推移をみると，海路輸出は 2015 年以降に拡大し，陸路輸出を上回っている。それ以前では陸路と海路は拮抗していた。

　輸入額は，同じく 2018 年で，陸路が 15.2 億ドル，海路が 9.5 億ドルと陸路が海路を上回っている。ただし，ここ数年間では，海路輸入が大きく拡大して

いる一方で，陸路は停滞している。陸路輸入にパイプラインで中国がミャンマーから輸入している天然ガスを含めれば，26.4億ドルに達する。ミャンマーの対中輸出は，陸路が主体となっている。

　中国の対ミャンマー陸路貿易と海路貿易の財別品目（2017年）を見たのが表1-6である。まず，中国の対ミャンマー輸出では，陸路輸出は機械機器が54.7％と過半を占めている。陸路による機械機器輸出は，電機と車両の輸出額が大きい。電機は携帯電話，車両はオートバイの輸出額が大宗を占めている。

　一方，海路輸出は，鉄鋼，化学品，繊維品などの中間財の金額が大きい。中国の対ミャンマー加工品輸出は，2010年までは陸路と同じ規模であったが，2011年以降では海路が拡大している（図1-4-①）。中国の対ミャンマー部品輸出では，規模が小さいが，2008年以降に海路による輸出が陸路を上回ってい

表 1-6　中国の対ミャンマー貿易（業種別・輸送形態別構成比，2017 年）

（単位：％）

| 輸送形態／業種 | 輸出 | | | | | 輸入 | | | | |
|---|---|---|---|---|---|---|---|---|---|---|
| | 空路 | 陸路（自動車） | 海路 | その他 | 計 | 空路 | 陸路（自動車） | 海路 | その他 | 計 |
| 鉱物性燃料等 | 0.0 | 1.3 | 0.2 | 0.3 | 1.8 | － | 0.0 | 0.0 | 33.0 | 33.0 |
| 食料 | 0.0 | 3.5 | 1.7 | － | 5.2 | 0.4 | 1.9 | 1.2 | 0.0 | 3.6 |
| 油脂 | 0.0 | 0.1 | 0.0 | － | 0.2 | 0.1 | 1.5 | 0.0 | － | 1.6 |
| 化学品 | 0.1 | 4.3 | 5.0 | 0.0 | 9.5 | 0.0 | 5.0 | 1.5 | － | 6.5 |
| その他原料・製品 | 0.2 | 0.6 | 3.2 | 0.0 | 4.1 | 0.6 | 32.4 | 2.4 | 0.0 | 35.4 |
| 繊維 | 0.7 | 4.8 | 10.1 | 0.0 | 15.6 | 0.0 | 0.0 | 0.0 | － | 0.1 |
| 縫製品 | 0.0 | 1.6 | 0.7 | 0.0 | 2.4 | 0.4 | 0.0 | 0.9 | 0.0 | 1.3 |
| 鉄鋼 | 0.0 | 1.7 | 11.2 | 0.0 | 12.9 | 0.0 | 0.1 | 8.6 | － | 8.8 |
| 卑金属 | 0.0 | 0.9 | 1.4 | 0.0 | 2.3 | 0.0 | 0.1 | 7.6 | － | 7.7 |
| **機械類** | 0.6 | 23.7 | 18.9 | 0.0 | 43.2 | 0.8 | 0.8 | 0.3 | － | 1.9 |
| 　84　一般機械 | 0.1 | 3.3 | 8.2 | 0.0 | 11.6 | 0.0 | 0.2 | 0.0 | － | 0.2 |
| 　85　電気機器 | 0.2 | 11.8 | 7.4 | 0.0 | 19.3 | 0.3 | 0.1 | 0.2 | 0.0 | 0.6 |
| 　86　鉄道 | 0.0 | 0.0 | 0.2 | － | 0.2 | － | － | － | － | － |
| 　87　車両 | 0.0 | 8.4 | 2.7 | 0.0 | 11.0 | － | － | － | － | － |
| 　88　航空機 | 0.2 | － | 0.0 | － | 0.2 | － | － | － | － | － |
| 　89　船舶 | － | 0.0 | 0.1 | － | 0.1 | － | － | － | － | － |
| 　90　光学機器 | 0.0 | 0.2 | 0.4 | 0.0 | 0.6 | 0.5 | 0.5 | 0.0 | － | 1.0 |
| 　91　時計 | 0.0 | 0.0 | 0.0 | 0.0 | 0.0 | 0.0 | － | 0.1 | 0.0 | 0.1 |
| 雑製品 | 0.1 | 0.8 | 2.2 | 0.0 | 3.0 | 0.0 | 0.0 | 0.1 | 0.0 | 0.1 |
| **総計** | 1.8 | 43.3 | 54.7 | 0.3 | 100.0 | 2.3 | 41.9 | 22.7 | 33.0 | 100.0 |

資料：中国貿易統計より ITI 作成。

図 1-4　中国の対ミャンマー財別輸出（輸送路別）

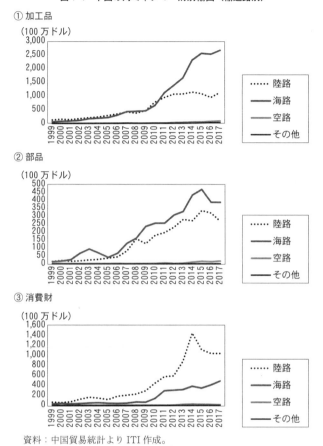

① 加工品

（100 万ドル）

② 部品

（100 万ドル）

③ 消費財

（100 万ドル）

資料：中国貿易統計より ITI 作成。

る（図 1-4-②）。消費財については，陸路が海路を大きく上回っている（図
1-4-③）。

### (3)　陸路経由の製品，オートバイと携帯電話

　中国からミャンマーに陸路で大量に流入している製品は，オートバイと携帯
電話である。

　まず，中国がミャンマーに輸出しているオートバイは，2017 年で 89.8 万台，

このうち89.7万台が陸路を経由している。輸出単価は350ドル前後である。
ミャンマーのオートバイ市場の6割を中国製が占めている[4]。中国ブランドが
広く普及している理由は，オートバイの主な購買層が労働者階級および低所得
層グループの人々であることが指摘できる。低所得層でも買えるような価格設

表1-7　中国のオートバイ輸出台数（対ミャンマー）

(単位：台)

| 輸送路別 | 2010 | 2011 | 2012 | 2013 | 2014 | 2015 | 2016 | 2017 |
|---|---|---|---|---|---|---|---|---|
| 陸路 | 652,189 | 852,938 | 781,286 | 841,494 | 965,951 | 762,033 | 917,487 | 897,008 |
| 海路 | 492 | 3,392 | 2,060 | 1,174 | 1,364 | 1,606 | 3,602 | 1,710 |
| 計 | 652,681 | 856,330 | 783,346 | 842,668 | 967,315 | 763,640 | 921,089 | 898,718 |

資料：中国貿易統計よりITI作成。

図1-5　中国のオートバイ輸出（対ミャンマー）陸路

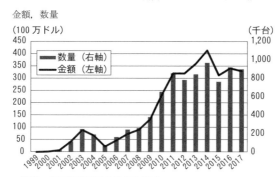

資料：中国貿易統計よりITI作成。

図1-6　中国の携帯電話輸出（対ミャンマー）陸路

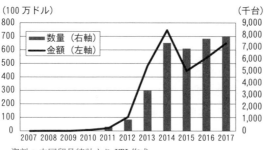

資料：中国貿易統計よりITI作成。

表1-8 中国の携帯電話輸出（ASEAN向け）

| 相手国 | 金額（100万ドル） | | | 数量（100万台） | | | 単価（ドル／台） | | |
|---|---|---|---|---|---|---|---|---|---|
| | 2010 | 2018 | 伸び率% | 2010 | 2018 | 伸び率% | 2010 | 2018 | 伸び率% |
| ASEAN10 | 2,045 | 8,159 | 18.9 | 40 | 74 | 7.9 | 50.59 | 110.15 | 10.2 |
| ミャンマー | 9 | 874 | 78.3 | 0 | 9 | 61.4 | 45.55 | 101.41 | 10.5 |
| ベトナム | 570 | 1,336 | 11.2 | 16 | 16 | −0.1 | 35.79 | 84.70 | 11.4 |
| タイ | 341 | 1,506 | 20.4 | 7 | 12 | 6.9 | 49.95 | 129.44 | 12.6 |
| インドネシア | 443 | 1,096 | 12.0 | 10 | 12 | 3.2 | 45.71 | 87.90 | 8.5 |
| カンボジア | 7 | 171 | 48.3 | 0 | 2 | 19.7 | 19.07 | 105.43 | 23.8 |
| フィリピン | 34 | 905 | 50.6 | 1 | 11 | 42.4 | 53.00 | 83.10 | 5.8 |
| ラオス | 2 | 51 | 48.5 | 0 | 1 | 33.1 | 30.81 | 73.88 | 11.6 |
| マレーシア | 256 | 891 | 16.9 | 3 | 7 | 14.1 | 101.03 | 122.61 | 2.4 |
| シンガポール | 371 | 1,330 | 17.3 | 4 | 5 | 3.1 | 92.26 | 259.47 | 13.8 |

資料：中国貿易統計よりITI作成。

定（アフォーダビリティ）に加えて，いつでもどこでも購入できること（市場アクセスの利便性），店頭での品揃えの豊富さ等の要因が，ASEANのオートバイ市場では日系メーカーのプレゼンスが高い中で，ミャンマーだけは中国製が席巻している理由として指摘できる。

　携帯電話も陸路で流入している。2018年に中国はミャンマーに陸路で86万台を輸出している。輸出単価は101ドルと割安。中国製携帯電話がミャンマーに流入し始めるのは2010年前後である。当時のミャンマーでは，ソニーと並んで華為の人気が高かった。2013年から急増。中国製端末は，低価格品から手頃な価格の高級品まであらゆる品質のものが入手可能である。品揃えを重視する小売店は中国製品が不可欠。ある小売業者が，中国製端末を評して，「今日買ったら明日壊れているかもしれない」と説明している。中国製端末はほとんど中小都市で販売されている。買い物が不便な所でも中国製品なら購入できる利便性に強味がある。

## 3.2　ミャンマー内陸部における中国

### （1）　昆明税関区のミャンマー輸出品

　ミャンマー内陸部では，日常生活に欠かせない消費財や農業生産，工業生産に必要な資材，部材，などの中国製品が出回っている。表1-9は，中国の対

## 表1-9　昆明税関区の主要100品目（HS6桁ベース）の対ミャンマー輸出

（単位：100万ドル）

| 順位 | HS | 6桁品目名 | 加工品 |
|---|---|---|---|
| 3 | 551219 | 合成繊維(ポリエステル) | 107 |
| 6 | 271019 | 石油並びに調製品 | 85 |
| 8 | 310210 | 尿素 | 58 |
| 11 | 551614 | 再生繊維等 | 45 |
| 15 | 721720 | 鉄又は非合金鋼の線 | 30 |
| 16 | 310311 | 過りん酸石灰等 | 27 |
| 17 | 630533 | 包装用袋ポリエチレン他) | 26 |
| 21 | 271600 | 電力 | 23 |
| 22 | 271012 | 軽質油及び調製品 | 23 |
| 32 | 730661 | その他の溶接管 | 18 |
| 34 | 760820 | アルミニウム合金のもの | 17 |
| 38 | 382499 | 小売用修正液他 | 14 |
| 41 | 730890 | その他の構造物及び部分品 | 13 |
| 42 | 854449 | 電気導体(1,000ボルト以下) | 13 |
| 45 | 760429 | アルミニウムの棒 | 13 |
| 46 | 730630 | その他の溶接管 | 12 |
| 49 | 722830 | その他の棒 | 12 |
| 50 | 600632 | 合成繊維製(浸染したもの) | 12 |
| 51 | 310221 | 硫酸アンモニウム | 12 |
| 53 | 520548 | 綿糸 | 11 |
| 54 | 310559 | 鉱物性肥料及び化学肥料 | 11 |
| 55 | 721070 | 鉄又は非合金鋼のフラットロール | 11 |
| 58 | 851310 | ランプ | 11 |
| 61 | 551612 | 再生繊維等 | 10 |
| 67 | 761410 | アルミニウム製のケーブル等 | 10 |
| 71 | 760421 | アルミニウム合金(中空) | 9 |
| 73 | 550210 | 再生繊維等の長繊維のトウ | 9 |
| 75 | 600622 | ニット(綿製・浸染したもの) | 9 |
| 79 | 551611 | 再生繊維等 | 8 |
| 81 | 391910 | プラスチック製の板, シート等 | 8 |
| 85 | 491199 | その他印刷物 | 7 |
| 86 | 550922 | 合成繊維の紡績糸(単糸) | 7 |
| 87 | 551211 | 合成繊維の短繊維の織物 | 7 |
| 89 | 481920 | 紙製の折畳み式の箱 | 7 |
| 91 | 520852 | 綿織物 | 7 |
| 93 | 854411 | 巻線銅 | 7 |
| 96 | 760720 | アルミニウムのはく | 6 |
| 98 | 550932 | 合成繊維の紡績糸(マルチプルヤーン) | 6 |
| | | 小計 | 723 |
| | | 総計 | 1,138 |

| 順位 | HS | 6桁品目名 | 部品 |
|---|---|---|---|
| 12 | 871410 | 二輪車の部品・付属品 | 35 |
| 24 | 401120 | バス又は貨物自動車用 | 22 |
| 28 | 840991 | エンジン用部品 | 19 |
| 63 | 854140 | 光電性半導体デバイス等 | 10 |
| 68 | 850760 | リチウム・イオン蓄電池 | 9 |
| 70 | 840999 | その他のエンジン用部品 | 9 |
| 47 | 852341 | 光学媒体(記録してないもの) | 8 |
| 100 | 852990 | ディスプレイモジュール | 6 |
| | | 小計 | 119 |
| | | 総計 | 252 |

| 順位 | HS | 6桁品目名 | 資本財 |
|---|---|---|---|
| 1 | 851712 | 携帯電話 | 577 |
| 5 | 870422 | ダンプカー(ディーゼル)5-20t | 93 |
| 7 | 870410 | ダンプカー(不整地走行用) | 58 |
| 9 | 870421 | ダンプカー(ディーゼル)5t以下 | 56 |
| 20 | 871639 | 貨物輸送用のトレーラー | 24 |
| 25 | 852190 | ビデオ記録用・再生用機器 | 21 |
| 29 | 842952 | メカニカルショベル等 | 18 |
| 33 | 842951 | フロントエンド型ショベルローダー | 17 |
| 35 | 870210 | バス等(ディーゼル) | 17 |
| 36 | 850440 | スタティックコンバーター | 16 |
| 40 | 841370 | その他の遠心ポンプ | 14 |
| 43 | 870423 | 貨物車(ディーゼル)20t超 | 13 |
| 48 | 851762 | 送受信・変換・再生装置 | 12 |
| 56 | 870120 | 道路走行用トラクター | 11 |
| 57 | 871631 | タンクトレーラー | 11 |
| 60 | 850213 | 発電機(ディーゼル)375kVA超 | 11 |
| 65 | 847420 | 破砕機及び粉砕機 | 10 |
| 72 | 850131 | 直流電動機等(750W以下) | 9 |
| 74 | 851821 | 単一型拡声器 | 9 |
| 83 | 847410 | 選別機, ふるい分け機等 | 8 |
| 84 | 840890 | その他のエンジン | 7 |
| 88 | 847130 | 携帯用の自動データ処理機械 | 7 |
| 92 | 851822 | 複数型拡声器 | 7 |
| 94 | 850211 | 発電機(ディーゼル)75kVA以下 | 7 |
| 97 | 841480 | 気体ポンプ, 気体圧縮機他 | 6 |
| | | 小計 | 1,039 |
| | | 総計 | 1,240 |

| 順位 | HS | 6桁品目名 | 消費財 |
|---|---|---|---|
| 2 | 871120 | 二輪自動車50-250cc | 323 |
| 4 | 080810 | りんご | 93 |
| 10 | 210390 | 味噌, マヨネーズ他 | 46 |
| 13 | 611790 | その他の衣類部分品(ニット) | 34 |
| 14 | 080521 | マンダリン, タンジェリン等 | 33 |
| 18 | 871200 | 自転車 | 25 |
| 19 | 852872 | テレビジョン受像機器(カラー) | 24 |
| 23 | 851660 | その他のオーブン等 | 22 |
| 26 | 220300 | ビール | 21 |
| 27 | 630140 | ひざ掛け・毛布(合成繊維製) | 21 |
| 31 | 080610 | ぶどう (生鮮) | 18 |
| 37 | 080830 | 梨 | 16 |
| 39 | 630260 | トイレットリネン及びキッチンリネン | 14 |
| 30 | 852871 | テレビ受像機器 | 12 |
| 52 | 060315 | ゆり (生鮮) | 12 |
| 59 | 851679 | 電気がま他 | 11 |
| 62 | 640411 | スポーツ用の履物 | 10 |
| 66 | 380891 | 殺虫剤 | 10 |
| 69 | 090240 | その他の紅茶 | 9 |
| 76 | 570330 | じゅうたん(人造繊維材料製) | 9 |
| 77 | 090230 | 紅茶 (3kg 以下) | 8 |
| 78 | 300490 | その他医薬品 | 8 |
| 80 | 961700 | 魔法瓶 | 8 |
| 82 | 732393 | 食卓用品等(ステンレス鋼製) | 8 |
| 90 | 630293 | その他リネン(人造繊維製) | 7 |
| 64 | 852580 | テレビカメラ,デジタルカメラ等 | 7 |
| 95 | 691110 | 食卓用品及び台所用品 | 7 |
| 99 | 240220 | 紙巻たばこ | 6 |
| | | 小計 | 821 |
| | | 総計 | 1,014 |

| 順位 | HS | 6桁品目名 | 素材 |
|---|---|---|---|
| 44 | 120600 | ひまわりの種 | 13 |
| | | 総計 | 20 |

注：上位100品目を財別に分けたもの。

資料：中国貿易統計より作成。

ミャンマー陸路貿易の拠点である昆明税関区のミャンマー向け輸出品である。昆明税関区の主要 100 品目の対ミャンマー輸出品を HS6 桁ベースで抽出して財別に分類した。HS2 桁ベースの業種の上位品目は，電機，車両，一般機械，人造繊維の短繊維，果実，肥料である。車両は，オートバイやトラック，自動車部品である。果実は，リンゴがミャンマー内陸部に広く流通し，一部はインド国境の市場でも売られている。肥料も，安価な中国製がミャンマー農村部に普及している。

　ミャンマー内陸部の都市や農村，工業団地を訪ねると，どこでも中国製品が普及している。


### (2)　マンダレー工業団地における中国 [5]

　筆者は 2016 年 9 月初めにマンダレー工業団地を訪問する機会を得た。4 日間かけて 8 工場（プラスチック・ウェーブ袋，金属加工業，製粉，石鹸，ノート・用紙，ベッド用マットレス，農業機械，ベルトコンベアー）の中小企業経営者と管理委員会幹部，また，ビジネススクールや技術大学の関係者と面談をした。

　マンダレー工業団地は，1990 年に開設されている。マンダレー市内から 58km，ヤンゴン・マンダレーハイウェイ（旧道）に入ってから 20 分程度のところにある。マンダレー工業団地の総面積は，2013 年時点で 736.5 ヘクタール，1,379 工場であった。


### 工業団地のインフラ

　管理委員会の事務所のボードに団地の区画がある。それによると敷地はゾーン 1，2，3 に分かれている。将来を見越して拡張を考えているのか，ゾーン 1，2，3 以外にも白地の区画地がある。団地内のインフラは，道がよくない。脇道に入れるとでこぼこ道となる。ゾーン 3 では，水たまりができるなど道路事情はかなり劣悪であった。しかし，工業団地内で電気や水の提供を受けることができる。しかし，それも，必ずしも十分でないようである。ゾーン 1 で操業している企業の場合，新規工場を団地外の発電所に近い土地を見つけてそこで操業している。理由は電気がより確実に，安定的に確保できるから。（訪問し

た時には停電しており，発電機を使って操業していた）因みに，発電所近くの
土地には，地場の大手製材工場や中国企業4社の工場が操業していた。ミャン
マーの工場立地の必要条件は，電気を安定的に確保することにある。工業団地
はその条件を満たしていないということであろうか。現地事情に長けた企業
は，こうした柔軟な対応が可能であるが，日本企業のような外資系企業には難
しい。

## 生産現場は中国製品で溢れている

　生産現場を見れば見るほど，部材から機械設備まですべてにわたり中国製品
に支配されている。訪問した工場でみた，石鹸材料，アルミ溶接機械，トラク
ターのエンジンやバッテリー，ベルトコンベヤーの機械部品やベルト，ベッド
用バネ製造機械に鉄線，プラスチック・ウェーブ機械，製粉機械などすべてが
中国製であった。
　中国製を選ぶ理由は，性能的に悪くはなく価格が割安であること，陸上輸送
でアクセスが容易であること，これまで選択肢が中国製以外になかったことが
挙げられる。

## 中国系ビルマ企業が多数

　砂糖精製業からプラスチック・ウェーブ袋（穀物・ブロイラーなどの袋）の
量産ビジネスを成功させた経営者によれば，業界10社のうち，中国企業が5
社，中国系ビルマ企業が4社，ビルマ系ビルマ企業はこの経営者の1社のみで
あると述べていた。面談した他の中小企業経営者の中にも，中国系ビルマ企業
と思われる経営者が多くいた。これらの経営者は，祖父や父親の事業を受け継
いでいる2代目や3代目であった。創業者が1970年代から1980年代に事業を
起こして，成功を収めて娘・息子や孫が引き継いでいるというパターンであ
る。中には，社会主義政権時代に農園を没収されたという苦難を味わった3代
目もいた。若手経営者は，米国やタイの大学に留学経験があったが，中国の大
学に留学したという人には出会わなかった。

## BOP 製品の製造集積地

　マンダレー工業団地で訪問した企業の製品をみると，多くが低所得層向けの割安な製品であった。石鹸，再生紙のノート・用紙，農業機械はいずれもかつてヘイホーやマグウェイの農村やヤンゴンの伝統的市場でみた馴染みのある製品ばかりであった。石鹸やノート・用紙の生産設備は，代々受け継いできたシンプルな機械で，生産コストは材料と電気・水それに労働コストのみといってよい。これらの企業の強みは，生産コストが安いこと流通をしっかり握っていることにある。生産者であると同時にディストリビューターとして自社の製品を市場に供給できる販売力を持っている。

　農業機械は Good Brothers' Co., Ltd. の工場を訪問した。Good Brothers' はヤンゴンに本社を置く農業機器・資材の大手卸売である。農業機器も農業トラック，トラクター，耕運機，ポンプを輸入販売している。例えば，耕運機のブランドでは東方（中国製），Kywe（バッファロー，タイ製），インフン（Yin Fung，中国製），トラクターは KD（中国製）を販売している。手ごろな価格帯の製品を販売している。

　Good Brothers' のマンダレー工場では，中国ブランドのトラックやブルドーザー，トラクターが敷地に並んでいた。農業機器というよりは建設機器，輸送用機器であった。工場内では，プレスや溶接の作業を行っていた。また，組み立て中の車両が数台並んでいた。バッテリー，給油タンク，エンジン，トランスミッション，ギア，ゴムクローラーなど部品はすべて中国製である。

## 昆明経由の中国輸出

　ジェトロが 2013 年に調査したミャンマーの農業機資材レポートでは，耕運機の場合，中国からの製品は，船便によりコンテナでティラワ港に入る。エンジンやアームなどをこれから取り付けなくてはならず，まだ組み立てられていない状態である。港から，商品はトラックで輸入業者／流通業者の倉庫へと運ばれる。そこから耕運機はミャンマー中に流通する。中国製品は，エーヤワディ，バゴー，マンダレー，ザガイン管区で売れ行きが著しい。タイ製耕運機は，主にシャン州（シャン州南部タウンジー）およびカレン州（チョンドー，パアン）で売れている。

　Good Brothers' の工場でみた中国製機械機器については，海上輸送によるものか陸上輸送かの確認はできなかったが，中国のブルドーザー・ショベルなどの対ミャンマー輸出は，2015年で7,400万ドル，このうち昆明税関を経由したのが5,100万ドルと約7割弱を占めている。他方，農業機械の中国からの輸入は3,000万ドル，このうち，昆明経由は600万ドル，20％を占めている。農業機械はヤンゴン経由が大きい。なお，中国のミャンマー輸出（2015年）の40.3％が昆明経由，財別には中間財が31.3％，中間財の部品が40.0％，資本財が37.2％，最終財では74.8％が昆明経由である。マンダレーは昆明経由の中国製品の集積地である。マンダレーを拠点に農村市場に中国の製品がばらまかれている。

## 設備投資のネック

　訪問した工場の設備をみると，どこの工場の設備を見ても年季が入ったものばかりであった。特に低所得層市場向けのBOP製品を生産している企業の機械設備は創業当時のものを使い続けていた。価格勝負のBOP製品は，新たな製品イノベーションを生むことなく，安価な労働コストと旧式の設備で作り続けている。

　ところが，経営者が2代目，3代目になるとミャンマーの市場環境が大きく変わってきている。市場経済化が進展し，中間層が台頭し始めたからである。このミャンマー経済を巡る変化に，こうしたBOP製品を生産する企業経営者の間にも危機感が芽生えているようである。

　しかし，若手経営者にとってのネックは，設備投資意欲はあるものの，資金調達がむずかしことである。ミャンマーでは，外部機関からの借り入れによる資金の調達は難しい。政府系金融機関からの借り入れは，手続きが複雑で不透明性が付きまとう。時間もかかるから誰も借りない。民間銀行は，相当の担保がなければ，相手にしてくれない。信用力のあった創業者には貸すが，信用力がない3代目にはまず貸さないという。唯一の資金調達は，自己資金をためることとなる。

　砂糖精製からプラスチック・ウェーブ袋のビジネスに投資をして成功した経営者は，自動ミシンを導入したいと抱負を述べていた。投資資金はいずれも自

己資金，外部からの借り入れはしないと断言していた。工場内の機械はほとんどすべてが中国製。比較的安価であり，国境を越えて陸路で輸入しやすいことが決め手。品質の面では，ドイツや日本の機械がより優れていることは分かっているが，現地の企業にとっては高価すぎるという。

## 労働条件

　工業団地管理委員会の幹部と面談したさいに，最低賃金の高騰が経営に影響を与えているかと質問したが，最低賃金の上昇で困ったという話は聞かれなかった。労働者の採用も，難しくないようである。会計係を募集する貼紙を工場の門に出したところ，6名の応募があった。場所は人がめったに通りそうもないところに見えたが，6名の応募には驚いた。口コミでこうした情報が伝わるのであろう。

　かなり劣悪な労働条件の工場では，労働者を繋ぎとどめる努力はしていた。寮の提供，オートバイの貸与，さらに10年以上勤務の労働者には銀行口座を開設して与える。今回訪問した工場では敷地内に独身寮と世帯寮を併設していたところもあった。食事代として3ドル，寮費として3ドルを徴収していた。

## 新しい需要への対応

　ヤンゴンでは中間層が台頭して，消費市場は割安な伝統的製品から日本や欧米ブランドの製品に需要が移りつつある。外資の参入で大型ショッピングモール等の商業施設や高級ホテルが続々と開店し活気づいている。ここ数年におけるヤンゴン市内の変貌ぶりは予想もできないほどの驚きである。こうしたヤンゴンの新しい市場の動きに，マンダレー工業団地の企業もその需要を取り込んでいるところもある。ベッドを製造している中小企業である。新規ホテルの開業やマンション建設で販売が伸びているとのことである。ミャンマーでベッドが売れるには，寝室にエアコンが備えてあることが必須条件であるという。エアコンがなければ，ベッドでは暑くて眠れないという。ヤンゴンではエアコンの普及率が高まっているが，マンダレーではヤンゴンほどにはエアコンは普及してはいない。

　マンダレー工業団地の大半の企業は，伝統的な市場向け製品である。ベッド

製造業のような成長市場向けの製品をつくる企業はまだ少ないのであろうか。

## 4. ミャンマーの国境貿易と非正規貿易

### 4.1　ミャンマーの国境貿易

　ミャンマーは，周囲を中国，インド，バングラデシュ，タイ，ラオスの5か国と国境を接している。これらの諸国との国境貿易は，2016年度のミャンマーの貿易総額に占める割合で26.5％，2011年度の18.5％から拡大傾向にある。2016年度の国境貿易のうち，中国が62億4,400万ドル（構成比80.9％）と8割を超えるシェアを占めている。次に，タイの13億7,400万ドル（17.8％）である。バングラデシュ，インドは，伸び率は高いが，貿易規模は小さい（表1-10）。

　中国との国境貿易のミャンマー側の中心は，ムセである。ムセを通関した貿易額は，輸出で37億ドル，輸入では16億ドルと中国との国境貿易に占める割合は輸出が8割，輸入では9割となっている。タイとの国境貿易は，輸出はメイッ（Myeik），輸入ではミャワディの規模が大きい。

　ミャンマー南部タニンタリー管区のメイツの主要産業は水産加工業である。タニンタリー管区における魚・エビ類の生産高（2015年度）は10億6,663万ビス（1ビス：約1.6キロ，約17億700万キロ）に上り，全国の約31.1％を占め，エーヤワディ管区に次ぐ2位である。そこに，タイから多くのバイヤーが魚介類の買い付けに来る。買い付け後すぐに18時間かけて水路でタイのラノーン港へ運び，陸路で消費地バンコクに運ぶ。一部はタイで加工されて第三国にも輸出されている[6]。

　他方，ミャワディの国境貿易は，タイからミャンマーに運ばれる貨物の9割超が片荷でタイに戻されている。タイ側の統計では，メソット・ミャワディ経由の輸出は2016年で約800億バーツ，輸出品目は砂糖，スマホ，栄養ドリンク，燃料，ビール，農業機械，綿織物，輸送機器（オートバイ，貨物自動車など）など多岐にわたる[7]が，圧倒的に金額が多いのはその他である[8]。ミャワ

表 1-10　ミャンマーの国境貿易による貿易額（100 万ドル）の推移と平均伸び率（％）

（単位：100 万ドル，％）

| 国境を接する国 | 国境都市名 | 2012 年度 | | | 2016 年度 | | | 2016/2012 平均伸び率 | | |
|---|---|---|---|---|---|---|---|---|---|---|
| | | 輸出 | 輸入 | 輸出入計 | 輸出 | 輸入 | 輸出入計 | 輸出 | 輸入 | 輸出入計 |
| 中国 | ムセ（MUSE） | 1,816 | 1,014 | 2,830 | 3,704 | 1,658 | 5,362 | 19.5 | 13.1 | 17.3 |
| | ルウェジェル（LWEJEL） | 22 | 11 | 33 | 186 | 16 | 202 | 70.5 | 9.8 | 57.3 |
| | チンシュエホー（CHIN SHWEHAW） | 57 | 7 | 64 | 516 | 58 | 573 | 73.5 | 69.7 | 73.0 |
| | カンピテッテ（KANPITETEE） | 2 | 9 | 11 | 64 | 42 | 107 | 137.8 | 47.0 | 76.6 |
| | 中国合計（1） | 1,897 | 1,041 | 2,938 | 4,470 | 1,774 | 6,244 | 23.9 | 14.3 | 20.7 |
| タイ | チャイントン（KYAING TONG） | － | － | － | 2 | 2 | 4 | － | － | － |
| | タチレク（TARCHILEIK） | 12 | 28 | 40 | 14 | 67 | 81 | 3.9 | 24.4 | 19.3 |
| | ミャワディ（MYAWADDY） | 56 | 89 | 145 | 60 | 868 | 929 | 1.7 | 76.7 | 59.1 |
| | コータウン（KAWTHAUNG） | 30 | 49 | 79 | 69 | 65 | 134 | 23.1 | 7.3 | 14.1 |
| | メイッ（MYEIK） | 127 | 28 | 155 | 157 | 52 | 210 | 5.4 | 16.7 | 7.9 |
| | ナブリー／ティキ（NABULAE/HTEE KHEE） | － | － | － | 11 | 1 | 12 | － | － | － |
| | モータウン（MAWTAUNG） | － | － | － | 2 | 1 | 3 | － | － | － |
| | メセ（MESE） | － | － | － | － | － | － | － | － | － |
| | タイ合計（2） | 225 | 194 | 419 | 317 | 1,057 | 1,374 | 8.9 | 52.8 | 34.6 |
| バングラデシュ | シットウェ（SITTWE） | 4 | － | 4 | 4 | － | 5 | － | － | 5.7 |
| | マウンドー（MAUNG DAW） | － | － | － | 6 | － | 6 | － | － | － |
| | バングラデシュ合計（3） | 4 | － | 4 | 10 | － | 11 | 25.7 | － | 28.8 |
| インド | タム（TAMU） | 7 | 2 | 9 | 38 | 10 | 48 | 52.6 | 49.5 | 52.0 |
| | リ（RHI） | 1 | 1 | 3 | 25 | 15 | 40 | 123.6 | 96.8 | 91.1 |
| | インド合計（4） | 9 | 3 | 12 | 63 | 24 | 88 | 62.7 | 68.2 | 64.6 |
| 合計（1）～（4） | | 2,134 | 1,239 | 3,373 | 4,860 | 2,855 | 7,716 | 22.8 | 23.2 | 23.0 |

注：2011 年度の統計は未発表。

資料：ジェトロ通商弘報 2017 年 12 月 14 日「存在感強まる陸路物流」。

出所：商業省資料。

ディにおける輸出入割合をみても，輸出6.5％に対し，輸入93.5％と，輸入が
圧倒的に多い。

ミャンマーの対中国，タイ，バングラデシュ，インドの4か国との貿易は，
ミャンマーの輸出（2016年）の68.8％，輸入では53.4％を占めている（表
1-11）。2012年と比較すると，ミャンマーの輸出に占める対インド輸出の比率
が2012年の30.2％から2016年に8.9％に激減している。代わりに，中国が
15.1％から40.7％に拡大している。輸出は，インドから中国にシフトしている。

輸入は，中国の比率が2012年の31.2％，2016年が33.9％とミャンマーに
とって中国が最大の輸入先であることに変わりない。タイからの輸入は，拡大
傾向にある。ミャンマーの輸入に占めるタイの割合は，2012年の9.8％から
2016年に12.5％へと上昇している。

ミャンマーにとって，中国とタイが重要な貿易相手国であるが，これは，国
境貿易が果たしている役割が大きい。ミャンマーの対中国に占める国境貿易の
割合は，2012年で輸出が137.2％，輸入で21.3％，2016年では輸出が93.8％，
輸入が32.8％とミャンマーの輸出で国境貿易の比率が高い（表1-11）。

一方，タイとの貿易では，ミャンマーの対タイに占める国境貿易の割合は，
2012年で輸出が9.4％，輸入で25.2％，2016年では輸出が14.1％，輸入が

表1-11 ミャンマーの対中国，タイ，バングラデシュ，インド貿易と国境貿易の割合

（単位：100万ドル，％）

| 相手国 | 貿易額 | | | | 総計に占めるシェア | | | | 平均伸び率 | | 国境貿易の割合 | | | |
|---|---|---|---|---|---|---|---|---|---|---|---|---|---|---|
| | 2012 | | 2016 | | 2012 | | 2016 | | 2016/2012 | | 2012 | | 2016 | |
| | 輸出 | 輸入 | 輸出 | 輸入 | 輸出 | 輸入 | 輸出 | 輸入 | 輸出 | 輸入 | 輸出 | 輸入 | 輸出 | 輸入 |
| 中国 | 1,383 | 2,497 | 4,767 | 5,403 | 15.1 | 31.2 | 40.7 | 33.9 | 36.3 | 21.3 | 137.2 | 41.7 | 93.8 | 32.8 |
| タイ | 2,395 | 769 | 2,241 | 1,986 | 26.1 | 9.6 | 19.1 | 12.5 | -1.6 | 26.7 | 9.4 | 25.2 | 14.1 | 53.2 |
| バングラデシュ | 22 | 82 | 21 | 19 | 0.2 | 1.0 | 0.2 | 0.1 | -0.1 | -30.2 | 18.5 | — | 46.6 | — |
| インド | 2,763 | 280 | 1,038 | 1,095 | 30.2 | 3.5 | 8.9 | 6.9 | -21.7 | 40.6 | 0.3 | 1.1 | 6.1 | 2.2 |
| 4か国計 | 6,563 | 3,628 | 8,068 | 8,503 | 71.6 | 45.3 | 68.8 | 53.4 | 5.3 | 23.7 | 32.5 | 34.2 | 60.2 | 33.6 |
| 世界計 | 9,160 | 8,004 | 11,725 | 15,921 | 100.0 | 100.0 | 100.0 | 100.0 | 6.4 | 18.8 | — | — | — | — |

資料：IMF; Direction of Trade Statistics（DOT）
　　　国境貿易の割合は，表1-10の周辺国の国境貿易額をミャンマーの対周辺4か国の輸出・輸
　　　入（DOT）で割った比率。
　　　国境貿易額は年度（4月から3月），DOTの輸出入額は年（1月から12月）。

図 1-7　ミャンマーの主要国境貿易地点

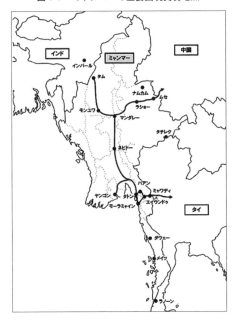

53.2％とミャンマーの輸入で国境貿易の比率が高い。

## 4.2　非正規貿易の推計

　国境貿易は，通関手続きを行う正規ルートの貿易と通関手続きを省略する非
正規ルートの貿易がつきものである。図 1-8 は，ミャンマーとタイ及び中国と
の貿易を，双方の輸出・輸入額で照らし合わせたものである。

　ミャンマーの対タイ輸出とタイの対ミャンマー輸入を比較すると，2012，
2013 年を除いて，ほぼ貿易額は一致している。しかし，タイの対ミャンマー
輸出とミャンマーの対タイ輸入では乖離が生じている。2017 年でタイはミャ
ンマーに 24 億ドルの輸出をしているが，ミャンマーの輸入では 19 億ドルと 5
億ドルの乖離がる。乖離が生じるのは，国境貿易における非正規貿易の存在で
あろう。乖離は 2000 年代後半から始まっている。2015 年以降には，乖離幅は
横這いで推移している（図 1-8-①）。

　対中貿易でも同様のことが言える（図1-8-②）ミャンマーの対中国輸出と
中国の対ミャンマー輸入を比較すると，2014年を除いて，ほぼ貿易額は一致
している。しかし，中国の対ミャンマー輸出とミャンマーの対中国輸入では，
中国の対輸入がミャンマーの対中国輸出を大きく上回っている。乖離が生じた

### 図1-8　ミャンマーとタイ，中国，日本の貿易

① タイ

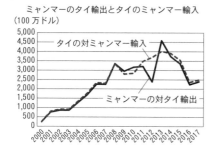

② 中国

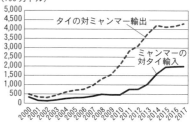

③ 日本

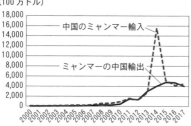

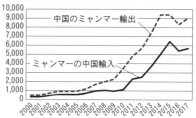

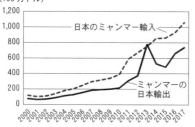

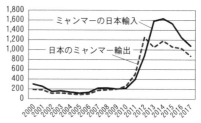

資料：DOT（IMF）より作成。

のは，2000年代後半からであるが，リーマンショック後に乖離幅が拡大し，2014年には43億ドルも中国の対ミャンマーがミャンマーの対中国輸入を下回っている。

　タイと中国の対ミャンマー輸出を正規ルートによる貿易とみなせば，2017年のミャンマーの対中輸入の37.3％，対タイ輸入の54.3％が非正規ルートの貿易比率の一つの目安（上限）とみなすことができよう。ミャンマーの対中輸入，対タイ輸入に占める非正規ルートの貿易比率は，対中輸入では，2009年から2013年までは50％を超えていたが，2015年からは30％台に低下している。また対タイ輸入では，2010年から2013年までは70％を超えていたが，2015年からは50％台に低下している。

　非正規貿易の比率が高まった時期は，ミャンマーの民主化と経済改革が始まった時期とだぶっている。2010年11月に，新憲法にもとづく総選挙が実施され，2011年3月にテインセイン大統領の新政府が発足し，ミャンマーは民政移管を果たした。それまで軍事政権を担っていた国家平和開発評議会（SPDC）が解散し，新政府主導による民主化，国民和解（少数民族との和平交渉，停戦合意の推進），そして経済改革に向けた前向きな取組が次々に打ち出された。民政移管に伴う混乱が，貿易にも反映されていたものと推測される。

　しかし，ミャンマーの貿易が依然として周辺国との国境貿易に大きく依存しており，それに伴い非正規貿易ルートも依然として大きな役割を果たしているものと思われる。

## 4.3　日本の対ミャンマー輸出を上回るミャンマーの対日輸入

　他方，ミャンマーと日本の貿易をみると，タイ，中国と逆の傾向が出てくる。ミャンマーの対日輸出と日本の対ミャンマー輸入を比較すると，日本の対ミャンマー輸入がミャンマーの対日輸出を上回り乖離が生じている（図1-8-③）。日本はミャンマーが日本に輸出している以上の品物を輸入している。2012年以降（2013年を除いて），約3億ドル前後の金額が日本の対ミャンマー輸入額がミャンマーの対日輸出額を上回っている。

　この一因として，大手流通業が，衣料品や雑貨などのミャンマー製品を，直接日本に輸出されるのではなく，一端，第3国にある集荷所に運び，そこから日本向けに輸出しているためと思われる。日本に輸入する際には「ミャンマー原産品」として扱われているものが含まれていることを示している。

　日本の対ミャンマー輸出とミャンマーの対日輸入では2012年から乖離が生じている。これは2012年から生じている現象で，2014，2015年では乖離額は10億ドル以上にも達していた。ミャンマーの対日輸入は，日本の対ミャンマー輸出を2017年で3億ドル上回っている。ただし，乖離幅は縮小傾向にある。日本から輸出している金額以上のものをミャンマーは日本から輸入している。ミャンマーに，周辺国からも日本製品の流入があったものと考えられるが，おそらく，日本の中古自動車の影響と思われる。


## 5.　貿易拡大のチャンスをつかめるか


### 5.1　外資主導型経済成長

　ミャンマーは，第2次世界大戦後，東南アジア有数の豊かな国だった。しかし，長期にわたる欧米の経済制裁によって，ASEANの貧困国に転落した。スーチー氏率いる文民政権の誕生によって，米国が経済制裁を解除し，これにより，5,000万人超の人口を抱え，高い潜在力を持つミャンマーに経済再生の到来を期待する声が高まった。

　しかし，NLD政権発足後すぐに，ミャンマーの企業経営者の間で，新政権への期待感が失望に変わったという。その様子をWSJ紙は，次のようにレポートしている。2017年3月に企業経営者はスーチー氏との会合で，企業経営者らが要望していたミャンマーのビジネス環境改善（世界銀行のビジネス環境ランキングで170位）に向けて少しでも改革を講じて欲しいと求めたところ，スーチー氏は，「和平プロセスにどのような形で貢献できるかを考えるよう経営者らに助言してきた。ある参加者は『自力でやれ』と言っているようだった[9]」と政府には期待できない失望感だけが残ったという。ノーベル平和

賞受賞者のアウンサンスーチー氏は歴史的な選挙勝利で政権交代を成し遂げた後，少数民族との和平実現が最優先課題だと表明していた。

江橋（2018）は，ミャンマーの社会経済発展の基本戦略として，① 民間主導の市場経済の構築，② 国際分業と外資導入を推進する「外向き」の経済政策の追求，③ 農業の発展を基礎とした「複線型」工業化戦略の追求，④ 産業立地政策（2 大都市周辺への産業の拡散）を挙げている。これらの戦略の中で国際分業と外資導入を推進する「外向き」の経済政策は，ASEAN 諸国で経験済みの政策である。

外資導入を促進するビジネス環境改善に熱意がないと見られていた NLD 新政権は，2016 年 10 月に「ミャンマー投資法（Myanmar Investment Law）」（新投資法）を成立させている。これまで複雑だったミャンマーの投資規制に関するルールを一本化させた。2018 年 5 月には，卸売・小売業に対する外資規制緩和を発表して，外資独資による参入が可能となった。

2018 年 10 月には，ミャンマー投資促進計画（Myanmar Investment Promotion Plan，「MIPP」）を発表し，誘致する外資を (1) 輸出志向型，(2) 国内市場型，(3) 資源活用型，(4) 知識集約型に分け，短期・中期・長期的取り組みを明確にしている[10]。MIPP の提言を受け，2018 年 11 月に，投資誘致を主管する「投資・対外経済関係省」を新たに設置した。これは，計画財務省企業投資管理局（DICA）と同省対外経済関係局（FERD）を統合した組織で，外資呼び込みを省庁横断的かつ主体的に対応することになる。

ミャンマーが外資導入に早急にとるべき措置は，工業団地の整備である。ヤンゴン市内・近郊にはレンタル料が安い建設省が所有する工業団地が 30 ほどあるが，ほぼ古く，しきりの境界線も不明なことが多い。その中で，特区として新設されたティラワ工業団地への期待は大きい。

外向きの経済政策の追求には，海外市場へのアクセス改善が必要である。ミャンマーの主力輸出品であるアパレル輸出を見ると，欧米向けに輸出が回復したが，米市場ではベトナム品，EU ではバングラデシュ品が浸透しており，ミャンマーの影は薄い。ミャンマーが，輸出志向型経済発展を目指すのであれば，欧米諸国と FTA などの経済連携の提携を通じて関係強化が必須である。しかし，そこに立ちはだかるのが少数民族問題である。ミャンマーは，英国か

ら独立した 1948 年以降，内戦にさいなまれてきた。国境沿いに暮らす少数民族は，同国で圧倒的多数を占める仏教徒のビルマ族とは異なる信仰を持ち，自治権拡大や完全な独立を望んでいる。様々な武装勢力に対する政府の過去数十年にわたる攻撃は，欧米政府や人権団体から非難を受けてきた [11]。

## 5.2　輸入代替工業化政策

　ミャンマーは，国内市場の規模が比較的大きいにもかかわらず輸入に依存している産業が多くある。これらの産業の輸入代替工業化政策が，ミャンマーの工業化推進にとって欠かせない。ミャンマー工業省は，自動車および関連産業の将来にわたる持続的成長を見据えた自動車政策を公表（2019 年 5 月 14 日）した。ブランド力のある自動車の国産化を進め，自動車部品などの関連産業，修理，自動車保険，販売金融など各分野の育成を図る。新車販売台数の目標値を 3 期に分けて設定し，第 1 期（5 年間）で年間 20 万台，第 2 期（5 年間）で年間 40 万台，第 3 期（5 年間）で年間 120 万台を目指す。外資を促進するため，現地生産に対する優遇税制などインセンティブを付与する。R＆Dセンターの設立も促し，グローバル・サプライチェーンの一角を担うことを目指すという野心的な目標を掲げている。（工業省が自動車政策を公表，国産化など推進 [12]）

　自動車政策の中にはオートバイの国産化推進も含まれている。ミャンマーにとってオートバイの国産化の方がより現実的である。前述したように，ミャンマーには，中国から割安なオートバイが陸路から流入し，2018 年で 80 万台を超える。中国製オートバイが普及している理由は，価格が割安であること，市場アクセスの利便性等 BOP 条件を満たしている。さらに，オートバイの対中輸入関税が低率であることも指摘できよう。ASEAN 主要異国の対中オートバイ関税率は，タイが 50％，ベトナムが 45％，カンボジアは 15％と高度センシティブ品目に指定して高い関税率をかけている。しかし，ミャンマーは 5％と低く抑えられている。

　国産化を強制するならば，自動車よりオートバイが優先されるべきであろう。まずは，ASEAN 各国が採用している対中関税率程度は引き上げて，国内生産

表 1-12 オートバイの対中関税率 (50-250cc) 2018 年

| 国 | 税率 | 備考 | 中国の輸出 (2018) | | |
|---|---|---|---|---|---|
| | | | 金額<br>(100 万ドル) | 台数<br>(千台) | 単価<br>(ドル/台) |
| ミャンマー | 5% | 2009 年から 2020 年まで 5% | 279 | 718 | 388.17 |
| タイ | 50% | HSL | 36 | 57 | 626.20 |
| ベトナム | 45% | HSL | 9 | 16 | 599.96 |
| インドネシア | 20% | HSL | 17 | 29 | 588.98 |
| カンボジア | 15% | HSL | 7 | 9 | 817.37 |
| フィリピン | 30% | HSL | 453 | 954 | 475.38 |

注:「HSL」は高度センシティブ品目。
資料:ASEAN サービスセンター ACFTA。

にインセンティブを与えるべきである。

## 5.3 ミャンマーの歴史的機会

　ASEAN 諸国の経済は外資主導型で発展してきた。ASEAN 先発国のタイやマレーシアでは,まず最少は輸入代替工業化政策を導入した。次に,1970 年代頃から輸出志向型に転じている。許認可行政や工業団地などの外資受入体制や投資優遇税制の整備,規制緩和,電力・道路・港湾などのインフラ整備を進めた。マレーシアでは,1971 年の自由貿易地域法(FTZ)によってペナンなど全国に工業特別区を設置,雇用規模の大きい輸出専業の外国企業の誘致を推進している。1980 年代頃には電機・電子などの資本集約型産業も集まるようになったが,その契機が 1980 年央のプラザ合意後の超円高で発生した日本企業による ASEAN 投資ブームである。日本の円高は ASEAN の輸出主導型経済成長をもたらした歴史的機会であった。

　ベトナムでは,2000 年代初めにアパレル等の労働集約的産業の輸出が拡大するとともに,2000 年代央からコンピュータ周辺機器や携帯電話等の IT 機器の組み立て工程がベトナム北部に集積し,輸出を急拡大させている。先発 ASEAN が,アパレル等の労働集約産業の輸出からエレクトロニクス機器の輸出までに要した時間をベトナムは大幅に短縮させた。ベトナムがアパレルやエレクトロニクス機器の輸出を加速化させている背景には,米中貿易戦争で中国

から生産拠点を周辺国に移管する動き（チャイナ＋ワン）がある。ベトナムが移管先の最適地と見られていることが挙げられる。

　ミャンマーが外向きの政策に転じて輸出主導型成長に注力しても，こうした国際経済情勢の変化にともなうチャンスをつかむことが重要となる。米中間の貿易摩擦によって，対米輸出拠点としての中国にリスクが高まり，生産の脱中国（チャイナ＋1）が加速化し始めている。その受け入れ先として，ベトナム，タイ等が有力な候補地であるが，ミャンマーを最終組み立て工程の移管先と考える企業は少ない。ミャンマーはまだ候補地として選択されていないといってよい。

　ミャンマー経済の現状を見ると，第1にティラワ経済特別区内は別にして，エネルギー不足やインフラ整備が整っていない。第2は，労働集約型であるため人件費の水準に強い関心を持っており，仮に賃金水準がかなり高くなった場合には，活動拠点を，より賃金の安い外国に移転してしまう。第3は，ミャンマーの対中貿易依存度の高まりである。中国から割安な製品が流入して輸入代替化を難しくさせている。保護すべき産業に対しては，関税の引き上げなどの保護政策が必要となる。さらに，一帯一路等を通じた対中経済依存度の深化は，ミャンマーと欧米との距離を一層，遠ざけるものとなろう。

　ASEAN の経験では，欧米市場への輸出拡大が工業化を促し，経済発展につながっている。対中貿易から欧米先進国との水平貿易を深化させることがもとめられる。

## ミャンマーの歴史的機会

　米国は，アウサンスーチー率いる国民民主連盟（NLD）政権の誕生によって，20 年近くにわたりミャンマーに科してきた制裁プログラムを，北朝鮮との取引や麻薬の不正取引など特定の制限措置を除き，全面解除した。当時のオバマ米大統領が下した決断は，残りの任期が数か月と迫る中で，「リバランス（最均衡）＝アジア回帰」政策の総仕上げという意味合があった。中国の影響力に対抗するため，ミャンマーをはじめとするアジア諸国との緊密化を急いでいた[13]。同時に，米国とミャンマーの正常化が米企業のミャンマー投資や貿易を拡大させるビジネスにつながると期待されていた。

　この米国の対ミャンマー制裁解除は，アウサンスーチー氏にとっても政治的なリスクを孕んでいた。ミャンマーの軍事政権が 2008 年に制定した憲法では，連邦議会の議席の 25％は軍人に割り当てることや，軍が国防相などの主要閣僚を任命することを認めている。米国は，軍事政権が制定した憲法の改正に弾みをつけるために制裁を放棄した。さらに，アウサンスーチー氏が，民主主義の指導者として，高い支持を維持するには，経済成長の加速が不可欠であった。期待されたのは，日本，欧米などの先進国からの投資を呼び込むことであった。また，軍事政権や問題のある事業を支援してきた中国に対する経済依存度を軽減することも課題であった。

　これらの課題を背負ったアウサンスーチー政権は，自身の在任中の優先事項として「国民和解と平和」を全面的に押し出したが，前述したヤンゴンの経済界から，経済に関心がないとアウサンスーチー氏に失望感が出た。また，中国の影響力も，ロヒンギャ問題が国際的に関心を呼ぶにつれて，高まった。ミャンマー制裁の全面解除で米国が意図した方向には進んでいない。

　しかし，文民政権開始以降の「ミャンマー・ブーム」は終わり，ミャンマー経済は景気が減速し，踊り場を迎えている。アウンサンスーチーの NLD 政権は，2020 年の総選挙を意識し経済成長を重視する姿勢を強めている。アウンサンスーチー氏は，欧米の経済制裁の全面解除という歴史的機会をミャンマー経済再生に活かせるかどうか，正念場を迎えている。

（大木　博巳）

注
1　「スー・チー政権 3 年　外国投資ピーク時の 3 分の 1 に総選挙控え規制緩和急ぐ」2019/4/1 日本経済新聞，電子版。
2　トラン「ASEAN の新輸出大国ベトナム」。
3　ミャンマーの加工品輸出は，2017 年でみると，中国に 8 億ドル，タイに 2.5 億ドル，インドが 1.7 億ドルである。
4　ジェトロ（2012）。
5　以下は大木博巳「マンダレー工業団地の生産現場，旧式な設備と溢れる中国製機械・部材」ITI フラッシュ（2016 年 9 月 16 日）。
6　ジェトロ通商弘報「近海の新鮮な魚介類は大半がタイへ―ミャンマー南部の漁業の町メイッ―」2017 年 8 月 22 日。
7　ジェトロ通商弘報「タイからの輸入拠点ミャワディ，税関手続きに課題―ミャンマーの国境貿易の最新事情（3）―」2017 年 12 月 18 日。

8　ジェトロバンコク資料。
9　「置き去りにされたミャンマー経済，スー・チー政権に不安」WSJ，2017年8月7日。
10　「ミャンマー政府，投資・対外経済関係省を新設」ジェトロビジネス短信，2018年11月27日。
11　「ミャンマー軍，ロヒンギャの次はカチン族を標的に」WSJ，2018年5月29日。
12　「工業省が自動車政策を公表，国産化など推進」ジェトロビジネス短信 2019年5月31日。
13　「米，ミャンマー経済制裁解除へ　スー・チー氏と会談」WSJ　2016年9月15日。
14　「社説　ミャンマー，経済制裁解除は大きな賭け」WSJ　2016年9月23日。

**参考文献**
日本貿易振興機構（2012）「ミャンマー市場における中国企業ブランド品」
トラン・ヴァン・トゥ，大木博巳（2018）『ASEANの新輸出大国ベトナム』文眞堂。
トラン・ヴァン・トゥ，苅込俊二（2019）『メコン地域開発とアジアダイナミズム』文眞堂。
江橋（2019）「GMS後発国ミャンマーの発展可能性と近隣諸国との経済関係」，トラン（2019）。

# ミャンマーの投資環境動向と展望
## —ラスト・フロンティアからの飛躍シナリオ—

**要約**

　　ミャンマーは，2011年の民政移管を機に，改革・開放路線に劇的に転換
し，アジアのラスト・フロンティアと称されて，その有望性を高く評価さ
れ，投資や進出企業も増加してきたが，この動きが一巡した今，今後の投資
誘致・産業開発の方向性について様々な可能性を探る必要がある。投資の観
点から見ると，法制度整備は透明なプロセスで進展してきているが，その運
用面や，インフラ整備等はまだ大いに改善の余地がある。既に多くの国家計
画，経済政策，投資促進計画等が出され，外国投資促進を活用した持続性あ
る成長には多くの道筋が示されており，これらをどのように実施に移してい
くかが問われる。投資を通じた産業の成長シナリオや発展戦略が鍵となる。
ミャンマーと，日本をはじめとする投資国・企業の持続的なウィンウィンの
関係の進展と産業の成長・飛躍が期待される。

　　キーワード：ミャンマー，投資，投資環境，外国直接投資，投資促進計
　　　　　　　　画，投資政策

## 1. はじめに—本章の着眼点：民政移管以降の投資環境動向と展望

　「アジアのラスト・フロンティア」というフレーズがミャンマーへの投資
（外国直接投資）を誘う謳い文句となって久しい。2011年の民政移管以降の劇
的な改革・開放路線への転換・邁進（表2-1参照）と高い経済成長，ASEAN
の中で最後に残った手つかずで高いポテンシャルの国内市場，若くて実直な労

表 2-1　民政移管以降の投資環境に関する主な動き

| 年月 | 事項 |
|---|---|
| 2011 年 3 月 | 民政移管実現，テイン・セイン政権発足 |
| 2012 年 11 月 | 外国投資法成立 |
| 2014 年 1 月 | 改正特別経済区（SEZ）法成立 |
| 2014 年 7 月 | 投資企業管理局（DICA）のネピドーからヤンゴンへの移転 |
| 2015 年 9 月 | ティラワ特別経済区（SEZ）正式開業 |
| 2016 年 3 月 | アウン・サン・スー・チー氏率いる NLD 新政権発足，平和裏に移行 |
| 2016 年 10 月 | 新投資法成立（2017 年 4 月に事実上の運用開始） |
| 2016 年 11 月 | 米国経済制裁解除 |
| 2017 年 12 月 | 新会社法成立（2018 年 8 月施行） |
| 2018 年 10 月 | 投資・対外経済関係省新設，ミャンマー投資促進計画（MIPP）公表 |
| 2019 年 5 月 | 知的財産権 4 法成立完了 |

出所：各種資料より筆者構成。

　働力と労働コスト競争力，そして親日。確かにミャンマーは投資家の進出意欲を掻き立ててきた。しかし，このセンチメントは持続し得るものか，高い期待はインフラ未整備等の厳しい現実によって覆されていないか，実際の投資実現および経済開発への貢献という果実を伴っているのか，ミャンマー経済・社会と投資企業のウィンウィンの状況は出来ているのか，そして投資を通じて今後のミャンマーの産業の在り方はどのようにあるべきか，そこでどのような議論がなされてきているのか，その展望は，といった疑問・関心は尽きない。本章では，筆者がミャンマー政府の投資企業管理局（DICA[1]）に国際協力機構（JICA）投資振興アドバイザーとして従事した経験等を基に，民政移管以降の投資環境・動向を概観し，こうした疑問について考えを巡らせつつ，今後の展望・カギを提示してみたい。
　なお，本章は筆者所属組織の見解を表すものではなく，あくまで筆者個人の見解である旨，冒頭お断りしておく。

## 2. 近年の投資動向

　本節では，民政移管以降のミャンマーへの外国直接投資（FDI）の動向を，全般的およびセクター別・国別の観点から概観すると共に，その過程で，日本からの投資についてもまとめてみる。

### 2.1　全般概況・セクター別

　ミャンマーへの外国投資流入額（ミャンマー投資委員会＝MIC承認ベース）は（図2-1参照），改革・開放路線が本格化した2012/13年度から急増してきた。アウン・サン・スー・チー国家最高顧問が事実上率いるNLD新政権となった2016/17年度は様子見一服感があり，2017/18年度および2018/19年度は更に投資額が減少した（2018年度は4月〜9月の変則6か月間の年度となり，もともと投資の少ない月・時期という季節要因等もあって単純比較は出来ない）。結果として，新政権発足前年度の2015/16年度がピークとなっているが，これは構造的な投資の落ち込みとみるべきかどうか，判断が分かれているところである。ラカイン州問題を原因として挙げている場合もある。しかしながら，最も大きな要因は，2014/15〜2015/16年度は，投資額ベースで規模が非常に大きい天然ガスの新規鉱区が外資に開放され，これが投資額に計上されたこと，新規鉱区は一巡したのでそれ以降は出ていないことと思われる（図2-1の石油・ガスの棒グラフの部分）。また，2015/16年度は，前政権下で投資準備をしてきた企業が，政権交代する前に認可を取っておきたいというドライブがかかり，結果的に駆け込み投資も多かったことも一因と思われる（その代表例である中国石油精製案件は20億ドル超の巨大案件でこの年度の投資額を引き上げたが，その後事実上撤退の状況となっている）。製造業を始めとする他産業は，新政権下で必ずしも下降トレンドとは言い切れない状況であることも見て取れる。例えば，投資件数ベースでみると，2017/18年度は222件と過去最高を記録，直近の2018/19年度は，さらにそれを大きく上回る282件と，

図 2-1　ミャンマーへの外国投資認可額・件数の推移

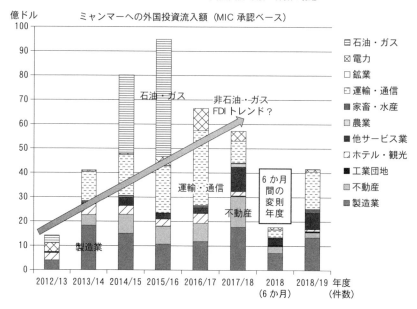

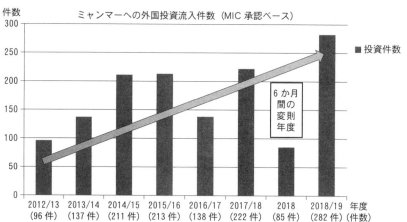

注記：2017/18年度までは4月〜3月（例えばこの年度の場合，2017年4月〜2018年3月）。
　　　2018年度は同年4月〜9月の変則6か月年度。2018/19年度以降は10月始まり〜9月終わ
　　　りに変更。
出所：DICA ウェブサイト，本間（2019a）等を基に，筆者加工分析。

過去最高を更新した。後述のトヨタの工場新設投資の発表（2019年5月）等象徴的な投資もあり，ミャンマー投資への関心が再び高まっているともいえる。

　投資セクターの推移について，民政移管の前と後で比較してみると，その変動が顕著である（図2-2参照）。民政移管前には，電力（水力発電）と石油・ガスが殆どで，一部鉱業があるのみ，すなわち資源依存型が大半で，件数も少ない。それが民政移管を境に，多様なセクターへ投資が広がった。なかでも大きく伸びているのが，日本としてもミャンマーとしても期待が高い製造業である。以前はごく僅かであったのが，民政移管以降は投資額ベースでもトップに肉薄，件数ベースでみると全体の3分の2程度を占めるまでに成長した（2017/18年度で61％，2018/19年度では80％に達している）。また運輸・通信は金額ベースでは製造業を少し上回りセクター別トップとなる激増ぶりであるが，これは主に携帯電話事業及び関連事業への投資が中心である。わずか数年

**図2-2　ミャンマー外国直接投資セクターの変動・多様化**

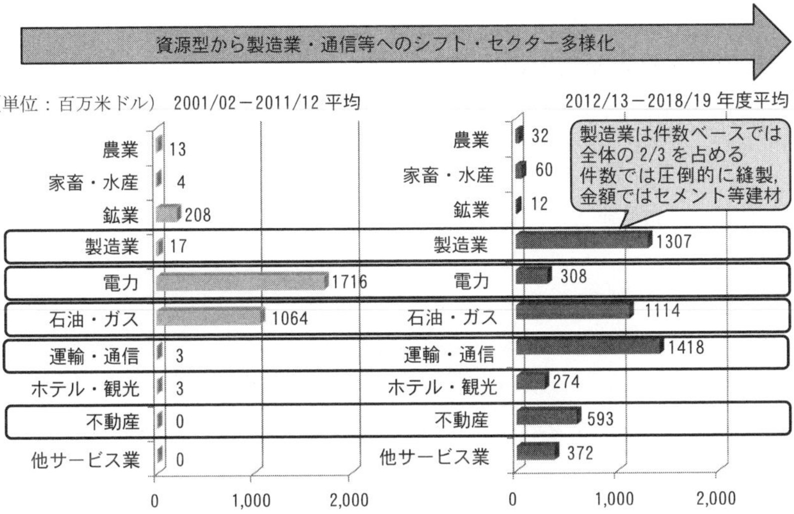

資源型から製造業・通信等へのシフト・セクター多様化

（単位：百万米ドル）2001/02－2011/12平均　　　　　　　　2012/13－2018/19年度平均

| セクター | 2001/02-2011/12平均 | 2012/13-2018/19年度平均 |
|---|---|---|
| 農業 | 13 | 32 |
| 家畜・水産 | 4 | 60 |
| 鉱業 | 208 | 12 |
| 製造業 | 17 | 1307 |
| 電力 | 1716 | 308 |
| 石油・ガス | 1064 | 1114 |
| 運輸・通信 | 3 | 1418 |
| ホテル・観光 | 3 | 274 |
| 不動産 | 0 | 593 |
| 他サービス業 | 0 | 372 |

製造業は件数ベースでは全体の2/3を占める　件数では圧倒的に縫製，金額ではセメント等建材

注：MIC投資認可ベースの数値。ティラワSEZの認可額は含まれていない。
　　2017/18年度までは4月〜3月の会計年度。4月〜9月の6か月変則の2018年度を挟み，2018/19年度は10月〜9月の会計年度に変更。
出所：Diretorate of Investment and Company Administration（DICA）website（2019），本間（2019）を基に筆者加工。

前までは国営1社での運営で普及率も1-2％という状況であったのが，外資に開放した結果，2014年から事実上4グループが参入し，これを機にコストが劇的に下がり，携帯電話がごく一部の上流層のみのものだった状況から，誰もが携帯電話を保有する状況に激変した。2019年7月発表の政府調査によれば2017/18年度の携帯電話普及率は105％に達したという[2]。軍政時代には情報閉鎖社会であったミャンマーの態様が一変し，自由に情報交換・発言を行える開かれた社会の構築に大きく貢献，国民が外国投資の恩恵を肌で感じることの出来る最も分かりやすい事例となった。加えて，スタートアップ企業が少ない資本で事業を創造し，イノベーションを生み出すネットワーク基盤ともなりうることが期待される。この他にも，不動産やホテル・観光，その他サービス業等の様々なセクターに投資が多様化しており，一般にモノカルチャー経済からの脱却に苦しむ資源依存型後発開発途上国としては，健全な構造になってきつつある。ただ，ポテンシャルと期待の高い農業セクターへの投資が，未だテイクオフしないのが気がかりという状況である。

## 2.2　国別・日本からの投資

　次にミャンマーへの外国直接投資について，投資元国別に見ると，統計のある1988年以降の累計投資額は，軍政時代の多額の投資の蓄積を守っていた中国が長年にわたりトップであったが，ここ数年間単年度ベースで毎年トップになっているシンガポールが，累計でも2019年に中国を抜いてトップになった。シンガポールは自国の企業がミャンマーに多額の投資を行うのみならず，日本をはじめとする多くの国の企業が，シンガポール経由でミャンマーに投資を行っており，これらの金額が多くシンガポールの投資額に含まれている。累計額はこの2か国（シンガポール，中国）が図抜けていて，この2か国だけで全投資額の半分を超える。以下，タイ，香港，英国，韓国，ベトナム，マレーシア，オランダと続き，日本からの投資は累計10位にとどまっている。

　しかし，日本からの投資は，税制上あるいはアジア域内グループ会社管理上等の理由から，シンガポールを中心とする第三国に設立した子会社等を経由した投資が多く，こうした投資は日本の投資に計上されていない（直接の投資企

**表 2-2　ミャンマーへの外国直接投資・投資元国別投資額**

投資元国別 FDI データ MIC 承認ベース：2018/19 年度年間実績（18 年 10 月－19 年 9 月）および累計

| '18/19 | '18 | 2018/19 年度 | 件数 | （百万 USD） | | 累計（19 年 9 月迄） | 件数 | （百万 USD） |
|---|---|---|---|---|---|---|---|---|
| 1 | 1 | シンガポール | 25 | 2,409.6 | 1 | シンガポール | 314 | 22,140.6 |
| 2 | 2 | 中国 | 140 | 634.6 | 2 | 中国 | 402 | 20,871.4 |
| 3 | 6 | 香港 | 43 | 456.4 | 3 | タイ | 131 | 11,327.4 |
| 4 | 7 | タイ | 11 | 221.4 | 4 | 香港 | 220 | 8,331.8 |
| 5 | 8 | アメリカ | 2 | 98.3 | 5 | イギリス | 100 | 4,539.0 |
| 6 | 5 | 韓国 | 15 | 89.4 | 6 | 韓国 | 179 | 3,975.8 |
| 7 | 13 | 台湾 | 12 | 81.2 | 7 | ベトナム | 25 | 2,165.2 |
| 8 | 4 | 日本 | 8 | 42.8 | 8 | マレーシア | 67 | 1,962.5 |
| 9 | - | オランダ | 3 | 32.4 | 9 | オランダ | 24 | 1,560.9 |
| 10 | 3 | イギリス | 7 | 23.3 | 10 | 日本 | 117 | 1,213.5 |
| 計 | | 21 か国 | 282 | 5,718.1 | 計 | 50 か国 | 1,837 | 81,874.3 |

出所：DICA (2019)，加工分析：本間[4]。

業の立地国ベースでの分類・計上のため）。また，日本とミャンマーの官民が共同で短期間での開発・企業誘致に成功したティラワ経済特別区（SEZ，後述）への投資も，統計上含まれていない。このような状況を勘案すると，第三国経由の投資とティラワ SEZ への投資を加えた「実質的な」日本からの投資順位は（民政移管以降の累計では）第 3 位になる可能性という試算（本間，2019a），また 2018／19 年度も実質的に第 3 位になる可能性があるという試算がある（田原，2019）。

　日系企業数という観点からミャンマー日本商工会議所（JCCM）加盟企業数を見ると，長らく 50 社前後で推移していたのが，2012 年から急増し，2019 年10 月で約 8 倍増の 401 社にまで増加した（図 2-4 参照）。東洋経済オンライン(2019)[3] は「海外進出企業データ」2015 年版と 2019 年版の比較で日系企業の現地法人数増加率ランキングを作成したところ，ミャンマーが世界第 1 位（136％増）になったとしている。ただし，進出する企業は一通り出尽くした感もあり，ここ 1－2 年の伸びは鈍化している。今後は，まず駐在員事務所や情報収集拠点として進出してきた多くの企業のうち，どれだけの企業が本業の事業展開に実際に乗り出していくか，が焦点となっていくと思われる。

図 2-3　日本からミャンマーへの投資の実質全体像

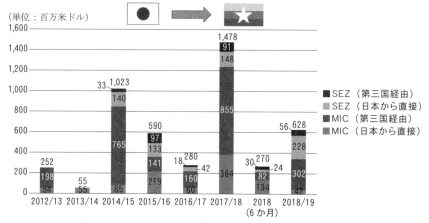

原出所：DICA 資料に基づきジャパンデスクが集計。
出所：田原（2019）[4]，本間（2019a）。

図 2-4　ミャンマー日本商工会議所（JCCM）会員社数の推移

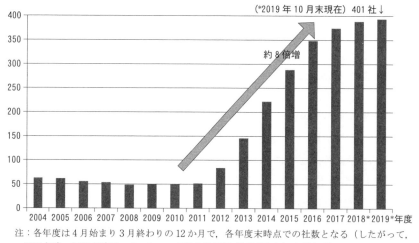

注：各年度は 4 月始まり 3 月終わりの 12 か月で，各年度末時点での社数となる（したがって，
　　2018 年度・2019 年度は，ミャンマーの新会計年度（9 月終わり）と異なる）。
出所：ミャンマー日本商工会議所（JCCM）website（2019），本間（2019a）を基に筆者加工。

# 3. 近年のミャンマー投資環境動向

　本節では，ミャンマーのビジネス環境の動向を概観し，特に投資関連法制度整備について少し深掘りしたうえで，ミャンマーの投資環境に関する課題を整理すると共に，ミャンマーの投資の魅力についても改めてまとめてみる。

## 3.1　ビジネス環境・はじめに

　ビジネス環境の指標として最も広く認知されている，世界銀行グループのDoing Business 調査（ビジネス環境調査）は，事業設立，建設許可取得，電力事情，不動産登記，資金調達，少数投資家保護，納税，国境貿易，契約執行，破綻処理，労働市場規制といった 11 の分野をカバーし，毎年ランキングを発表しており（執筆時点での最新版は 2019 年 10 月発表の 2020 年版），日本を含む多くの国で，政策目標数値としてこのランキングが用いられている（なお，本来当調査は国内中小企業にとってのビジネス環境を調査したものであり，一般に広く認識されているような外国投資環境として確認する際は留意が必要である）。

　この指標で見てもミャンマーのビジネス環境はまだ改善の余地が大きい。以前はそもそもミャンマーのデータが無くランキングに入っていない状況から始まった。2014 年版でようやくランキングに初登場したが，189 か国中 182 位と最下位グループであった。それ以降も伸び悩み，2016 年版では 167 位となったものの，2017 年版で 170 位，2018 年版で 171 位，2019 年版で 171 位であった。しかし，2020 年版では 165 位と向上がみられた。部門毎にみると，例年最も注目度の高い「事業設立（起業）」部門に関しては，改革の成果が発現しており，2016 年度版で大躍進（最下位 /189 位→ 160 位）し，この年にこの部門において世界で最も改革が進展したと同調査報告書にも記載された。さらに2020 年版では後述のミャンマー会社法施行に伴うオンライン登録システムによる登記の効率化等により，前年版の 152 位から 70 位へと更なる大躍進を遂

げた。

　ミャンマーは，民政移管以降，投資関連法制度整備・制度改革に取り組んできており，外国投資法（2012 年 11 月），ミャンマー市民投資法（2013 年 7 月），新経済特区法（2014 年 1 月）と矢継ぎ早に法整備を行った。そして，本丸として，2014 年からミャンマー投資法（新投資法）およびミャンマー会社法（新会社法）に取り組んだ。前者（新投資法）は，外国投資法とミャンマー市民投資法を統合させたうえ自由化の方向で改善したもので，2016 年 10 月に成立，2017 年 4 月に事実上施行に至った。後者（新会社法）は 1 世紀以上前（1914 年）に制定された旧会社法を近代化・全面改定したもので，2017 年 12 月に成立，2018 年 8 月に施行された。

　両法に関しては，策定の過程で，従来のミャンマーでは考えられないほど徹底した情報開示，草案に対する累次のコンサルテーションプロセス（ウェブサイトでのパブリックコメント募集，官民様々な機会での説明会の実施等）が行われ，こうしたコメントも踏まえて草案の改訂が順次行われた。透明性・予見性の観点から，このことは高く評価され，こうした状況も背景に，2017 年 10 月には世界銀行による最優秀改革国賞がミャンマーに授与された[5]。加えて，前政権下において，上記の公開プロセスを経て案を重ね，詳細にまで出来上がっていた両法案の草案が，2016 年 3 月の歴史的政権交代を経ても，大きく覆されることなく，NLD 新政権下で無事成立に至った点も特筆される。

## 3.2　ミャンマー投資法

　ミャンマー投資法（Myanmar Investment Law）は，前述のとおり，2016 年 10 月に成立，その後，運用に必要な細則や通達等が一通り策定・承認された 2017 年 4 月から事実上施行された。

　ミャンマーは ASEAN で唯一の内外投資 2 法（外国投資法・ミャンマー市民投資法）が併存する国となっていた。ASEAN 他国は既に統合済（例：インドネシア，ベトナム）であり，内外無差別明確化，ASEAN 域内調和化のためには，両法の統合が必要という状況が，まず背景としてあった。両法は投資家保護措置が不十分（内国民待遇・最恵国待遇・公正衡平待遇，収用，資金移

転，紛争解決手段等）であり，その他含めて，この機に改善することも企図していた。経済協力開発機構（OECD）投資政策レビュー（2014）において，両法統合・新投資法策定が提言されていた。

こうした背景のもと，DICA が主管となり，IFC（世銀グループ・国際金融公社）の支援（日本，英国，豪州等が一部資金拠出・知的貢献）により，外国投資法とミャンマー市民投資法を統合した「ミャンマー投資法（Myanmar Investment Law）」（新投資法）の策定作業が，2014 年 4 月から開始された。ヒアリング・起草作業，官民関係者ワークショップ等を経て，2015 年 2 月以降，数版にわたり草案が DICA ウェブサイトにて何度も公開され，パブリックコメントや公聴会等も何回も行われ，画期的に開放的な策定プロセスを経て，大統領府・閣議承認後，2016 年 9 月 20 日迄に国会へ提出。アウン・サン・スー・チー国家最高顧問が 9 月訪米中に数週間以内にと発言したことも受け，審議が早まり，9 月 28 日に下院，10 月 5 日に上院で可決，10 月 18 日に大統領署名で，成立に至った。

新投資法の主なポイントとしては次のような点が挙げられる。

- ・ 投資の原則自由化が図られた（連邦戦略事業，巨額投資，環境・地域に深刻影響，国有地・建物利用，他別途定める事業，の 5 要件にあてはまらない事業は原則 MIC 投資認可不要）。
- ・ 従来，投資認可を受けないと得られなかった「税務恩典」と「土地長期賃借」の恩恵は，別途「エンドースメント（Endorsement）」手続きにより，上記投資認可を経ずとも得られる。
- ・ 税務恩典のうち法人税免除年数は，地方毎に開発度合順に 3 段階（7 年，5 年，3 年）に区分し差をつけるゾーン制が導入された（原則，開発の遅れた地方ほど免除年数が長い）。
- ・ 別途定める投資促進セクターのみが税務恩典の対象となった（ただし主要業種は大半が網羅されている）。
- ・ 投資家保護策の整備が進められた（内国民待遇・最恵国待遇・公正衡平待遇，収用，送金，紛争解決等）。
- ・ 地方（州・地域（管区））政府に投資委員会が設置され，一定規模以下のエンドースメント審査について一部権限が委譲された。

- 従来からの制限業種通達について，網羅性をより高め，真の意味のネガティブリストを目指したものになった（但し完成形までには道半ばの状況である）。
- 安全保障・経済・環境・国家利益に影響甚大の案件は国会の承認を必要とする条項が，新政権下で案文に導入された。
- MIC および DICA の独立組織化が目玉の一つだったが，新政権下で後退した。
- 旧外国投資法下における投資認可（およびその恩典）は，投資期間内継続して有効である。

まずは，2014 年来取り組まれてきた新投資法が，無事成立（2016 年 10 月）・全面運用開始（2017 年 4 月）に至った点，また，新投資法案の策定過程が随時公開され，コメントを受ける機会を多数設け，極めてオープンに進められてきた点につき，歓迎・賞賛された。改革の象徴例としてよく引用される。法制度の構造・体系としては，より正常な形になってきたとの評価が一般的である。

## 3.3 ミャンマー会社法

ミャンマー会社法（Myanmar Companies Law）は，前述のとおり，2017 年 12 月に成立，2018 年 8 月から施行された。旧会社法（Myanmar Companies Act）は 1914 年の施行から 1 世紀超が経過し，現代の企業活動，国内外動向，国際潮流等を踏まえ「近代化」が必要な状況で，現場での実務にも合わなくなっている面もあり，制度・手続きを一貫化・明確化することを目的に新しい会社法として策定が進められてきていた。また，この機会に手続きの電子化を図ることも視野に入れられていた。

DICA が主管部門として，ADB（アジア開発銀行）の支援（日本が一部資金支出・知的貢献）により，2014 年 8 月から改定作業が開始され，投資法同様，ヒアリング・起草作業，官民関係者一部を巻き込んだワークショップ等を経て，2014 年 12 月からドラフトが順次 DICA ウェブサイトにて公開され，パブリック・コンサルテーションや，数度にわたる公聴会も行われ，コメントを

取り込んだ改訂版は第5版まで順次公開された。2017年1月に政府原案が閣議決定され国会提出，同11月に国会承認されて，2017年12月6日に大統領署名により新会社法が成立した。2018年7月に移行措置などを定めた会社法規則が策定・公表されたのち，2018年8月1日に施行・運用開始に至った。

　旧会社法287条を再編し策定されたミャンマー会社法は，476条，184ページ（英訳版）にのぼる大部になっている。改定のポイントで最も注目されたのは，外資企業定義である。旧会社法下では，1株でも外国人・外国企業が所有していれば外国企業との扱いになり，（会社法以外の規定によって）土地所有・長期賃借，輸出入・卸売小売等が不可，または制限が加えられていた。新会社法では35％以下の出資であれば内国企業扱いとなり，こうした制限措置の対象外となる恩恵を受けられる。（実際にはもう少し複雑であるが）ごく単純化すれば，35％以下のマイナー出資で，主導権は握れなくとも，内国企業扱いの便宜を受ける，という選択肢が，外資企業の進出形態として増えたことになる。なお，この35％という数値は，法案策定初期段階より説明では明示されていたが，法案文では所管大臣が定める別途規定の割合とされており不透明感があった。これが，国会審議過程で法文に明記されるようになったものである。

　外資企業定義以外にも，①1人株主会社や1人取締役会社が可能になったこと（従来は2名以上が必要），②定款が従来2種類[6]必要であったのが1種類でよくなり，かつ事業目的が必要的記載事項でなくなったこと，③株式に関する規制が緩和されたこと（種類株の発行可，額面の廃止，授権資本の廃止，外資・内資企業間の株式譲渡の自由化），④逆に従来不明確であった，子会社および持ち株会社の設立や，現物出資に関する規定が登場し，明示的に可能となったこと，⑤営業許可（Permit to Trade）が廃止・不要となったこと，⑥小会社（30名未満，年収5千万Kyat未満）の規定が定められ，監査報告書・年次総会等免除の恩恵を得られるようになったこと等，基本的には企業にとってポジティブな変化となった。他方，負荷が増えた点も一部あり，取締役のうち1名はミャンマー居住者であることが必要になったこと，既存企業も2019年1月31日までに新会社法のもとで再登記が必要となったことが，これにあたる。

　新会社法の施行と並行して，ADB 支援により整備されてきたオンライン登録システム「MyCO」の運用も開始された点も特筆される。新会社法の施行・MyCO 運用開始から最初の6か月間（2019年1月末時点）で，緩和・効率化された手続き体制のもと，1万社超の新しい会社が設立・登録され，新会社法のもとで再登録手続きが行われた既存会社と合わせ，計約5万7,000社の会社登録が新しいデジタルプラットフォーム上で進められた。2019年10月末時点では6万7,256社に登録会社数が伸びている。会社新規登録は現在全てオンライン登録により行われており，効率化が進んできている。こうした状況は，2019年10月発表の世銀ビジネス環境ランキングの躍進（171位→165位，特に事業設立（起業）部門で152位→70位）に大きく貢献した。

## 3.4　輸出入・販売等に関する規制緩和

　ミャンマーでは，輸出入・小売卸売等のいわゆる「Trading」事業を外国企業が実施することが，明文化されていない目に見えぬ規制等により事実上原則認められておらず，当国への進出に関する不透明感を増幅する一因となってきた。これが近年少しずつ緩和してきている。2018年5月に発行された卸売業・小売業解禁に関する画期的な規制緩和についての通達を始め，主なものとして次のような規制緩和がある。

- 2015年3月　外国企業による自動車の輸入・販売に関する商業省通達。合弁・新車・左ハンドル，ショールーム等の条件のもと，部分的に外国企業も可能に。
- 2015年5月　ティラワ SEZ 管理委員会の通達により，同 SEZ における事業について，一定の条件のもと，部分的に外国企業も輸入・販売が可能に。
- 2015年11月　4品目（肥料，種子，殺虫剤，医療機器）に関して，合弁を条件に，外国企業に輸入・販売を認める商業省通達公表。
- 2016年3月末　MIC 外資規制業種通達の改訂版（No.26/2016）が公表（英語版は6月公表），一部業種（種子，ゴム等）の合弁要件が撤廃。
- 2016年7月　建築資材に関して，合弁を条件に，外国企業に輸入・販

売を認める商業省通達（No.56/2016）公表。

- ・　2016年12月　上記の建築資材・医療機器の対象となる具体的品目を示した商業省通達（No.85/2016）公表。
- ・　2017年6月　上記の緩和5品目（肥料，種子，殺虫剤，医療機器，建築資材）に関して合弁条件を撤廃，100％外資を認める商業省通達（No.36/2017）公表。
- ・　2018年5月　外国企業（100％独資含む）による卸売業・小売業を解禁する商業省通達（No.25/2018）公表。最低投資額（70〜500万米ドル）の規定があるも，画期的な解禁。
- ・　2018年12月　外国サービス企業等による，事務用品・関連サービス提供に関して必要な物品の輸入が解禁になる旨の商業省通達（No.57/2018）公表。

## 3.5　ティラワ特別経済区（SEZ）

　ティラワSEZは，日本側（3商社中心に，3銀行，JICAあわせ計49％出資）・ミャンマー側の官民（計51％出資）の双方の共同事業として，急ピッチで開発が進められ，2015年9月に麻生太郎副総理臨席のもと，開所式が開催された。ヤンゴンから23kmと至便な立地に2,400haの土地，日緬官民関係者の高いコミットメント，他国の工業団地開発経験者の結集によるノウハウの集結，JICAによるオフサイトインフラ支援（電力，港湾，アクセス道路，上水，通信等）とソフト支援（ティラワSEZ管理委員会の能力向上，ワンストップサービス支援，SEZ関連法規則整備支援等），ミャンマーで他に比肩する有力工業団地は無いという状況等を受け，他国類似工業団地/SEZと比較しても，異例の速さで開発および入居企業契約が進んだ。

　2019年10月時点で，契約企業数は108社（うち日系が55社），74社が操業開始済（うち日系が40社），雇用創出1万1,000人超に到達している。2015年9月に開業のZone A（405ha）はほぼ完売，その後も開発は進み，Zone B第1期（101ha）が2018年8月に開業し，大半が契約済み，Zone B第2期（77ha）も2019年8月に開業見込み，Zone B第3期（46ha）は2021年4月

開業目指して 2019 年 2 月に着工したところである。ティラワ SEZ の開発にあたっては，当初懸念する声も少なからずあったが，こうした実績を生み出し，今や成功プロジェクトとして高く評価されており，進出予定企業からの問い合わせはもちろん，他国からの見学の引き合いも多い。日系のみならず他国企業も含めた外資進出の受け皿として，大きく貢献している。

## 3.6　投資環境からみた課題

　他方で，ミャンマー全体では投資環境からみた課題も依然多い。ミャンマー投資委員会（MIC）が 2018 年に発表した「ミャンマー投資促進計画（MIPP）」（詳細後述）では，投資環境の SWOT 分析を提示しており（表 2-3 参照），この中で多岐にわたる弱み / 課題を示している。いずれも途上国が抱える共通の課題と言える。また，国際協力銀行（JBIC）が長年毎年行っている「わが国製造業企業の海外事業展開に関する調査報告」（執筆時点での最新版は 2018 年

表 2-3　ミャンマー投資促進計画（MIPP）におけるミャンマーの投資環境の SWOT 分析

| 内的要因 | |
| --- | --- |
| 強み | 弱み |
| 戦略的な地理的位置<br>豊富な天然資源<br>安価で質が高くて若い労働力<br>国内市場の潜在力 | 政治的リスクに関する投資家の懸念<br>マクロ経済条件の弱さ<br>未熟なビジネス規制体系<br>未だ残る投資制限的措置<br>不確実な投資承認手続き<br>投資促進の弱さ<br>インフラ開発の遅れ<br>ビジネスに関する仕組みの未熟さ<br>金融セクターの弱さ<br>技能の優れた人材の不十分さ<br>地場産業の未熟さ |
| 外的要因 | |
| 機会 | 脅威 |
| 中国や先進 ASEAN 諸国等近隣国における<br>生産コストの上昇<br>ASEAN 経済共同体（AEC）の形成<br>情報通信技術とグローバル化の進展 | 不確実な国際政治情勢<br>AEC 下での ASEAN 他国との投資誘致競争<br>国際経済循環と需要の不安定さ<br>農業に対する天候・潜在的気候変動 |

出所：Myanmar Investment Commission（MIC）（2018）を筆者仮訳。

11 月発表の第 30 回）では，企業が考えるミャンマーの課題として，（少なくとも 2011 年以降）一貫して「インフラの未整備」が最も多く挙げられている（2018 年版では 69.7％の企業が課題として提示）。ミャンマーでは特に電力に関する課題が一番多く挙げられる（そもそも需要に比し供給過小で停電が頻発する等）。続いて，「法制度の未整備」が 2012 年以降 2 番目の位置（48.5％）を占めている。しかしながら，前述の法制度整備の進展を受けてか，低下傾向にある。他方で，「法制の運用の不透明さ」が若干上昇傾向にあり，2018 年版では法制度の未整備と同率第 2 位になっている。このことは，法制度整備が進んで運用実務の段階になってきたことを示しているとも考えられている。さらに「投資情報不足」が 2018 年に急に増加して，これも同率で第 2 位になり，2011 年以来の高い割合となっているが，これは直近のラカイン州情勢を巡る不透明さが影響しているかもしれない。

　JICA では，このような課題の解決に寄与する支援を包括的・多面的に実施している。電力・運輸を始めとするインフラ整備を円借款で重点的に行う一方，法整備やワンストップサービス運営体制等のソフトコンポーネントの支援にも力を入れている。これを包括的に実施しているのが，前述のティラワ SEZ であり，成功例として認識されてきている。また，投資企業管理局（DICA）においては，筆者が初代として従事した投資振興アドバイザーやコンサルタントチーム等により，長期投資促進計画支援，法制度実施体制支援，投資促進・投資情報提供体制強化支援等を行って，ここで掲げられるような課題解決に対応している。

## 3.7　投資環境からみたミャンマー投資の魅力

　こうした課題を抱えてなお，ミャンマーに関心を寄せる投資家が依然多く存在するのは，それだけの魅力を持っているからと考えられる。前述の JBIC 調査（2018）では，2012 年度に「中期的な有望事業展開先国・地域」の第 10 位にランクされて以降，上位 10 か国の地位を保ち続けている（2018 年度は 9 位）。一般的に，ミャンマーへの投資の魅力は，ASEAN の中で手つかずの未開拓大型市場としての内需への期待と，縫製業等の労働集約型産業に適した低

労働コストと認識されている。JBIC 調査（2018）では，ここ数年，この2点が当国を有望視する圧倒的理由となっている。表2-3 にあるとおり「ミャンマー投資促進計画（MIPP）」では，この2点に加えて，戦略的な地理的位置と豊富な天然資源の2点も強みとして挙げている。前者は，すなわち，① 中国とインドという2大国・巨大市場と国境を接し，統合が進む ASEAN 域内市場と合わせ，市場の観点から有意な位置にあること，② タイ＋1 に代表されるように，サプライチェーンやグローバルバリューチェーン（GVC）の観点から，重要な位置づけになり得ること，③ ダウェーやチャオピューに代表されるように，それぞれメコン諸国および中国が西側世界に海路を通じ出ていくための交通の要衝になり得ること，等が挙げられる。後者の豊富な天然資源に関しては，天然ガス，鉱物資源・宝石類に加え，農林水産資源の潜在力に着目する向きは大変多い。さらに，識字率の高さ，勤勉性や互助の精神等の，人的資源の観点も良く挙げられる。国別「世界寄付指数」（英チャリティエイド財団・米ギャラップ社調査）3年連続世界1位という点も興味深い。


# 4. ミャンマー投資に関連する国家計画・経済政策・投資促進計画

　前節で見てきたように，ミャンマーの投資環境は，投資関連法制度整備等進展してきている部分もあるが，全般のビジネス環境を改善させるには依然課題も多く，ミャンマーの強みや投資先としての魅力を生かし切れていない。それでは，そもそも投資促進にあたり，国家としてどのような包括的政策をもって取り組もうとしているのであろうか。本節では，民政移管以降の国家計画・経済政策の変遷およびこれらに基づく投資政策・長期計画について整理すると共に，今後の展望について検討を試みる。


## 4.1　民政移管後・前政権における国家開発計画の系譜

　民政移管後初期段階の国家計画の方向性を示すものとして 2012/13 年度に最

初に策定されたのが「経済社会改革枠組み（FESR[7] 2012-2015）」である。FESR では，予算・税制改革，貿易・投資自由化，食料安全保障・農業振興，土地問題，インフラ整備・高度化等の課題を掲げ，比較的短期的な Quick Wins を狙って策定された。

　より長期的で本格的な計画が「国家総合開発計画（NCDP[8]）」で，上記 FESR やドナーの作成した提言［例えば東アジア・ASEAN 経済研究センター（ERIA[9]）によるミャンマー総合開発ビジョン（MCDV[10]）］を基に，2030 年を目標年として策定された（実質的に策定されたのは 2014 年）。NCDP は「世界に統合して繁栄する国家」をビジョンに，多様性・持続性のある経済成長と，国民を中心とした包摂的成長・発展の，2 つの目標を実現するために，産業構造の多様化，ASEAN バリューチェーンへの組み込み，農業分野から工業・サービス分野へのシフト等を図り，6〜9％の GDP 成長率と，一人当たり GDP 3,000〜5,000 米ドルの達成を掲げたものである。

　ドナー機関等からは，前述の ERIA の MCDV や OECD の投資政策レビューを含め，いくつか経済政策・計画に向けたインプットとなる取組みが行われたが，こうした中，日本政府が行ったのが，「ミャンマー産業発展ビジョン（MIDV[11]）」である。ミャンマーの産業の将来像とそれを実現するために優先的に取り組むべき施策を日本がまとめたもので，2015 年 7 月，安倍晋三首相からテイン・セイン大統領（当時）に手交された。根幹となるのは，都市・地方シナジー開発戦略で，産業としての農業の重要性を認識しているのが特徴となっており，労働力供給の安定的な拡大による労働集約型製造業の育成と，生産性向上による国際競争力のある農業の育成が好循環を産むことを柱とした。そのうえで，優先政策として，① インフラと連結性の向上をテコにした産業振興，② 予見可能で効率的なビジネス環境の制度基盤整備，③「人間中心の開発」を支える人材の育成，④ その他の戦略的・横断的政策，⑤ 農林水産業の潜在力の具現化の 5 つを掲げ，また，当面 5 年間で集積が期待できる具体的な業種として，① 建設資材関連産業，② 加工食品産業，③ 化学品産業（肥料，洗剤，塗料など），④ プラスチック加工産業，⑤ 繊維製品産業を挙げた。

## 4.2　NLD 政権における経済政策の系譜

　2016年アウン・サン・スー・チー氏率いる国民民主連盟（NLD）の新政権へ移行後，当面は NCDP を引き継いだものの，経済政策が見えないという声が高まっていた。NLD の選挙マニフェストが，総選挙後や新政権発足後も新政権の政策を占う数少ない公開文書として存在していたが，経済政策についてはあまり明確でないのが実情であった。こうした声を受けて，2016年7月にNLD 政権として初めて，12項目からなる「経済政策（Economic Policy）」を，アウン・サン・スー・チー国家最高顧問自ら発表した。

　具体的には次の12項目からなる政策である：① 公共財政管理を通じた堅実な財政政策，② 国営企業改革・民営化，雇用と成長の原動力としての中小企業の育成，③ 学術・職業教育の改善を通じた，近代経済を支える人材の育成，④ 電力，道路，港湾等の経済基盤インフラの迅速な整備，e-Government の促進，⑤ 雇用機会の創出，高付加価値な就業機会を産み出すビジネスの優先，⑥ 農業・畜産・工業分野を支える均衡の取れた工業・農業経済モデルの策定，⑦ 民間セクター／市場主義，経済機会の自由，外国投資の促進，知財・法の支配，⑧ 民間ビジネス等への持続的な金融システム構築，金融・通貨の安定化，⑨ 環境配慮型都市開発，公共サービス向上，公共用地再活用，文化遺産保存，⑩ 公平・効率的な徴税システムによる政府歳入増，国民の権利・所有権の保護，⑪ イノベーションと先端技術の開発，必要な知的財産権保護の規則・手続き策定，⑫ ASEAN 内外でのビジネスリンケージの強化と基盤構築。経済政策を新政権として初めて打ち出したことは評価されたものの，具体性に欠けるというのが一般的な反応であった。

　そこで，この12項目の経済政策を受け，投資に関してより深掘りした政策が「投資政策（Investment Policy）」として2016年11月に打ち出された。ミャンマー投資法とも軌を一にするもので，外資歓迎のための環境整備を明示し，奨励事業類型8項目（下記⑦）を，当時策定中の投資法細則に先駆けて初めて提示したことに意義がある。以下が主旨である。

　①　相互に利益をもたらす責任ある外国投資は歓迎

② 投資委員会（MIC）と関係政府機関は透明・明確・迅速な手続で外国投資を促進

③ マクロ経済安定・法の支配・紛争解決手段・銀行等の投資環境を整備

④ 外資は国家開発に極めて重要と認識しており，そのために連邦政府は：(a) 内外不差別で予見可能な規制枠組みを確立，(b) 差押えから事業を保護，(c) 税引き後の利益等の送金権を保護，(d) 長期土地リースを提供

⑤ 内外投資家は，環境・天然資源対応等責任ある事業行動原則を遵守

⑥ 外国人には，国家安全保障，文化・社会関連の特定事業を許可せず，ただしこれら制限業種は公開

⑦ 以下の投資は特に歓迎・奨励：(a) 農業関連産業（域内・国際供給網にリンクし，生産性向上・高付加価値を果たす事業），(b) 技術移転・国内生産高付加価値化を可能とする事業，(c) 中小企業振興支援事業，(d) 迅速なインフラ開発投資，(e) 雇用機会を創出し，人的能力開発支援職業教育を提供する投資，(f) 経済的に開発の遅れた地域への投資，(g) 産業都市や特別経済集積の開発への投資，(h) 観光関連投資

そして，2018年8月に発表され，2019年現在，最も言及されていると思われる政策文書が，「ミャンマー持続可能開発計画（MSDP[12]）2018－2030」である。これは平和で繁栄した民主的なミャンマーを目指し，3つの柱（平和と安定，繁栄とパートナーシップ，人々と地球）のもと，5つの目標（① 平和・和解・安全保障・良い統治，② 経済的安定・マクロ経済運営強化，③ 雇用創出・民間セクター主導型成長，④ 21世紀型社会に向けた人材・社会開発，⑤ 子孫のための天然資源・環境），28の戦略，251の行動計画から成り立っている。MSDPは2016年の12の経済政策に沿ったものとして策定されており，28の戦略の中には，投資環境整備に関するものも含まれている。MSDPは，2019年1月28－29日にネピドーで開催された最大級の投資促進イベント「ミャンマー投資サミット」でも，アウン・サン・スー・チー国家最高顧問他登壇者により，その重要性が示された。また，同サミットで発表された，MSDPに伴って大型インフラ事業を進める新たな取組み「プロジェクト・バンク」も注目される。

## 4.3 長期投資促進計画の系譜

　ミャンマーは長期を見据えた投資促進計画を策定している。「長期外国投資促進計画（FDIPP[13]）」は2013年から策定が開始され，2014年に発表された，投資促進に関する最初の長期計画である。FDIPPの目的は，外国直接投資（FDI）の促進に関して，包括的な政策方向性をミャンマーとして初めてとりまとめること，そして，目標達成への道のりを示し，ミャンマーの更なる発展とグローバル経済への統合に貢献することであった。そして，FDI促進についてのビジョン・ゴール・戦略を系統立てて策定し，国家総合開発計画（NCDP）へのインプットとすることであった。FDIPPはミャンマー投資委員会（MIC）により策定，実務はMICの事務局である投資企業管理局（DICA）が担ったが，草案作成支援の依頼をJICAが受け，草案作成に協力してきた。FDIPPは，「2014－2030年の投資合計額1,400億ドル相当のFDIの牽引によるダイナミックな経済成長の実現」をビジョンとして掲げ，短期・中期・長期別にゴールを設定，特にFDI目標額（2015年まで年間40億ドル，2016年-20年に年間60億ドル）は，毎年の目標額としてしばしば言及されている。また，実施促進もJICAが支援，FDIPPの行動計画に基づき，例えば，官民パートナーシップ（PPP）に関し，省庁横断タスクフォースを組成し，各省関連業務に関する情報交換や，他国事例等の視察を始めとする共同の学びの場として機能した。

　NLD政権下，情勢の変化等も反映して，FDIPPが更新されることとなり，再び日本／JICAに支援が要請された。2016年10月以降，JICA支援で本格的にミャンマー政府として改訂作業を実施，FDIのみならず国内投資も対象とした「ミャンマー投資促進計画（MIPP）」として草案が策定され，意見聴取・審査過程を経て，2018年10月に公表された。

　MIPPは，2035/36年を最終年とした長期の投資促進計画で，「責任ある質の高い投資の促進」により「ダイナミックで調和のとれたミャンマーの成長と公平で繁栄した社会を作り出す」ことをビジョンとして掲げる。これにより，2030年までに中所得国入りを目指すとしている。そのためにビジネス環境改

善を図ることを目標とし，指標として世界銀行グループのビジネス環境ランキングを，2020年までに100位以内に，2035年までに40位以内にという野心的な目標を掲げている。MIPPの構造をごく簡単に示したのが図2-5になる。

　大きな特徴として，前述の表2-3で示したミャンマーの強みと機会を基盤に，長期投資促進による成長経路（Growth Path）として4つの投資促進シナリオを示していることが挙げられる。FDIPPでは特定のセクターを示すことはあえて避けられてきたが，MIPPでは投資促進シナリオという形で投資促進セクターを示したことに意義がある。4つのシナリオの概略は次のとおりである。MIPPではそれぞれのシナリオの詳細を示している。

① 　輸出志向型産業への投資（労働集約型産業，天然資源活用，コスト競争力等を念頭）

② 　国内市場志向型産業への投資（未開拓の国内市場・地場産業，インフラ等）

③ 　資源関連産業への投資（農林水産・鉱物資源を加工する産業等）

④ 　知識集約型産業への投資（ICT等新サービス産業等）

他方で，同じく表2-3で導出された弱みおよび脅威に対応するため，5つの戦略が設定され，それぞれに行動計画が策定されている。5つの戦略の概略は次のとおりである。

① 　投資関連政策・規定（マクロ経済政策，投資法規制・投資環境，産業政

図2-5　ミャンマー投資促進計画（MIPP）：4つの投資成長経路と5つの投資促進戦略

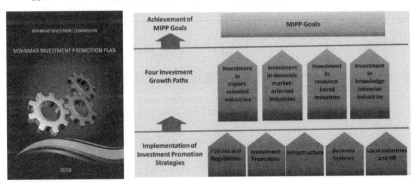

出所：Myanmar Investment Commission（MIC）（2018）.

策等)

② 投資促進のための制度開発（ブランディング，投資規制運用，投資手続き透明化・円滑化，投資家支援，独立投資促進機関設立）

③ インフラ開発（インフラ開発計画，工業団地・SEZ，PPP枠組み・PPP事業促進）

④ ビジネス関連システム（知的財産権・製品基準，金融セクター強化）

⑤ 地場産業・人材育成（産業リンケージ促進，地場産業能力強化，起業家支援，産業人材育成支援）

FDIPP同様，MIPPにおいても，草案策定支援と共に，実施支援が日本に要請されており，JICAでは引き続きこれに対応していく予定である。なお，このような投資計画を特定の国の支援に委ねることはあまり通常では無いことと思われるが，それだけ日本が投資促進の分野で信頼されている証でもある。投資窓口機関であるDICAにカントリーデスクを置くことが許されているのも日本だけであり，2014年にDICAのヤンゴン移転に際しDICAが設置したジャパンデスクには，日本貿易振興機構（JETRO）とJICA[14]の双方から専門家が派遣されている。

　いずれにしても，これまでみてきたように，既に多くの国家計画・経済政策・投資促進計画が策定されてきており，その内容自体は大きな違和感のあるものではなく，未来を期待させるものである。あとは，いかにミャンマーがこれを地道に実行していくか，これに対し日本を含む国際社会が，官民共に協力しつつ，投資事業の成功，それによる課題解決への貢献というウィンウィンの状況を作り出していくことが出来るかにかかってくる。


# 5. ミャンマー投資：まとめと今後の展望〜飛躍シナリオ〜

　ここまで，ミャンマーへの投資，特に外国直接投資をめぐる動向，現状そして展望について，投資実績，投資環境，魅力と課題，投資促進計画等の角度から検証してきた。経済改革を通じた外国投資促進による経済発展を進めていく基本路線に大きな変更はないであろうが，ASEAN最後のラスト・フロンティ

アとして注目を浴びてきた状況が一巡して，いかに現実的・具体的な果実を着実に育てていくか，そして将来の経済発展をいかに描いていくか，というところが大事な段階になってきていると言えよう。

　前節で，ミャンマーの投資を通じた産業・経済発展について，これまで策定されてきた国家計画・経済政策・投資促進計画等を通じ見てきたが，今後の展開として有り得るべき方向性を描くとすると，例えば次のようにまとめることも出来よう。すなわち，① まずは健全な法規制枠組みの構築等によるビジネス環境の整備，② 今しばらくは労働集約型産業の優位性の有効活用・伸張，③ その間に労働集約型産業を超えた工業化・産業発展の道筋の追求，④ 域内投資の展開（ASEAN 域内と国内・地方の両面）である。Homma（2016）[15] はこれを「4E 戦略」として提示している（図 2-6）。

① 　健全な法規制枠組みとインフラの整備：ビジネス環境の整備，特に法制度整備・枠組みの確立は，既に多くの努力がなされてきており，世銀での表彰のように，部分的には評価もされているが，ランキングや投資家ヒアリング調査結果等を見ても，まだそれが結実していない。ビジネス環境整備は，各国が同様に取り組んでおり，国際競争の世界である。いかに改善し

**図 2-6　ミャンマーの投資を通じた産業発展の方向性（4E 戦略）**

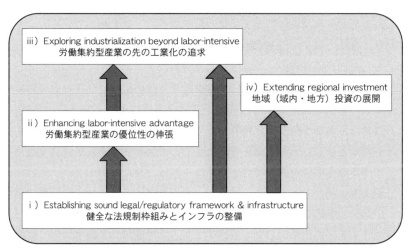

出所：Homma（2016）を筆者加工。

ても，他国がさらに改善を進めていれば，他国の後塵を拝することにな
る。投資家の選択基準の一つとなる法規制は，法規制が整備されているか
否かを吟味する段階から，運用の実務の巧拙が判断される段階に移ってき
ており，そのためにワン・ストップ・サービス（OSS）や，標準作業手順
書（SOP[16]）といった実務をミャンマー行政が磨くことが重要である。そ
の点で，ティラワ SEZ は日本の支援によるこうした運用面の整備も高く
評価されていて，他国からも多く視察に来るほどになっており，既に
JICA 支援によって DICA での実務への展開も試みられているように，国
内の有用なベンチマークとして活用すべきである。経済関連法としては，
JICA が支援してきている知的財産権の分野において，2019 年 5 月 24 日
に著作権法が成立，これをもって知的財産権 4 法（商標法，意匠法，特許
法，著作権法）すべてが成立したことも特筆され，これもまた今後の運用
が注目される。そして，法制度同様に経済活動の基盤となるインフラ整備
（電力，道路，港湾，鉄道，給排水，通信等）は，常に投資家にとって最
大の関心事となっており，PPP 等も活用できる法制度整備を進めつつ対
処していくことが期待される。

② 労働集約型産業の優位性の有効活用・伸張：他の先進アジア諸国の発展形
態同様，ミャンマーも産業としてはまずは労働集約型産業，端的には縫
製・アパレル産業による工業化の最初のステップを踏んでいるところであ
り，今のところ一定の優位性は保っているといえる。投資の面からみて
も，外国投資件数の半数はこうした縫製産業である。いわゆる CMP（Cut,
Make and Pack）の仕組みによる委託加工を円滑に行うことを可能にした
こと，最低賃金制度の導入等により賃金水準は上がってきているものの，
通貨下落もあり競争国と比較してそれほど高くはなってきていないこと等
が背景となる。しかしながら，こうした労働集約型産業が成立するコスト
水準や競争環境を維持できる期間はそれほど長くないことが，先行する新
興国等の例からも分かる。加えて，直近では，ラカイン州の問題に絡めて
EU から特恵関税制度による輸入に関する制限圧力もかかり始めており，
こうした国際情勢の基盤も不透明である。当面は，労働集約型の優位性を
享受できるうちにその特性に磨きをかけることが重要である。例えば，品

質・生産性の向上等が挙げられ，実際 5S/ カイゼン導入およびその支援等の動きが始まっており（Homma, 2020），象徴的な協力として，日本生産性本部がミャンマー工業省・ミャンマー商工会議所連合会（UMFCCI）と協力して 2015 年より支援を続けてきた「ミャンマー生産性本部（MPC[17]）」が 2019 年 6 月に正式設立に至っている。このように，生産性の向上等の努力により，労働集約型産業の優位性に磨きをかけたうえで，周辺産業を取り込むこと，例えばボタンや紐等のアクセサリー類の地場での生産，さらには上流（一番の上流は原材料・綿花等，そして繊維産業，近いところでは中流領域の染色産業等）への地場産業育成あるいは外資誘致等の後押しが考えられる。

③　労働集約型産業を超えた工業化・産業発展の道筋の追求：② で述べた状況，すなわち労働集約型の優位性にいつまでも安住していることは出来ないという状況に鑑みると，労働集約型産業を超えた他産業の振興・外資誘致は極めて重要である。ここではまさに MIPP が掲げる 4 つのシナリオが活用可能である。すなわち，輸出振興型（この中には労働集約型が多分に含まれるがそれ以外にも農産物加工等が考えられる），国内市場型，資源関連型，知識集約型の 4 方向への投資誘致を積極的に行い，段階を追って追求していく必要性である。こうした方向性で，潜在的投資有望分野は大小様々存在するし，ミャンマーにとって新しい分野・技術・製品・ノウハウを必要とする部門であれば，外国投資，特に MIPP のビジョンにも掲げられる「責任ある質の高い投資」と一般に認識されている日本の投資の出番である。例えば，自動車産業が，まだ小規模ではあるものの，新車市場の急拡大，スズキのティラワ SEZ での生産開始・増産等，2 年程前の時点での状況と比較すると期待が持てる状況になってきた。そして 2019 年 5 月 30 日には，トヨタがミャンマーで初めてとなる現地工場をティラワ SEZ に設立し，2021 年にハイラックスの現地生産を開始する旨発表され，大きな話題となった。当初はセミノックダウン（SKD）方式で年産 2,500 台を予定している。同じく 2019 年 5 月には工業省から「自動車政策」が発表されている。ふりかえってみると，民政移管後経済開放に伴い，まず車両の確保のため，中古車の輸入を促進，2014−2015 年に

は日本からの中古車輸入台数世界一となった。ここで中古車輸入に規制
（右ハンドル車規制等）を順次かけて抑制し，結果とし新車市場が2016年
以降倍々に増加，さらに長年基盤を築いてきたスズキを先べんにSKDで
の新車生産も急増した。期せずして自動車産業展開に必要なステップを着
実に踏んできている形となってきた。道のりは遠いが，一段階上のコンプ
リートノックダウン（CKD）方式を経て，ゆくゆくは地場の部品産業を
育て，外資とのリンケージが可能となる状況，外資が活用したくなる状況
を生み出し，グローバルバリューチェーンの一端でも食い込めるようにな
れば理想である（なお，ミャンマーにおいても，自動車産業に大きな構造
転換を迫り得る，いわゆる「CASE」（コネクテッド，自動化，シェアリ
ング，電動化）への配慮も今後必要と思われる）。また，情報通信技術
（ICT）に代表される知識集約型産業は，途上国・新興国において，急速
にデジタル経済化，スタートアップの活躍，リープフロッグやリバース・
イノベーション等の状況が進む環境下，ミャンマーにおいてもMIPPの
想定よりも早く隆盛が訪れるかもしれず，またミャンマーはIT人材を比
較的多く育成している国とされており，大いに期待できる分野である。ス
タートアップ・起業家が活躍できるエコシステム整備の進展を喚起してい
きたい。

④　<u>域内投資の展開（ASEAN域内と国内・地方の両面）</u>：域内投資（Regional
Investment）には2つの意味がある。1つにはASEAN域内の投資という
意味，もう一つには国内の地方部への投資という意味である。前者につい
ては，AECによる域内経済統合が進展する中，フラグメンテーション化
するサプライチェーンやGVCにおける工程間分業等を念頭に置き，タイ
＋1で代表されるような近隣国と一体となった投資，ASEAN域内で各国
の競争優位性に基づき補完関係をもたせた投資，あるいはASEAN域内
からの投資（シンガポール，タイ，マレーシア等はミャンマーへの伝統的
大口投資国であり，また近年はベトナムも伸びている）の更なる強化等が
挙げられる。後者の国内・地方部への投資については，新投資法がゾーン
制により地方への投資を優遇しているように，国土の均衡ある発展という
最重要政策に資する意味で，大変重要視されており，JICAによるMIC/

DICA 投資支援の一環として，ミャンマー側の強い希望で地方投資フェア
が 2015 年のマンダレーから始まり，シャン州，カイン州，エーヤワディ
州，そして直近では 2019 年 2 月のラカイン州でも実施されてきているこ
とからも分かる。日本/JICA の協力でミャンマー商工会議所連合会
（UMFCCI）に 2013 年に設立され，ビジネス人材育成と日緬間人材交流
促進を行っているミャンマー日本人材開発センター（MJC[18]）は，マンダ
レーでのニーズが高く，いち早くマンダレーに進出してビジネス人材育成
支援を精力的に行っている。一般的には交通・電力事情等から地方部への
投資は二の足を踏むケースも多いが，様々な意味での資源大国であるミャ
ンマーは地方にこそ有望な資源が活用できる状況も大いにあり，追求の意
義は高い。

　以上のように，ミャンマーの投資環境はまだまだ改善の余地や不透明な状況
もあるが，依然有望かつ未開拓なビジネスチャンスが大いにあること，そのた
めにミャンマーとしては法制度整備等を始め努力はしていること，それを今後
は運用の改善等，真に投資家に資する形での改善の進展が望まれること，産業
としての方向性は色々示されており，これを集約した MIPP の 4 つのシナリ
オ，あるいは上記の 4 つの戦略等で示したような道筋が進むこと，等が期待さ
れる。こうした展開により，今後ミャンマーとミャンマーへの（日本をはじめ
とする）投資国・（日系企業をはじめとする）進出企業との間のウィンウィン
の関係が深化し，ミャンマーが ASEAN のラスト・フロンティアの位置づけ
から更に飛躍して，持続可能性のある発展を遂げていくことを，今後の展望と
して期待したい。

（本間　徹）

注
1　DICA: Directorate of Investment and Company Administration
2　Myanmar Times 2019 年 7 月 18 日付記事 "New models vie for share of local smartphone sales"
3　東洋経済オンライン（2019 年 7 月 22 日付）「これが最近「日本企業が進出した」外国リスト
　　だ どの国に多く進出し，どこから撤退したのか」https://news.infoseek.co.jp/article/toyokeizai_
　　20190722_292405/
4　MJ Business 2019 年 12 月号掲載：DICA 田原隆秀アドバイザー「DICA's EYE：第 53 回 2018

年度（18年10月〜19年9月）の外国投資認可額が過去最高の282件に」。

5　より正確に言えば，ミャンマーとエチオピアの2か国に最優秀賞が授与された。

6　Memorandum of Association（MoA）と Article of Association（AoA）の2種類。

7　FESR: Framework for Economic and Social Reforms

8　NCDP: National Comprehensive Development Plan

9　ERIA: Economic Research Institute for ASEAN and East Asia

10　MCDV: Myanmar Comprehensive Development Vision（2012年開催の第3回メコン日本サミットにて合意された文書）

11　MIDV: Myanmar Industrial Development Vision

12　MSDP: Myanmar Sustainable Development Plan

13　Long-term Foreign Direct Investment Promotion Plan

14　筆者はこのDICAへの初代JICA専門家（投資振興アドバイザー）として，ミャンマー政府の支援（政策支援，能力強化，投資促進活動）および日本の投資家への情報提供・助言に2014〜2017年に従事。

15　Homma, Toru (2016). "Investment Promotion Experience of Asian Latest Comers and JICA". Chapter 5 in Japan International Cooperation Agency and GRIPS Development Forum, National Graduate Institute for Policy Studies ed., *Policy Measures for Industrial Transformation – Case Studies from Asia and Africa -*, JICA and GRIPS.

16　SOP: Standard Operating Procedure

17　MPC: Myanmar Productivity Center

18　MJC: Myanmar-Japan Center for Human Resources Development

**参考文献**

国際協力機構，アルメック，国際開発センター，大和総研（2014）ミャンマー国長期外国投資促進計画策定調査　最終報告書。

国際協力機構，エクシディア（2018）2017-2018年度プロジェクト研究「投資促進分野の支援枠組みに関する調査業務」ファイナルレポート。

国際協力銀行（JBIC）（2018）「わが国製造業企業の海外事業展開に関する調査報告」。

国際貿易投資研究所（ITI）（2019）「ミャンマー経済の現状と展望〜貿易，産業，物流，産業人材育成〜」。

田原隆秀（2019）「DICA's EYE：第53回2018年度（18年10月〜19年9月）の外国投資認可額が過去最高の282件に」MJBusiness 2019年12月号。

東洋経済オンライン（2019）これが最近「日本企業が進出した」外国リストだ　どの国に多く進出し，どこから撤退したのか（2019年7月22日付）https://news.infoseek.co.jp/article/toyokeizai_20190722_292405/

本間徹（2019a）「ミャンマー投資環境動向と展望〜ラスト・フロンティアからの飛躍〜」（国際機関日本アセアンセンターおよびITI主催「ASEAN最新事情講座：ミャンマー経済の現状と将来展望」講演資料）。

本間徹（2019b）「第2章：ミャンマー投資環境動向と展望〜ラスト・フロンティアからの飛躍〜」，ミャンマー経済の現状と展望〜貿易，産業，物流，産業人材育成〜（ITI, 2019）。

森川真樹・本間徹・杉田樹彦（2018）「東南アジア諸国都市部への国際協力機構（JICA）による開発協力について　―都市開発における投資，不動産の視点から―」，不動産研究（2018），第60巻第2号。

Homma, Toru (2020 forthcoming). "Kaizen Dissemination through the Government and Private

Sector in Southeast Asia: A Comparative Study of Malaysia, Indonesia, and Myanmar." In Page, John. Akio Hosono and Go Shimada. eds. (2020 forthcoming). *Workers, Managers and Productivity – Kaizen in Developing Countries.* GDN (Global Development Network) and JICA Research Institute.

Homma, Toru (2016). "Investment Promotion Experience of Asian Latest Comers and JICA." Chapter 5 in Japan International Cooperation Agency and GRIPS Development Forum, National Graduate Institute for Policy Studies ed., *Policy Measures for Industrial Transformation – Case Studies from Asia and Africa* -, JICA and GRIPS.

Japan International Cooperation Agency (JICA) (2019). 'Business Environment Reform and Investment Promotion', Study Report, Donor Committee for Enterprise Development, Cambridge, UK

Myanmar Investment Commission (MIC) (2018). Myanmar Investment Promotion Plan.

World Bank Group (2019). Ease of Doing Business 2020.

# タイ・ベトナム企業，対ミャンマー投資を拡大
## —新興国企業の参入で市場争奪戦が激化—

**要約**

　　ASEAN 域内の直接投資が近年拡大している。その受け手として急速に存在感を高めているのがミャンマーである。同国は対内直接投資に占めるASEAN 域内直接投資，即ち他の ASEAN 諸国からの直接投資の割合が高く，この面で域内依存度が高い。具体的にはシンガポールからの投資が最も多く，同じメコン圏のタイ，ベトナムからの投資も増えている。一方，タイ，ベトナムにとってミャンマーは重要な投資先であり，特にベトナムでは投資先としてのミャンマーの順位が急上昇している。個別企業の事例を見ると，ミャンマー市場の開拓を狙ったものが目立ち，タイの大手企業ではサイアム・セメント・グループや，華人系財閥の TCC グループとチャロン・ポカパン（CP）グループなど，ベトナム大手企業では通信のベトテルなどの動きがある。ミャンマーでは日欧米中韓などに加え，タイやベトナム勢といった「新興投資国」の企業も相次いで参入する中で，激しい市場争奪戦が繰り広げられている。ミャンマーで進行中のこの現象は，新興国企業の多国籍化が加速している状況も浮き彫りにしている。

# 1. はじめに
## ―ASEAN 域内直接投資におけるミャンマーの位置付け

### 1.1　ASEAN 域内直接投資の拡大

　ASEAN では近年，域内直接投資額[1]が拡大している。ASEAN 事務局の統計によると，2017 年は前年比 4％増の約 270 億ドル（図 3-1）であった。この金額は同年の対 ASEAN 直接投資額全体（約 1,356 億ドル）の約 20％に相当する規模であり，ASEAN は欧州連合（EU）のシェア約 18％を上回り，対 ASEAN 直接投資で最大の主体となっている。

　2013〜17 年の ASEAN 域内直接投資額は年平均約 229 億ドルと，その 10 年前の 2003〜07 年の同約 57 億ドルに比べ 4 倍に拡大した。これは対 ASEAN 直接投資額全体の 10 年間の伸び（2.5 倍）を大きく上回る数字である。ASEAN 域内直接投資の年平均額は，首位 EU の対 ASEAN 直接投資平均額（約 263 億ドル）には及ばないものの，3 位米国（約 158 億ドル），4 位日本

図 3-1　対 ASEAN 直接投資（主体別内訳）

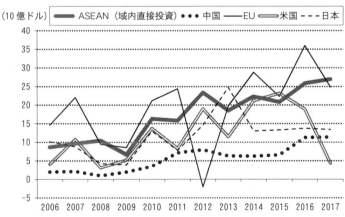

注：フローベース。
資料：ASEAN 事務局の統計より作成。

（約156億ドル）を大きく上回る水準だ。

　ASEAN域内直接投資額の拡大にはASEAN企業がお膝元のASEANで積極的に投資をしている状況が映し出されている。厳密に言えば，ASEAN域内直接投資には域外企業の在ASEAN現地法人が行う投資も含まれる。例えば，日本企業がシンガポールに置くASEAN地域統括会社が，ベトナムやミャンマーに投資をするといった事例である。従ってASEAN域内直接投資のすべてが地場企業の手によるものではないのだが，ASEAN域内直接投資の拡大の裏にはASEAN企業の旺盛な投資もあるとみてよい。実際，本章で後述するように，ASEAN企業の間では近年，域内事業を拡大強化する動きが相次いでいる。ASEAN企業が地元ASEANで経営を積極展開しているのは，域内に存在する豊富なビジネス機会を獲得するために他ならない。

## 1.2　ASEAN域内直接投資の出し手

　ASEAN域内直接投資を，出し手と受け手という2つの側面から分析しよう。

　まず，出し手の方から見ると，2013〜17年の年平均額は，1位シンガポール，2位マレーシア，3位タイの順で，この上位3カ国のシェアは合計90％に達する（表3-1）。これら3カ国はASEAN域内直接投資額の牽引役と言える存在であり，なかでも1位シンガポールはシェア70％近くと突出している。

　その背景には政府系企業（Government Linked Companies: GLCs）を中心とするシンガポール企業がASEAN域内での事業に意欲的なことに加え，同国に数多くある外資系企業の地域統括会社が域内投資を活発に行っているという事情もある。

　一方，2位マレーシアは5年前の2008〜12年に続いて，2013〜17年もASEAN域内直接投資で2番目の出し手であった。同国でも経済の屋台骨を支えるGLCに海外事業を積極的に進めているところが多い（UNCTAD 2017）。これら企業の動きがマレーシアの域内直接投資額を押し上げていると見てよい。

　ASEAN域内直接投資の出し手として注目すべきは3位タイであろう。

**表 3-1　ASEAN 域内投資（フローベース），主体別の動向**

| | 出し手 | | | | | 受け手 | | | |
|---|---|---|---|---|---|---|---|---|---|
| 順位 | 国名 | 2013-17 年の平均額（百万ドル） | シェア | 2008-12 年比の増加倍率 | 順位 | 国名 | 2013-17 年の平均額（百万ドル） | シェア | 2008-12 年比の増加倍率 |
| 1 | シンガポール | 15,381 | 67.2% | 2.0 | 1 | インドネシア | 10,563 | 46.1% | 2.0 |
| 2 | マレーシア | 3,005 | 13.1% | 0.9 | 2 | シンガポール | 4,382 | 19.1% | 0.9 |
| 3 | タイ | 2,297 | 10.0% | 5.3 | 3 | マレーシア | 2,326 | 10.2% | 1.5 |
| 4 | インドネシア | 1,385 | 6.0% | 0.6 | 4 | ベトナム | 2,123 | 9.3% | 1.5 |
| 5 | ベトナム | 358 | 1.6% | 1.3 | 5 | ミャンマー | 1,675 | 7.3% | 19.4 |
| 6 | フィリピン | 346 | 1.5% | — | 6 | タイ | 770 | 3.4% | 0.9 |
| 7 | ミャンマー | 110 | 0.5% | 1.3 | 7 | カンボジア | 467 | 2.0% | 1.5 |
| 8 | カンボジア | 16 | 0.1% | 1.6 | 8 | フィリピン | 297 | 1.3% | 3.6 |
| 9 | ラオス | 7 | 0.0% | — | 9 | ラオス | 166 | 0.7% | 2.1 |
| 10 | ブルネイ | -26 | — | — | 10 | ブルネイ | 128 | 0.6% | 3.3 |

資料：ASEAN 事務局の統計より作成。

2008～13 年はシンガポール，マレーシア，インドネシアに次ぐ 4 位の出し手で，同期間中の年平均額はシェア 3% に過ぎなかった。ところが 5 年後の 2013-17 年にシェアは 10%，順位も 3 位へと上昇した。同期間中，タイの域内直接投資額の年平均額は約 23 億ドルと，2008-13 年（約 4 億 4,000 万ドル）の 5 倍超に膨らんでいる。

　後述するようにタイ企業の間では近年，大手財閥を中心に域内で M&A（企業の合併・買収）を積極的に実施するケースが目立つ。特に近隣の CLMV（カンボジア，ラオス，ミャンマー，ベトナム）で活発な動きを見せている。急速な少子高齢化の進行など国内経済の先行きに不透明感が漂う中，タイ政府が地元企業の海外展開を強く促していることも，タイ企業の越境経営が加速している背景にある[2]。

## 1.3　ASEAN 域内直接投資の受け手

　一方，ASEAN 域内直接投資の受け手は，2013～17 年の年平均額で見て，1 位インドネシア，2 位シンガポール，3 位マレーシアの順である（表 3-1）。上

位3カ国のシェアは合計75％に及ぶ。これらの国々は，その5年前の2008〜12年もトップ3を占めていたので，顔触れに変化はない。

　だが，4位以下で金額を急速に増やしている国がある。5位ミャンマーだ。2013〜17年のASEAN域内直接投資の受入額は年平均約16億8,000万ドルに上り，2008〜13年の同8,600万ドルから約20倍に膨らんだ。単年ベースで見ると，直近の2017年は約26億ドルと過去最高額を記録，インドネシア（約119億ドル），シンガポール（約40億ドル）に次いで3位であった。

　2013〜17年の年平均額が10億ドルを超えたのは，インドネシア，シンガポール，マレーシア，ベトナム，ミャンマーの上位5カ国である。これらの国々がASEAN域内直接投資の主要な受け手と言えるだろう。ミャンマー向けの域内直接投資が急増したのは，2011年以降に改革・開放政策が進められる中，同国経済の将来性に着目するASEAN企業が多いことを示している。

## 1.4　対内直接投資でASEAN依存度が高いミャンマー

　ここではASEAN域内直接投資の受け手としてのミャンマーに更に注目しよう。まず，ASEAN各国（ブルネイを除く）の対内直接投資額のうち，ASEAN域内から来ている投資額，つまり域内直接投資額の比率を見ると，ミャンマーは2013〜17年の5年間平均で63％に上り，インドネシアとともにトップである（表3-2）。以下，カンボジア（24％），マレーシア（22％），ベトナム（19％）と続く。外資導入の面でミャンマーのASEAN依存度はかなり高いことが分かる。

　ミャンマー向けASEAN域内直接投資は，シンガポールとタイから来るものが多い。シンガポールからの投資額は2013-17年に年平均約12億4,000万ドルと，ミャンマーの対内直接投資全体の5割近くを占めた[3]。また，タイからの投資額は同約3億5,000万ドル，シェア13％で2位になっている。以下，個別国のランキングでは3位中国，4位フランス，5位香港が続き，他のASEAN諸国ではベトナムが6,500万ドルで9位に入った。以上の数値はASEAN事務局の外国直接投資額（フロー）統計から算出したものである。

　因みにミャンマー政府の統計によると2019年4月末時点の対内直接投資累

表 3-2　ASEAN 各国，対内直接投資額，主体別ランキング（2013-17 年の平均）

| インドネシア | | シンガポール | | マレーシア | |
|---|---|---|---|---|---|
| 1位 | ASEAN（63%） | 1位 | EU（32%） | 1位 | ASEAN（22%） |
| 2位 | 日本（29%） | 2位 | 米国（21%） | 2位 | EU（18%） |
| 3位 | EU（8%） | 3位 | ASEAN（7%） | 3位 | 香港（15%） |
| ベトナム | | ミャンマー | | タイ | |
| 1位 | 韓国（27%） | 1位 | ASEAN（63%） | 1位 | 日本（56%） |
| 2位 | ASEAN（19%） | 2位 | EU（14%） | 2位 | ASEAN（9.5%） |
| 3位 | 日本（16%） | 3位 | 中国（13%） | 3位 | 香港（8.7%） |
| カンボジア | | フィリピン | | ラオス | |
| 1位 | 中国（26%） | 1位 | 米国（15.0%） | 1位 | 中国（80%） |
| 2位 | ASEAN（24%） | 2位 | EU（14.7%） | 2位 | ASEAN（16%） |
| 3位 | 香港（10%） | 3位 | 香港（7%） | 3位 | 韓国（6%） |

注：フローベース。括弧内はシェア。
資料：ASEAN 事務局の統計より作成。

計額（認可ベース，経済特区内を除く）の国別順位は，1 位シンガポール（約213 億ドル），2 位中国（約205 億ドル），3 位タイ（約112 億ドル）の順で，やはりシンガポールとタイが上位に来ている。ベトナムは 7 位（約22 億ドル）で，10 位日本（約12 億ドル）よりも上である。

# 2.　タイ・ベトナムの投資先としてのミャンマー

## 2.1　タイの投資先としてのミャンマー

　既に見てきたように，ASEAN では域内投資が近年拡大しており，その行き先としてミャンマーの存在感が高まっている。対ミャンマー投資国として目立つのはシンガポール，タイ，ベトナムの 3 カ国であった。以下では，本書が「メコン地域のミャンマー」という視点を重視していることを踏まえ，同地域に位置するタイとベトナムの対ミャンマー投資を詳しく見ていく[4]。まず両国

の公式統計を基に，投資先としてのミャンマーの位置づけを確認しよう。

　タイの対外直接投資残高（2018 年末）の国・地域別内訳は，ASEAN 諸国
をまとめるとシェア 31％で EU（16％），香港（14％）を上回り，1 位である
（表 3-3）。その約 10 年前（2008 年末）の約 37％から伸び悩んでいるものの
ASEAN は一貫して首位で，タイにとって最大の投資先であり続けている。
ASEAN 域内で最大の投資先はシンガポールで，対 ASEAN 直接投資残高の
約 4 割を占める（表 3-4）。以下，2 位ベトナム（15％），3 位ミャンマー
（11％），4 位マレーシア（10％）が続く。

　注目すべき点は，上位の投資先にメコン地域のベトナム，ミャンマー両国が
入っていることだ。対ベトナムは過去約 10 年間で 13 倍，対ミャンマーは同
12 倍にそれぞれ拡大，タイの対外直接投資残高の 10 倍，対 ASEAN 直接投資
残高の同 9 倍をともに上回る伸びを示した。ベトナムとミャンマーにカンボジ
ア，ラオスを加え CLMV としてまとめると，タイの対 CLMV 直接投資残高
（2018 年末）は 163 億ドルで対 ASEAN 直接投資残高の約 4 割を占め，CLMV
はシンガポール（約 156 億ドル）を上回り，ASEAN 域内最大の投資先となっ
ている。2008 年末には対 CLMV 直接投資残高は対シンガポールの半分強に過
ぎなかったが，その後の約 10 年間で対シンガポールを上回る規模へと膨らん
でいる（図 3-2）。

表 3-3　タイの対外直接投資残高（2018 年末）

| 順位 | 国・地域名 | 金額（百万ドル） | シェア |
|---|---|---|---|
| 1 | ASEAN | 40,872 | 30.5% |
| 2 | EU | 21,201 | 15.8% |
| 3 | 香港 | 18,244 | 13.6% |
| 4 | モーリシャス | 10,480 | 7.8% |
| 5 | 米国 | 7,887 | 5.9% |
| 6 | ケイマン諸島 | 5,624 | 4.2% |
| 7 | 日本 | 5,514 | 4.1% |
| 8 | バージン諸島 | 5,367 | 4.0% |
| 9 | 中国 | 3,883 | 2.9% |
| 10 | 豪州 | 2,676 | 2.0% |
|  | 合計 | 134,015 | 100.0% |

表 3-4　タイの対 ASEAN 直接投資残高（2018 年末）

| 順位 | 国・地域名 | 金額（百万ドル） | シェア |
|---|---|---|---|
| 1 | シンガポール | 15,586 | 38.1% |
| 2 | ベトナム | 6,298 | 15.4% |
| 3 | ミャンマー | 4,559 | 11.2% |
| 4 | マレーシア | 4,050 | 9.9% |
| 5 | インドネシア | 4,042 | 9.9% |
| 6 | ラオス | 3,790 | 9.3% |
| 7 | カンボジア | 1,628 | 4.0% |
| 8 | フィリピン | 897 | 2.2% |
| 9 | ブルネイ | 22 | 0.1% |
|  | 合計 | 40,872 | 100.0% |

資料：タイ中央銀行の統計より作成。

図 3-2　タイの対 ASEAN 直接投資残高

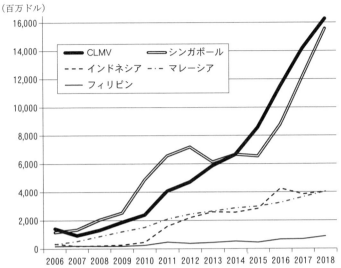

資料：タイ中央銀行の統計より作成。

　ベトナム・ミャンマー向けを中心とするタイの対 CLMV 投資の急増ぶり
は，タイの対外直接投資の現状を特徴づけるものだ。この背景には ASEAN
後発国である CLMV 経済の成長力に対する期待に加え，既述のようにタイ国
内での急速な少子高齢化等の環境悪化やタイ政府が地場企業の対外進出を後押
ししていることなどが挙げられる。更にメコン地域で東西，南北，南部の各経
済回廊に代表される国境を跨ぐ越境輸送インフラの整備が進展し，域内の連結
性が改善されているという事情もある。

## 2.2　ベトナムの投資先としてのミャンマー

　一方，ベトナムの対外直接投資累計額（2017 年末，認可ベース，以下同）
の投資先ランキングには，メコン地域から 1 位ラオス（シェア 24％），3 位カ
ンボジア（同 14％），5 位ミャンマー（同 7％）がトップ 10 に顔を出しており，
これら 3 カ国のシェアは合計 45％超である（表 3-5）。3 カ国のうち，ラオス
は 2000 年代から常に最大の投資先で，10 年前の 2007 年末はシェアが 60％に

表 3-5　ベトナムの対外直接投資認可額（累計ベース，2017 年末）

| 順位 | 投資先 | 金額<br>（100 万ドル） | シェア | 件数 | シェア | 1 件当たり金額<br>（百万ドル） |
|---|---|---|---|---|---|---|
| 1 | ラオス | 4,793 | 24.1% | 196 | 18.7% | 24.5 |
| 2 | ロシア | 2,826 | 14.2% | 13 | 1.2% | 217.3 |
| 3 | カンボジア | 2,730 | 13.7% | 168 | 16.0% | 16.3 |
| 4 | ベネズエラ | 1,825 | 9.2% | 2 | 0.2% | 912.6 |
| 5 | ミャンマー | 1,319 | 6.6% | 78 | 7.4% | 16.9 |
| 6 | アルジェリア | 1,262 | 6.4% | 1 | 0.1% | 1,261.5 |
| 7 | ペルー | 1,249 | 6.3% | 4 | 0.4% | 312.3 |
| 8 | マレーシア | 845 | 4.3% | 17 | 1.6% | 49.7 |
| 9 | 米国 | 585 | 2.9% | 149 | 14.2% | 3.9 |
| 10 | タンザニア | 356 | 1.8% | 4 | 0.4% | 89.1 |
| 11 | モザンビーク | 346 | 1.7% | 3 | 0.3% | 115.3 |
| 12 | シンガポール | 277 | 1.4% | 80 | 7.6% | 3.5 |
| 13 | カメルーン | 231 | 1.2% | 3 | 0.3% | 76.9 |
| 14 | 豪州 | 202 | 1.0% | 39 | 3.7% | 5.2 |
| 15 | ブルンジ | 170 | 0.9% | 2 | 0.2% | 85.0 |
| | 総額 | 19,866 | 100% | 1,047 | 100% | 19.0 |

資料：ベトナム統計総局のデータから作成。

達していた。ベトナムとラオスは国境を接するうえ，ともに社会主義国であることから，政治的に緊密な関係を長く維持している。こうした事情もあってベトナム企業の対ラオス投資は以前から活発に行われてきた。

　同様にベトナムに隣接するカンボジアへは 2009 年に直接投資額が急増，同国は同年末にシェア 16％で 2 位の投資先に浮上した（2008 年末は同 4％で 5位）。以降，カンボジアは毎年シェア 10～20％台で推移しており，トップ 3 の常連である。2007 年の世界貿易機関（WTO）加盟を受け，ベトナムでは対内直接投資とともに対外直接投資も急増した。対カンボジア投資が 2009 年以降に膨らんだのも，この流れに沿ったものと言える。WTO 加盟後にベトナム企業の対外直接投資が増えたのは，加盟に際しベトナムが国内市場の対外開放を迫られたため，地元企業が危機感を強め，経営基盤を強化するために海外事業を拡大したのが主因とされる（池部, 2017）。

　ベトナムの対外直接投資先として最近注目されるのはミャンマーである。既

に見たように対ミャンマー投資でベトナムは主要国の一角に浮上してきたが，ベトナム側から見るとミャンマーは近年最も勢いよく投資が増えている相手国だ。2017年末の対ミャンマー直接投資累計額は約13億2,000万ドル，同累計件数は78件で，ミャンマーがベトナムの主要な海外投資先として公式統計に初めてお目見えした2012年末からの5年間でそれぞれ約40倍，約16倍にも膨らんでいる。後述するようにベトナム企業の間では将来性に富むミャンマー市場の開拓を重要戦略に据えるところが多く，大手国有通信会社ベトテルなどの進出事例が相次いでいる。

## 3. タイ企業，ベトナム企業のミャンマー進出動向

　本節ではミャンマーへの投資国として，同じメコン圏に位置するタイとベトナムに着目し，両国企業がミャンマーでどのような事業を展開しているのか具体例を見ていくことにする。

### 3.1　タイ企業のミャンマー進出動向

　タイ企業ではまず，サイアム・セメント・グループ（SCG）の事例を挙げたい。SCGは持ち株比率約3割のワチラロンコン現国王を筆頭株主とする，同国製造業で最古参の名門企業である。主要事業は，化学，セメント・建材，包装材の3部門で，近年は「リージョナライゼーション」戦略の下でASEAN事業を強化している。SCGの売上高に占める「ASEAN売上高（タイを除く）」（現地生産品の販売額とタイからの輸出額の合計）の比率を見ると，2018年12月期は25％と過去最高に達しており，同比率は過去10年超で倍増した。SCGがASEAN諸国のうち特に重視しているのがベトナムとインドネシアで，「ASEAN売上高」に占める比率は前者が37％，後者が27％と両国合計で過半を占める。

　SCGはベトナム，インドネシア以外のASEAN諸国でも積極経営を続けている（図3-3）。ミャンマーでは2017年に同国南東部モーラミャインでセメン

トの現地生産を始めた。SCG と地元企業パシフィック・リンク・セメント・インダストリーズの合弁会社モーラミャイン・セメントが手掛けるもので，投資金額は 4 億ドル，生産能力は年 180 万トンである[5]。現地のセメント需要増に対応する狙いがある。SCG はまた，カンボジアで 2015 年にセメントの第 2 工場を完成させ，第 3 工場の建設も計画している。ラオスでも 2017 年に初のセメント工場を稼働させた。ミャンマーでのセメント工場開設は，タイと国境を接する CLM 諸国における経営強化策の一環と位置付けられる。

　製造業では鋼材大手ミルコン・スチールも 2016 年，日本とミャンマーの官民が運営しているティラワ経済特区（SEZ）内に工場を稼働した。同社初の本

図3-3　サイアム・セメント・グループ（SCG）の ASEAN 事業

注：2018 年 8 月時点。
資料：2019 年 1 月 8 日付の同社 IR 資料より作成。

格的な海外生産拠点で，ミルコンが45%，タイの建材大手ゼネラル・エンジニアリングが45%，ミャンマーの複合企業ティハ・グループが10%をそれぞれ出資し合弁会社を設立した。塗料大手TOAペイントは2017年10月にタイ証券取引所に株式を上場した際に得た資金を活用し，インドネシアに初の工場を開設するほか，ミャンマーとカンボジアで工場を増やす計画である。ミャンマー新工場は年産400万ガロンの予定で，2019年中の稼働を目指す[6]。建設地はティラワSEZ内で，ヤンゴンにある既存工場は閉鎖するという。

　飲食品分野でもタイ企業の動きは活発である。大手財閥TCCグループの中核企業で酒類大手タイ・ビバレッジはベトナムのビール最大手サイゴンビール・アルコール飲料総公社（サベコ）を買収した2017年に，ミャンマーではウイスキーの最大手ブランド「グランド・ロイヤル」を製造販売する地元企業の株式75%を約7億4,200万ドルで取得した（図3-4）。また，TCCグループが2013年に買収したシンガポールの大手飲料品メーカー，フレイザー・アンド・ニーブ（F&N）は2018年にミャンマーの財閥シュエ・タン・ルウィンと合弁会社を設立，同国投資委員会からビールの製造・販売の認可を得た。F&Nはかつてミャンマー国軍系企業と合弁でビール生産を手掛けていたが，2015年に撤退していた。市場の拡大が期待される同国に新たな相手と組んで再参入する。

　ミャンマー市場を巡るTCCグループの2つの動きには，中核企業タイ・ビ

図3-4　TCCグループのミャンマーでの主な動き

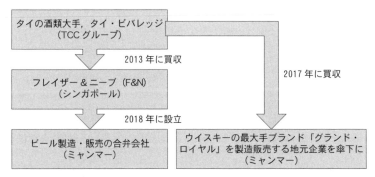

資料：筆者作成。

バとその傘下の F&N の 2 社を中心に ASEAN 飲料市場で強固な基盤を築くという，グループ戦略の一端が投影されている。タイ・ビバは 2020 年までの中期経営計画「ビジョン 2020」で国内市場に依存する「タイ企業」から近隣諸国で多く稼ぐ「ASEAN 企業」へ脱皮するとの方針を掲げており，ASEAN を中心に海外売上高比率を 50% 超へ引き上げる構えだ[7]。この目標達成のために重視している市場がベトナムとミャンマーで，タイ・ビバは F&N との二人三脚で市場開拓に取り組む。既にタイ・ビバ系の企業で，タイで炭酸飲料「エスト」を生産・販売しているスーム・スックは 2016 年から，F&N の現地販売ルートを使ってミャンマーで「エスト」を販売している。飲食品関連のタイ企業ではこのほか，総合消費財大手サハ・グループ傘下の即席麺最大手タイ・プレジデント・フーズが 2019 年にマンダレーに第 2 工場を完成させ，第 1 工場と合わせ生産能力を現在の 2 倍の月産 1,000 万袋へ拡大する方針を示している[8]。

　一方，非製造業分野でミャンマー進出が目立つのは電力である。同国では人口増加と経済発展で電力需要が拡大する一方，供給が追い付いていないため，商機が見込めるとの判断がある。タイ発電公社（EGAT）の子会社 EGAT インターナショナルは，ミャンマー国内 10 カ所以上に天然ガスの発電所を設置する計画だ[9]。エンジニアリング会社の TTCL は電力子会社 TTCL パワー・ホールディングスを通じミャンマーに 2 番目の天然ガス発電所を建設するほか，液化石油ガス（LPG）販売の大手，サイアム・ガス・アンド・ペトロケミカルはシンガポール企業が現地で運営する火力発電所に資本参加すると伝えられる。更に国営タイ石油会社（PTT）グループの電力会社，グローバル・パワー・シナジーは 2018 年に全額出資子会社グローバル・リニューアブル・パワーを設立，太陽光など再生可能エネルギー関連の事業をラオスやミャンマーで展開する方針だ。

　公益事業ではタイの水道会社 TTW も 2018 年，ミャンマー市場に進出するため現地企業と合弁会社を設立すると発表した。TTW は三井物産が出資している企業で，同国南東部モーラミャインに浄水場を建設し，水道水を供給する計画という[10]。また，同じインフラ関連では工業団地の開発・運営大手，アマタ・コーポレーションが 2018 年にミャンマーに現地法人を設立した。最大都

市ヤンゴン郊外に工業団地のほか物流施設を建設する方針である。アマタはベトナムで工業団地を運営しているが，ミャンマーへの進出は初めて。今後ベトナム国内で新たな工業団地を開発するほか，ラオスへの進出も検討する。タイ企業や日系企業の間で近隣諸国への進出拡大が見込まれるため，アマタはその受け皿づくりを急ぐ。一方，タイ・ミャンマー間の貿易・投資の拡大を見越して，タイの海運会社リージョナル・コンテナ・ラインズ（RCL）は 2018 年にミャンマー子会社を設立，物流大手 JWD インフォロジスティクスは同国内の倉庫を増強するなど営業体制を強化している。

　外食・小売りでは大手財閥チャロン・ポカパン（CP）グループが，ミャンマーが民主政権へ移行した 2011 年に小型食品スーパー「CP フレッシュマート」の国外 1 号店をヤンゴンに開いた。更に同グループが 2013 年に買収したタイのディカウントストア大手，サイアム・マクロは 2018 年にミャンマー現地法人を設立，今後，卸・小売り事業に力を注ぐ。外食では大手カフェチェーンの「ブラック・キャニオン」や「カフェ・アマゾン」が店舗を開設済みで，大手財閥 TCC グループ系「ワーウィー・コーヒー」も進出を予定している。焼き肉レストラン「BAR・B・Q プラザ」を展開するフード・パッションや，レストランやベーカリーを手掛ける S&P シンジケートも新規進出を検討している。

　最後に医療分野では，大手病院バムルンラードが 2016 年からヤンゴンでクリニックを運営している。また，最大手バンコク・ドゥシット・メディカル・サービス（BDMS）は 2017 年，ヤンゴンに医療研究所を開設し，病院向け支援サービスとして結核，デング熱，アレルギーなどの検査を行っている。地元タイで蓄積した技術・ノウハウを武器に検査需要を取り込む。更に大手病院トンブリ・ヘルスケア・グループ（THG）は 2018 年にヤンゴンに「アリュー・インターナショナル・ホスピタル」を開いた。病床数 200 床で，THG と地元企業の合弁会社が運営している。THG の出資比率は 40％である。

## 3.2　ベトナム企業の対ミャンマー事業動向

　ベトナム企業の代表的なミャンマー進出事例は，大手通信会社のベトナム軍

隊工業通信グループ（ベトテル）である。同社はミャンマー企業と設立した合弁会社「Mytel（マイテル）」を通じ，2017年1月に携帯通信事業の免許を獲得，国営ミャンマー郵電公社（MPT），カタールのウーレドゥー，ノルウェーのテレノールに次ぐ4番目の事業者となった。合弁会社にはベトテルが49％，ミャンマー国軍系企業のスター・ハイが28％，地元IT（情報技術）企業などの出資会社が23％それぞれ出資している。人口5,000万人超を有し，アジアの「ラストフロンティア」とも言われるミャンマーはベトテルが参入を切望していた市場であった。同社は2013年に同国政府が実施した携帯通信事業の免許の入札に参加したものの失敗していた。その後，地元企業と手を組み仕切り直すことで念願を果たした。

　ベトテルは，ベトナムを代表する多国籍企業と言える存在だ。2009年のラオス，カンボジアを皮切りにハイチやペルー，モザンビーク，タンザニアなど中南米やアフリカにも2010年代に相次いで進出しており，ミャンマーは10カ国目の進出先となった（図3-5）。

　国防省傘下のベトテルは，軍に属する人員や企業，インフラをフルに活用する低コスト経営で価格競争力を高め，地元ベトナムで急成長を遂げた。その過程で蓄積した技術，ノウハウ，資金を海外市場で積極的に投入している。同社

図3-5　ベトテルの海外進出先

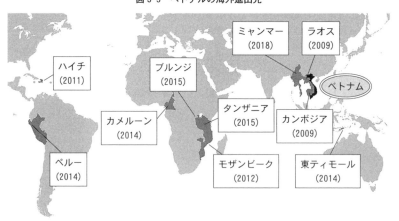

注：括弧内はサービスを開始した年。
資料：牛山（2018）。

によれば，既にカンボジア，ラオス，東ティモール，ブルンジ，モザンビーク
の5カ国でシェア1位を獲得した。ミャンマーでは2018年6月からサービス
を開始し，半年間で約500万人の契約者を一気に獲得したという[11]。ベトナム
本国で生産する超低価格端末と一体の営業を展開したほか，ライバル社を圧倒
するテレビCMを流すなど攻勢をかけ，ミャンマー市場で急速に浸透した。
Mytelは2019年中に契約者を約1,000万人へ倍増させる計画だ[12]。

　ベトナム企業のミャンマー展開では，不動産開発のホアン・アイン・ザーラ
イ（HAGL）がヤンゴン市内で開発した大型複合施設「ミャンマー・プラザ」
も代表的な事例である（写真3-1）。同国最大規模のショッピングモール，ホ
テル，オフィススペース，マンションなどで構成されるもので，敷地面積は約
7万3,000平方メートル，総投資額は約4億4,000万ドルに上った。2015年末
にその一部がオープンした。ショッピングモールは27階建てビルの下層5階
部分を占め，飲食店は「ケンタッキー・フライド・チキン（KFC）」やシンガ
ポールのベーカリー「ブレッドトーク（BreadTalk）」，タイのコーヒーショッ
プ「ブラック・キャニオン・コーヒー（Black Canyon Coffee）」，台湾のティー
専門店「ゴンチャ（Gong cha）」などが入居しているほか，スポーツ用品の
「ナイキ（Nike）」や「アディダス（adidas）」，電気製品は日本のソニーや日立

**写真 3-1**
**HAGL がヤンゴン市内に開発した大型複合施設「ミャンマー・プラザ」の外観**
（2018年2月牛山撮影）

製作所，韓国のサムスン電子やLGなども出店している。

　HAGLは不動産のほか酪農や果物生産も手掛ける企業で，ベトナムに隣接するラオス，カンボジアにも進出している。両国ではパーム油の原料であるアブラヤシやサトウキビ，天然ゴムの農園などを保有している。2017年12月期の売上高は4兆8,410億ドン（約222億円），純利益は3,720億ドン（同約17億円）[13]であった。国別売上高比率を見ると，ミャンマー（23%）は，ベトナム（43%），ラオス（27%）に次ぐ稼ぎ手で，「ミャンマー・プラザ」の開業が寄与した模様だ。だが，HAGLは国内外で積極的な投資を行った結果，債務負担が高まっている。このためマツダや韓国・起亜自動車の組み立てを請け負っているベトナムの自動車大手，チュオンハイ自動車（タコ）から資金支援を受け事業再編を進めている。2018年にはタコがHAGLのミャンマー子会社の株式51%を4兆ドン（約184億円）で取得，出資比率を更に65%へ高める方針が明らかになった[14]。未完成のマンションなどを含む「ミャンマー・プラザ」の第2期工事はタコ主導で進められる見通しだ。

　ベトナム企業のミャンマー進出熱を象徴する「ミャンマー・プラザ」には，大手国有銀のベトナム投資開発銀行（BIDV）がヤンゴン支店を置いている。ミャンマーでは2014年に銀行市場が外資に開放され，第1弾として日本のメガバンク3行を含む外銀9行に営業免許が交付された。2016年にはBIDVなど外銀4行に第2弾の免許が交付された。BIDVはミャンマーが民主政権に移行する直前の2010年に現地に駐在員事務所を設置していたが，免許取得を受けベトナムの銀行として初めて支店を開いた。支店の主要業務は，ベトナム企業のミャンマー進出を支援することである。BIDVミャンマー支店は進出後3年以内に総資産を3億ドルまで増やすとの目標を掲げる。ベトナムの銀行ではほかに，国有ベトナム工商銀行がミャンマーに駐在員事務所を置いている。

　IT大手，FPTの動きも注目される。ソフトウエア開発などを手掛ける同社もまた，ベトナムを代表する多国籍企業であり，海外33カ国に進出している。2018年12月期は海外部門の売上高が約9兆1,100億ドン（約419億円），税引き前利益が約1兆4,900億ドン（約69億円）でともに全体の約4割を占めた。特に重視しているのが日本市場で，この期は海外売上高のほぼ半分が日本からであった。FPTは2015年，日本などからのオフショア開発を受託するため

ミャンマーに拠点を開いた。翌2016年末には同国の地場銀行約20行が参加している電子決済代行サービス最大手，ミャンマー・ペイメント・ユニオン（MPU）と提携，10年間にわたりMPUに技術支援を行い，MPU加盟行の決済の電子化などを後押しすることになった[15]。

　ベトナム企業ではほかに，ベトナム航空が2010年にミャンマーとハノイ，ホーチミンをそれぞれ結ぶ直行便を開設，格安航空ベトジェットエアも2015年にホーチミン〜ヤンゴン線，2017年からハノイ〜ヤンゴン線を就航した（前者は2018年1月で運航停止）。また，2018年11月には配車アプリのファストゴーがミャンマーの地元企業と事業協力に関する覚書に調印した[16]。同社は2018年6月に事業を始めた新興企業で，ベトナム国内ではホーチミンやダナン，ニャチャンなどでサービスを展開している。ミャンマーは初の海外進出先となった。同国へはシンガポールの配車サービス大手，グラブが2017年3月に進出している。ファストゴーがグラブをどこまで追えるか注目される。

## 4.　おわりに

　本章ではタイ・ベトナムの対ミャンマー投資が拡大している状況に，統計と企業の事例の双方から迫った。タイ，ベトナム企業がミャンマー事業に注力する背景には，人口5,000万人超の有望市場でビジネス機会を獲得したいという思惑がもちろんある。ミャンマーへは日本，米国，欧州，中国，韓国などに加え，シンガポールやマレーシアといったASEANの主要投資国，更にタイ，ベトナムという新興投資国からも企業が乗り込んでいる（本稿では触れなかったが，フィリピンやインドネシアの企業も進出している）。このように多様な外資系プレーヤーが次々と参入する中で，ミャンマー市場を巡る競争は「全員参加型」の熾烈なものになっている。この「ラストフロンティア」の激しい争奪戦を，「アジア新興多国籍企業」とも言うべきタイ，ベトナム勢が勝ち切れるか否かは，これら企業群の実力をみるうえで注視すべきポイントとなろう。また，メコン地域の中心に位置するタイの企業の隣接国への展開は，域内のヒト，モノ，カネの流れを活発化し，地域経済の一体化を促す要因になり得る。

例えば，タイ製造業のミャンマー進出が増えるにつれ，タイからミャンマーへ原材料や完成品の供給が一層拡大する可能性がある。タイ企業のカンボジア・ラオスへの進出動向と合わせ，地域経済統合の行方を論じる上でも，押さえておかねばならぬ動きだろう。

（牛山　隆一）

**注**

1　ASEAN 域内直接投資とは，シンガポールからインドネシアへ，タイからベトナムへといったように，ASEAN 域内のある国から別の国に行われれる直接投資を指す。
2　タイ政府の地場企業向けの支援策については牛山（2018）を参照。
3　シンガポールからの投資には非シンガポール企業の現地法人によるものも含まれる。
4　タイと，カンボジア・ラオス・ミャンマー・ベトナム（CLMV）との貿易・投資関係の現状については，牛山（2017），（2018），（2019）を参照。
5　2017 年 6 月 19 日付の NNA。
6　2018 年 6 月 22 日付の時事通信。
7　2017 年の海外売上高比率は約 3 割（日本経済新聞 2017 年 12 月 19 日付）。
8　2018 年 1 月 5 日付の週刊タイ経済。
9　2018 年 7 月 23 日付の Bangkok Post。
10　2018 年 7 月 4 日付の時事通信。
11　2019 年 1 月 8 日付の The Myanmar Times。
12　同上。同国携帯通信市場で首位を走るのは MPT で契約者数は約 2,000 万人という。
13　2019 年 6 月下旬の為替レートで円換算した。以下同。
14　2018 年 8 月 13 日付の VnExpress。
15　2017 年 2 月 21 日付の日経産業新聞。
16　2018 年 11 月 16 日付の Viet Nam News。

**参考文献**
池部亮（2017）「ベトナムの視点から考える南部経済回廊」浦田秀次郎・牛山隆一編『躍動・陸の ASEAN，南部経済回廊の潜在力』文眞堂。
牛山隆一（2017）「タイ，対 CLM 経済関係の拡大進む──南部経済回廊，対カンボジア貿易で役割増大」浦田秀次郎・牛山隆一編『躍動・陸の ASEAN，南部経済回廊の潜在力』文眞堂。
──（2018）『ASEAN の多国籍企業──増大する国際プレゼンス』文眞堂。
──（2019）「メコン色強めるタイ経済──急増する対 CLMV 貿易・投資」トラン・ヴァン・トゥ／苅込俊二編『メコン地域開発とアジアダイナミズム』文眞堂。
UNCTAD（2017），World Investment Report, New York and Geneva: United Nations.

第4章

# ミャンマーとインド，中国との連結性，貿易・投資
―ミャンマーの戦略的価値―

**要約**

　ミャンマーは，インド，米国，ASEAN 諸国の中で自国よりも強大な国との交渉に中国との緊密な関係を利用してきた。ミャンマーが国際的圧力に立ち向かい，生き残るための支援を得る上で，中国はきわめて重要な役割を果たしてきた。中国は，ミャンマー制裁の国連安全保障理事会の決議に拒否権を行使した二国のうちの一国だったこともあった。だが，2011 年以降，ミャンマーが民主的選挙の実施以来，中国の役割は小さくなりつつあるように見受けられる。

　ミャンマーは世界の二大人口大国，中国とインドと国境を接している。インド洋に接した長い海岸線があるミャンマーは中国にとって戦略的重要性の高い国である。また，ミャンマーは豊富な天然資源にも恵まれ，広大な農地を有し，中国が必要とするエネルギーを産出する。インドにとっては，ASEAN 諸国に通じるランドブリッジである。インド北東部の内陸7州の発展には，ASEAN にアクセスすることがきわめて重要である。ミャンマーもインドと ASEAN がつながることで，経済的なメリットが得られる。

　ミャンマーはこの好環境を活用し，インフラ建設と両大国との連結性の向上を通じて，自国の発展に尽くさなければならない。

## 1. はじめに

連結の有効性を高めれば，国や地域は競争力を高められる（Banomyong,

2010)。信頼のおける輸送・通信手段，倉庫保管などの物流力がなければ，国境をまたぐ財やサービスの流れは阻害され，経済発展のペースは滞ってしまう。生産能力に物流力が加わって一国の社会経済は発展可能となる。

　物流力は二つの側面から経済に影響する。第一に，優れた物流力はビジネス活動のコストを大幅に低下させる。第二に，それはさまざまな経済主体の移動を支えることで，あらゆる財サービスの販売促進につながる（Banomyong, 2010)。物流は多くの場合，国や市場の内側に止まることなく国境の外にも拡がっていく。

　ミャンマーは，インド，バングラデシュ，中国，ラオス人民民主共和国，タイと国境を接する。人口は5,040万人（2014年国勢調査）で，2018年には5,400万人となると見込まれている（ミャンマー移民・人口省調べ）。2012年に民主化改革が行われ，大いなる発展の可能性を秘めている。ミャンマーは翡翠，銅，天然ガス，木材など多くの天然資源に恵まれている。また，長い海岸線と美しい海岸線があり，農業・漁業資源も豊富である。今日，東西経済回廊，ASEANの経済発展，中国，インド，東南アジアの地域貿易の結節点としてミャンマーの立地は極めて重要である（Kudo, 2011)。

　ミャンマーは北西と西側をインドとバングラデシュ，北と北東側を中国，そして東と東南側をラオス人民民主共和国，タイと接しており，東南アジア半島部の国としては最大の面積を誇る。また南と南西側はアンダマン海とベンガル湾に囲まれている。一方，国の西側ではミャンマー北部を起点とするヒマラヤ山脈がインドとの自然国境を形作っている（Kyaw Min Htun et.al., 2011)。

　急速な地域統合が進むなか，ミャンマーは1997年に東南アジア諸国連合（ASEAN）に加盟した。また1992年には拡大メコン経済圏地域経済協力プログラム（GMS）が，1997年にはベンガル湾多分野技術協力イニシアチブ（BIMSTEC）が発足した。1985年に発足した南アジア地域協力連合（SAARC）にもオブザーバー参加している（Kyaw Min Htun et.al., 2011)（Bhatia, 2011)。

　ミャンマーにはアジアハイウェイ（AH）のうち，1号線（AH1），2号線（AH2），3号線（AH3），14号線（AH14）の4本が通っており，AH14とAH3で中国と，AH1とAH2でタイと，AH1でインドとつながっている。これらの道路のうち，AH1は，マラー，タムー，モンユワ，マンダレー，ネピ

ドー，ミャワディを通過するのでミャンマーにとって ASEAN，インドとつながるうえできわめて重要な幹線である。また AH2 はミャンマー国内，タチレク（タイ国境）－タムー（インド国境）間を通りメイッティーラで AH1 と接続する。

　AH3 は，モングラとチャイントン間をつなぎ，AH2 に接続する。AH3 は，93 キロメートルにわたりミャンマー国内を通過する。AH14 は，中国とタイをつなぎ，マンダレーで AH1 に合流するが，ミャンマー国内を 453 キロメートル（ムセ－マンダレー間）にわたり通過する。ミャンマー国内を通るアジアハイウェイ総延長は今後 3,003 キロメートルに達する予定であり，建設計画が進捗中である[1]。

　また，インドとミャンマーは東西経済回廊に沿った拡大メコン経済圏（GMS）高速道路によってもつながっている。東西経済回廊はミャンマー，タイ，ラオス人民民主共和国，ベトナムをつなぎ，西部経済回廊は，インド，タムー，モーラミャイン，タイをつなぐ。さらに，北西経済回廊はインド，タムー，防城をつなぎ，南部経済回廊はダウェー，キー（Quay），ノンブンタウ（NhonVung Tau）をつなぐ。ミャンマーは，これら 4 つの経済回廊のいずれにも戦略的に立地しており，インドおよび拡大メコン経済圏にアクセスする主要拠点となっている。

　地政学的に中心に立地する好条件を活かして発展するために，ミャンマーはインド，中国，タイなど重要な近隣諸国との連結性を向上していく必要がある。

# 2.　ミャンマーとインドの連結性

## 2.1　ミャンマーとインドの歴史的関係

　ミャンマーとインドの関係は歴史に深く根ざしている。ミャンマーは敬虔な仏教国であり，インドに発祥した仏教がインドとミャンマーの強固な関係につながっている。ミャンマー人はブッダガヤなどインド国内の有名仏教巡礼地を

訪問したいと強く望んでおり，このことも両国の絆の強さにつながっている。それ以外にも，ミャンマーに隣接するインド4州（アーナチャルプラデシュ，ナーガランド，マニプル，ミゾラム）との民族的なつながりと，ミャンマー西部の民族（チン，クキ，カチン）との絆は千年の歴史を持つ（Bhatia, 2011）。両国は1,643キロメートルの国境で接しており，ベンガル湾とアンダマン海にも長い海上境界線がある。ミャンマーは東南アジア諸国のうちインドと国境を接する唯一の国である。このため，ミャンマーは活力あるASEAN市場にインドが参入するゲートウェイとなり，インド北東部の内陸州とASEANをつなぐ役割も果たしている（Kundu, 2016）。

　両国は政治，行政面でも強い関係がある。インドとミャンマーはいずれも1886年から1937年までの期間，大英帝国の一部であり，コルカタ（カルカッタ）を首都とする英国植民地政府の支配を受けた。ミャンマーの旧都ラングーン（ヤンゴン）のカレッジは当時カルカッタ大学の系列校だった。英国植民地時代のラングーン中心部の人口の6割はインド人で占められていたという（Bhatia, 2011）。

　今日に至るまでインドとミャンマーはいずれも平和友好国であり，価値観を共有している。両国はBIMSTEC（ベンガル湾多分野技術経済協力イニシアチブ）やMGC（メコン・ガンガ協力会議）などの地域国際機関を通じて共通の目的に取り組んでいる。両国の関係と協力分野はITから農業まであらゆる分野にわたっており，平和・安全保障プログラム，開発，社会経済，科学技術，教育訓練での協力のほか，農業，電力エネルギー，文化の分野でも協力が行われている。また，人材交流，地域，多国間プロジェクト，インフラプロジェクトも盛んである（Sharma, n.a.）。

## 2.2　主なインフラプロジェクト

　インドとミャンマー間の主要なインフラプロジェクトは次のとおり。

### （1）　インド・ミャンマー・タイ3ヶ国ハイウェイ構想

2005年に計画がスタートした。インド・ミャンマー間の国境を超えた連結

性向上に不可欠なプロジェクトであり，モレーーバガンーメーソット間 1,360 キロメートルをつなぐというもの。ミャンマー国内を通過しインドが ASEAN にアクセスする上で戦略的重要性が高いプロジェクトであり，その開通によりインド・ASEAN 間の貿易拡大効果が期待されている。また東西経済回廊を通じて（カンボジア，ラオス，ベトナムといった）ミャンマー以外の ASEAN 諸国とインドとのつながりも高めることが期待される。カレーミョーヤジー（120 キロメートル）の長距離区間以外はすでに開通しており，全シーズンのアクセスが可能。2021 年の全区間開通が予定されている。

## (2)　カラダン・マルチモーダル・プロジェクト

　カラダン・プロジェクトはインドとミャンマー間の最大の計画である。カラダン川はミャンマーの山地を源流とし，インド・ミゾラム州に入ってから蛇行，再びミャンマーに戻り，ベンガル湾に流れ出る。ミゾラム州より下流の地域は 500 トン級の河船が全域運航可能である。このためインド北東部の商材はカラダン川を下って容易にベンガル湾まで輸送が可能であり，そこからは国内外の市場に向けて積み出しができるようになる。またインドはシットウェ，コルカタ，ヴィシャーカパトナム間のシーレーン開発も計画しており，シットウェがインド北東部向けの石油およびガスの主要供給センターとなる可能性も秘めている。（インドの）ルックイースト政策の一環であるこのプロジェクトは，インド北東部 7 州（セブンシスターズ）とミャンマーとの交易機会を増大させる（Sharma n.a.）。プロジェクトにはベンガル湾に面するカラダン川河口シットウェ港の港湾インフラの近代化も含まれている。シットウェーコルカタ間の海路の距離は 539 キロメートルである。さらにこのプロジェクトはシットウェとその北部およびインドの内陸州ミゾラム州をカラダン川と陸路を合わせて結ぶ計画も含まれている。カラダン・プロジェクトが実現すれば印緬関係は深まり，同時にミャンマーとインド北東部の内陸州および本土との交易強化にもつながる（Kyaw Min Htun et.al., 2011）。2019 年よりインド政府はシットウェ港の事業に着手し，プロジェクトのオペレーションが開始する予定。

## （3）　インド・ミャンマー・フレンドシップ道路

　カレワ，カレーミョ，タムー，モレーをつなぐ全長160キロメートルのインド・ミャンマー・フレンドシップ道路は2001年に着工し2017年に竣工した。モレーはインドとミャンマーの国境地域にあるインド側マニプル州の都市で，タムーはミャンマー側ザガイン地方域の都市。この道路はインド，ミャンマー，タイを結ぶ3カ国ハイウェイ・プロジェクトの重要区間でもある。現在，カレーワーヤジー間（120キロメートル）が雨季に不通となるが，インド政府による4車線化が進められており，完成すればオールシーズン，アクセス可能となる。この区間の工事は2021年4月に完成する予定。ASEAN市場への参入を目指すインドの計画においてミャンマーは中心的な役割を果たしている。

## （4）　スティルウェル公路

　アメリカ陸軍のジョゼフ・スティルウェル将軍にちなんで命名されたスティルウェル公路は第二次世界大戦中に日本占領下の中国を解放する目的で建設され，中国に駐留する連合軍に武器と食糧を輸送するのに戦略的に重要な道路だった。インドのレドと中国の昆明を結ぶこの道路はミャンマーの北部カチン州を横切り，ミッチーナーを経由する（Kyaw Min Htun et.al., 2011）。北部インドから中国の昆明まで続く総延長1,736キロメートルのスティルウェル公路は，作られた当時の名をレド公路といい，インド国内を61キロメートル通った後，1,033キロメートルにわたりミャンマー国内を通過し，その後，中国国内を632キロメートル伸びる。米軍の技術者は1942年に（インドのアルナーチャル・プラデシュ州の）レドを起点とした道路建設に着手し，1945年にミャンマーのムセまでの建設が終わった。今日，中国，インド両政府とも世界の二大人口大国を結ぶ幹線道路となるであろうこの道路をミャンマーが再開通させることを望んでいる。スティルウェル公路はインドと中国の二大人口大国の陸路物資輸送の所要時間を現行の7日から2日に短縮する。ミャンマー政府は，インド国境地帯のミッチーナーからパングサウパスまでの312キロメートルの道路を修復，再開通させた。インドはスティルウェル公路の国内通過部分を2車線化し，中国は自国通過部分を6車線化している（Pattnaik, 2016）。

## 2.3　印緬通商投資協定

　印緬国境通商協定は1994年に公式発足した。両国のあいだにはモレー・タムー，ゾコータ・リーの2カ所の国境貿易所があるほか，アバクン・パンサット／ソムライに3つ目の交易ポイントの建設が話し合われている。このうちモレー・タムーの国境貿易が全体の9割を占めている。現状ではインドとミャンマーを結ぶ道路の連結性は世界標準と比べて見劣りする状態にある。印緬二国間の貿易は商材の少なさと厳格すぎる規制のせいで，中緬，泰緬などの国境貿易と比べるとその規模はごく小さい[2]。ミャンマーにとってインドは貿易相手国として5位であり，投資の相手国としては10位（ミャンマーの外国への投資総額でインドが占める割合は1.36％に過ぎない）である。2017年6月末におけるインドのミャンマーへの投資額残高は7億4,064万ドル（Kundu, 2016）。

　2016～17年度に両国間の貿易額は20億ドルを超えた。2007～08年の貿易額が10億ドル未満だったことに照らせば伸び率は比較的高い。一方，インドの輸出入にミャンマーが占める割合は0.33％ときわめて小さい。上述のすべての道路の改良が進み，オールシーズンのアクセスが可能となれば，両国間貿易には成長のポテンシャルがある。ASEAN諸国を重要な貿易相手国と考えるインドはミャンマー経由でASEAN諸国との通商拡大を強く期待している[3]。3カ国ハイウェイが竣工し2020年に開通すれば，ミャンマーを陸路でまたいだインドとASEAN諸国の貿易の流れが巨大となる潜在性は高い。

# 3.　ミャンマーと中国の連結性

## 3.1　中国の新たな役割

　ミャンマーの戦略的立地やインド洋に接した長い海岸線に照らせばミャンマーは中国にとって戦略的重要性の高い国である。またミャンマーは豊富な天

然資源に恵まれ，広大な農地を有し，中国で高い需要があるエネルギーを産出する。また地政学の見地で見てもミャンマーは重要である。

かつて，ミャンマーは，インド，米国，ASEAN諸国の中の強大な国との交渉に中国との緊密な関係を利用してきた。ミャンマーが国際的圧力に立ち向かい，生き残るための支援を得る上で，中国はきわめて重要な役割を果たしてきた。中国は，ミャンマー制裁の国連安全保障理事会の決議に拒否権を行使した二国のうちの一国だったこともあった。だが，2011年以降，ミャンマーが民主的選挙実施を発表して以来少しの間，中国の役割は小さくなりつつあるように見受けられる。

テインセイン政権下で，中国はミャンマーの政府軍とKIA（カチン独立軍），USWA（ワ州連合軍）といった武装民族グループの間の調停者という新たな役割を果たすようになった。こうした役割はアウンサンスーチー体制下でさらに際立ったものとなりつつある。2018年5月，ミャンマー政府国家諮問局のゾーティ長官は，同国の安定，平和，発展にとって中国が果たすべき役割は大きいと述べ，ミャンマー政府と対立する武装勢力を中国は支援していないと述べている（Eleven News Journal, 2018）。さらに，ミャンマーの市民社会グループにも関与するなど中国政府はミャンマー民主化勢力との関係強化も図っており，ミャンマーで活動する中国企業のCSR活動の促進にも取り組んできた。

ラカイン州で2017年11月に起きた武力闘争で難民がバングラデシュに逃れ，ミャンマーは再び国際社会から圧力を受けるようになった。その際に中国は難民の移動に関してミャンマーとバングラデシュ二国間の交渉の調停役を演じ，武力衝突への国際社会の非難からミャンマーを守る役割を果たした。

## 3.2　貿易と投資

### (1)　貿易

経済面で見ると，20年前から中国はミャンマーの主要な貿易相手国である。また直近の10年を見ると，ミャンマーの対中貿易はタイ，ラオス人民民主共和国，インドなどの近隣諸国との貿易を引き離して急増している。中緬貿易は

雲南省経由の国境貿易に大きく集中している。貿易が行われる主な場所は雲南省瑞麗市に隣接するムセである。ムセはヤンゴン－マンダレー－ムセ／瑞麗－昆明をつなぐ経済回廊上にあり，このうちマンダレー－昆明の区間はアジアンハイウェイ14号（AH14）と呼ばれている。マンダレー－ムセ間の区間は450キロメートルで，山岳地帯の急坂や急カーブのある道が続く（Kundu, 2016）。劣悪な道路のせいで国境貿易にかかるミャンマーの輸送コストは決して小さくはない（Ksoll and Quarmby 2014）。この道路の商流の規模とスピードは，タイとの貿易ルートであるミャワディ－メーソットのルートをはるかに凌いでおり，今日，ミャンマー最大の交易路となっている。

　中国との国境貿易は通常の貿易ルートである海路と比べても急増している。2016～2017年度の中緬の二国間貿易額は108億ドル程度。2015～16年度は109億ドル，2014～2015年度は97億ドル，2013～2014年度は70億ドル，2012～2013年度は49億5,000万ドル，2011～2012年度は50億ドルだった（ミャンマー通商省調べ。2017年）2017年4月1日から12月22日までの中緬国境の交易所（ムセ，ルウェジェル，クリンシュウェハウ，カンピケティ，チャイントン）における国境貿易額は45億ドルに達した。ミャンマーから中国への輸出項目は，米，豆類，胡麻，種，トウモロコシ，野菜，果物，乾燥茶葉，魚介類，ゴム，鉱物，動物製品，一方中国からの輸入項目は，機械類，プラスチック原料，消費財，電子機器などであった。

## （2）　投資

　ミャンマー向け直接投資は，2011年に中国がタイを抜き一位となった。中国のミャンマー向け直接投資は2005年から2010年までに激増した。ASEAN諸国で同時期にこれほど中国からの投資が急増した国はミャンマーだけだった。際立った投資急増の理由はいくつかある。大きな理由は，中国が世界最大の資源の輸入国，消費国となったという事実である。このため中国にとって天然資源が豊富なミャンマーの魅力が増したといえるだろう。またミャンマーが国際社会の制裁国だったことも，中国にとっては他の国と争わずミャンマーにアクセスできる機会となった。また，中国にとってはミャンマーの地政学的な立地の戦略性も大きな理由だった。かつて，ミャンマーにとって中国はタイと

シンガポールに次ぐ第三の貿易相手国に過ぎなかったが，2011年以降は最大の貿易相手国となった（Christopher Dunn, Lin Ji and Kui Peng 2016）。2017年4月30日現在，中国は178のプロジェクトを通じてミャンマーに185億7,200万ドルを投資している。これはミャンマーに対する外国直接投資の26.16％を占めている。

2011年にテインセイン大統領がミッソン水力発電ダム・プロジェクトの一時停止を発表し，もう一つの大型プロジェクトであるレパダウン銅山における抗議問題も深刻化すると，中国企業によるミャンマー投資熱に冷や水が浴びせられる形となった。ミッソン・ダムの決定は，2012年末，悪名高きレパダウン銅山問題の取り扱いの基調を方向づけることとなった。ザガイン地方域モンユア地区のレパダウン銅山は，7,868エーカーからなる接収された農地である。レパダウン銅山では，抗議デモ参加者が政府から武力弾圧を受けており，国内外からのメディアの大きな注目を集めてきた。銅山開発のために接収される対象は26の村にのぼり，人々から崇拝されている仏教寺院が破壊されることに僧侶の抗議が行われた（Mark, SiuSue and Youyi Zhang 2017）。こうした問題により2011年度の中国企業によるミャンマー投資は2億1,780万ドルに激減したが，その後は徐々に持ち直しつつある。

2014年，両国は経済技術協力協定を締結し，経済と通商分野での協力緊密化を打ち出した。さらに両国は木材，鉱物採掘，農業の三分野で協力マスタープランに取り組むことに合意しており，これらの計画が両国の経済関係，貿易協力，二国間の絆を深化させるのに重要であることを強調している。両国間の関係は改善し，2016年以降，投資は再び過去最高の状態に戻っている。ミャンマーは中国にとって戦略的に重要であり，投資は今後数年で数倍に拡大する可能性がきわめて高い。また，ラカイン地方の問題により欧米諸国によるミャンマー投資の停滞が予想されるため，ミャンマー政府は中国の投資を熱烈に歓迎している。こうした事情も中国のミャンマー投資の促進につながると思われる。

中国のミャンマー投資は主に水力発電，石油及びガス，鉱物採掘の分野に集中している。ミャンマー大使館から入手した統計によれば，中国の2011年までのミャンマー投資の63％は電力セクター，36％は石油及びガス業と鉱業に

対して行われていた。この3つのセクターは合わせて中国のミャンマー投資の99％を占めている。

　中国の国営企業（SOE）4社がミャンマーで最大規模かつ最も注目を集める4つの鉱物採掘計画に出資している。中国有色鉱業集団有限公司（CNMC）と太原鋼鉄（集団）有限公司（TISCO）はいずれもタガウン（Tagaung Taung）ニッケル採鉱プロジェクトに出資している。また，中国北方工業公司（NORINCO）は子会社の万宝鉱山有限公司経由でモンユワにおける銅採掘プロジェクト（レパダウンとサベタウン／キシンタウンの銅山）とムエタウンのニッケル鉱床に投資している。紫金鉱業会社もムエタウンのニッケル鉱床に子会社の金山（香港）国際工業有限公司経由で投資している。

　こうした業種に加え，近年では経済特区や道路，鉄道，港湾施設などの輸送関連インフラ建設といった新しいセクターへの投資も増えている。業種的特徴のせいで，これらの主要計画に投資する中国企業の大半は国営企業である（Christopher Dunn, Lin Ji and Kui Peng 2016）。

## 3.3　中国の経済回廊建設構想

　ミャンマーはチャオピュー－昆明間連絡道路や一帯一路構想の一環であるバングラデシュ－中国－インド－ミャンマー（BCIM）回廊の開発，中緬経済回廊（CMEC）など，中国の投資による道路・鉄道インフラの改善からメリットを得られるだろう。CMEC計画がバングラデシュ－中国－インド－ミャンマー（BCIM）イニシアティブと同時平行で進行していることには意外性があるかもしれないが，BCIMはすでに実現可能性がない頓挫した計画であるといってよい（Dutta, 2018）。CMECはミャンマー政府からも諸々の通商団体からも支持されている。

　CMECは中国の王毅外相が2017年11月にミャンマーを訪問し，アウンサンスーチー国家顧問と会談した際に提案されたものである。この提案をミャンマー政府は受け入れ，2018年5月にはヤンゴンのロッテホテルで2カ国間会議が開催された。2018年4月22日，ミンスエ副大統領は政府閣僚と民間財界人が集ったミャンマー商工会議所連盟（UMFCCI）の会合で自国財界に向け

て CMEC への投資を呼びかけた。CMEC は中国の一帯一路構想の主要な一環でありミャンマー国土内の計画である。中国の雲南省からマンダレーまでをつなぎ，その後 Y 字にわかれて，ヤンゴンとラカイン州チャオピューに至るものである。

CMEC の計画では道路，鉄道，航空，インターネット接続，パイプラインなどあらゆるインフラで都市間が結ばれるほか，発展に向けて研究，テクノロジー，教育面の人的交流が促進され，共通の地域金融サービスが提供される予定である。回廊に沿って，工業団地，道路，鉄道，航路，パイプライン，インターネットの基地局建設など数多くの計画がある。中緬共同のエーヤワディ川との道路接続プロジェクトの一環である，瑞麗－バモー河川港を結ぶ計画，瑞麗－マンダレー間の道路改良計画，中国とミャンマーを結ぶ高速鉄道計画などはその例である。2018 年 4 月，UMFCC は洪亮駐ミャンマー中国大使の協賛を得て，中緬ビジネス評議会を発足させ，CMEC の早期実現を図ることとした。CMEC をめぐる二国間の最終交渉は 2018 年 2 月 3～7 日の北京会議で終わり，2018 年 11 月に正式調印された。

## 3.4　ミャンマーにおける中国の戦略的利益

中国にとってミャンマーが戦略的に重要な理由はいくつかある。ミャンマーの天然資源と市場性，また安全保障や戦略上の理由としてインド洋へのアクセス（以後「双海戦略」）や一帯一路構想の実現，中国内陸部の開発などである。

2015 年まで，中国のミャンマーへの関心の最たるものは，エネルギーや資源の供給，および，チャオピュー深海港経由でインド洋へのアクセスだと思われた。だが 2016 年以降，一帯一路構想の実現，および，雲南省，貴州省，四川省といった自国内陸部の発展のために，中国はミャンマーを活用するという，これまで以上に野心的な戦略目標を持つようになっていることは明白である。

かつて，ミャンマーは中国にとって高まる自国のエネルギー需要を満たすためのターゲットだった。この 10 年間に中国の石油需要は倍増し，2020 年には 1 日あたりの石油需要は 1,360 万バレルに達するといわれている（Sinha,

2009)。ミャンマーが中国のエネルギー供給にとって重要な理由は，その国土に 2 兆 5,400 億立方メートルの天然ガスと 37 億万バレルの石油が埋蔵されているからである。この埋蔵量はアジア第 7 位に匹敵する（Swanstrom, 2012）。ミャンマーが東南アジア随一の天然ガス埋蔵国であり，石油や他の鉱物資源も豊富であることが中国にとって魅力的なのである。ミャンマーではベンガル湾沖に膨大な埋蔵量の 3 つの新たな海洋ガス田（ミヤ，シュウェ，シュウェプー）が発見されている。ミャンマー政府は 2006 年以降 30 年にわたり，中国石油天然気集団公司にシュウェのガス田 A-1 地区から 6.5 兆立方フィートの天然ガスを供給することに合意しているほか，ラカイン州シットウェと昆明を結ぶ石油パイプラインの建設にも合意している（Sinha, 2009）。中国海洋石油集団（CNOOC）は 2004 年から 2005 年 1 月までにミャンマー石油ガス公社（MOGE）と 6 本の共同生産協定を締結している（Geng, 2007）。

　だが，中国が必要な膨大なエネルギー需要を満たすだけのポテンシャルをミャンマーは持たない。現在，中国が輸入する石油の 8 割はマラッカ海峡を経由しているが，中国はミャンマー国内を通る石油パイプラインにより，マラッカ海峡を経由せず中東やアフリカの石油を自国まで運びたいと考えている。マラッカ海峡に過度に依存することで中国は 2 つの脅威にさらされている。一つは海賊行為と海洋テロ，もう一つは強国，とくに米国がマラッカ海峡の支配権を行使してくる脅威である。ミャンマー経由の石油パイプラインの建設により，中国は安全度が低いマラッカ海峡への依存度を下げることができる（Pak K. Lee, 2008）。このように，この石油パイプライン・プロジェクトは中国にとって戦略的な重要性の高いプロジェクトである。この投資総額 50 億ドル規模の石油パイプラインはラケイン州チャオピュー島を起点として全長 2,380 キロメートル，うち 770 キロメートル部分がミャンマー国内を通過する。開通すれば中国の年間原油需要の 4％程度がこのパイプラインで輸送されることになる。

　石油パイプラインとともに，深海港の港湾ターミナル，鉄道，空港，物流拠点，製鋼工場，石油化学工場，高速道路，その他の産業施設やインフラを有する経済特区も建設中である。この計画を請け負っているのが中国中信集団公司（CITI）である（Hilton, 2013）。

　ミャンマーは中国の「真珠の首飾り」[4]戦略で最重要な役割を演じている。この戦略はシアヌークビル（カンボジア），レムチャバン（タイ），チャオピュー（ミャンマー），チッタゴン（バングラデシュ），ハンバントタ（スリランカ），グワーダル（パキスタン）の港湾を結ぶものである。こうした港湾施設のネットワークにより中国は経済，軍事の両面の安全保障状況を改善できる（ただし短期的には軍事的要素より経済的要素が重要なように見える）。このネットワークでチャオピューの立地はきわめて重要であり，自国の経済利益を守る中国の戦略にとって必要不可欠である。中国には，ミャンマーを援助する引き換えに，海岸線に近い島をインド洋にアクセスする自国の海軍基地として使いたいという意図があるのかもしれない[5]。中国がミャンマーと戦略パートナーシップを組む理由ははっきりと示されてはいないものの，軍事，経済両方の目的でインド洋にアクセスするのにミャンマーを利用しようとしていることはほぼ明らかである（Swanstrom, 2012）。

　ミャンマーは中国にとって戦略的に重要な交通ハブでもあり，自国内陸部にモノを運ぶ近道としても便利である。またその立地はパキスタンのグワーダルや大中央アジア輸送回廊とつながる回廊の一部でもある。雲南省からミャンマーを通り西進してバングラデシュから西側世界に出る南西シルクロードを再活性化するため，ミャンマーは中国が自国の裾野として使える地なのである。中国雲南省には4,300万人の人口がある。歴史的にアジアの南西シルクロード上にある雲南省は中国の戦略的野心のターゲットだった。雲南省は中国のなかでは貧しい地域だが，ミャンマーとのつながりをテコに東南アジアとの貿易拡大でその成長を享受して発展できる（Shee, 2002）。中国が実施している西部大開発戦略ではミャンマーが中心的役割を果たし，昆明がミャンマーとの通商や投資のつながりから経済的恩恵を受けている。こうしたつながりで中国の豊かな沿岸部と貧しい内陸部の経済格差は縮小する可能性がある（Geng, 2007）。

## 3.5　BCIM 構想

　2015年3月28日，中国の習近平主席が国家発展改革委員会で正式に一帯一路構想を発表すると，中国にとってミャンマーが果たすべき役割は一層大きく

なった。一帯一路構想は凡百の「シルクロード・プロジェクト」とはちがう。それは勃興した新興大国による整合性を持った野心的なユーラシア戦略といえるだろう。一帯一路は中国のさまざまな地方から外界に向けた，既存の，またはこれから築かれる連結性に基盤をおく。それは「シルクロード経済ベルト」と「海のシルクロード」の両方で成立する。前者のシルクロード経済ベルトでは，「中国－モンゴル－ロシア」，「中国－中央アジア－西アジア」，「中国－インドシナ半島」の経済回廊が結ばれるほか，中国－パキスタン経済回廊やバングラデシュ－中国－インド－ミャンマー（BCIM）経済回廊も結ばれる（Irina Ionela Pop, 2016）。2016年，アウンサンスーチー国家顧問の訪中時にミャンマーは一帯一路構想への参加に合意した。一帯一路構想のうちミャンマーが関与する部分は，チャオピュー経済特区，チャオピュー－昆明鉄道，BCIM経済回廊，ムセ－ラーショー－マンダレー－ヤンゴン－モーラミャイン－バンコクを結ぶ高速鉄道などのプロジェクトである。

　BCIMは中国による野心的な一帯一路構想の重要部分である。BCIMは2013年に関係4カ国政府により調印された。BCIMは長いこと封鎖されていたコルカタ，インド北東部，バングラデシュ，ミャンマー，中国南西部の既存インフラを拡大し，この資源豊富な地域における採掘活動を加速させ，産業育成のための特区を設立するというものである。BCIMはインド政府の「ルック・イースト政策」に沿ったもので，（自国の内陸部を巨大市場につなぐという）中国政府の「橋頭堡戦略」をも後押しするものである（Dieter and Anja 2014）。

　しかしながら，中印政府の代表者のあいだで詳細部分に意見の相違があり，解決には数年を要することを主因にBCIMの実現は大幅に遅れている。そのため，インド－ミャンマー－タイの参加国を結ぶ1,360キロメートルの3カ国ハイウェイが完成したことの方をインド政府ははるかに喜んでいる。この高速道路はインド東部内陸州とASEAN市場を結ぶ。完成したら，この高速道路はインドの「アクト・イースト政策」とタイの「アクト・ウエスト政策」を支えると予想される。このプロジェクトの端緒は，2002年にヤンゴンで行われたインド・ミャンマー・タイの閣僚による三者会談であり，そこでは印緬国境でマラーとタムーを結び，そこから泰緬国境のメーソットを結ぶ道路の計画が

話し合われた。2017 年 9 月 6 日，インドのナーレンドラ・モディ首相はネピ
ドーを訪問しミャンマー政府と共同声明を発表した。共同声明では，この高速
道路の建造計画が発表されたほか，タムーーチーゴンーカレワ道路と 3 カ国高
速道路のカレワーヤジー区間で橋梁の敷設工事を開始し，2020 年までに完成
させるという内容も発表された（Roshan Lyer, The Diplomat, 2017）。さらに，
カラダン川とシットウェ港を経由してインド内陸州にアクセスする河川・道路
プロジェクトであるカラダン川プロジェクトの実施も発表された。一方，
BCIM の実施はインド市場への大量の中国製品の流入につながり，中印 2 カ国
貿易におけるインド側の貿易赤字を悪化させるおそれがある。これが BCIM
の実施をインドに躊躇させる一因だった。こうしたインドの動きを受け，より
実現が容易で時間もかからない上，短期でより大きな実りが期待できる中国・
ミャンマー経済回廊（CMEC）の実施に中国政府は力を注ぐことになった。

　CMEC は 2017 年 11 月，中国の王毅外相がミャンマーを訪問し，アウンサ
ンスーチー国家顧問と会談した際に正式に提案され，2017 年 12 月に同国家顧
問が北京を訪れたときに習近平首席から改めて提案された。2018 年 2 月 6 日
には北京で 2 カ国間で了解覚書が交わされた。

　中国政府がレパダウン鉱山やミッソン・ダムといった他の主要プロジェクト
以上にこのプロジェクトを重視していることは明らかである（Eleven News
Journal, 2018）。とはいえ，中国は，ミッソン・ダムのプロジェクトがいつの
日か再開することを夢見ている。CMEC の実施は，一帯一路構想，双洋戦略，
チャウピュー深海港経由のエネルギーの安全性や石油ガスパイプラインなどの
プロジェクトと中国内陸部の発展に推進力を与え，中国国内の沿岸部と内陸部
の所得格差是正につながるだろう。CMEC が実現すれば，中国内陸部と南ア
ジア，アフリカを連結させ，内陸部の産業の発展，インド洋へのアクセス，エ
ネルギー安全保障戦略の前進させることにつながり，中国の経済力を一層高め
る助けとなるだろう。

## 4.　ザガイン地方域における機会

　ザガイン地方域はミャンマー最大の地方域（Region）であり，シャン州に次ぐ第2の地方自治体である。人口は国内4位。ミャンマー北西部に立地し，北はインド，東はカチン州とシャン州とマンダレー地方域に，南はマンダレーとマグウェ地方域に，西はチン州とインドに囲まれている。ザガイン地方域の推定貧困率は15パーセントで国内平均を大幅に下回る（UNICEF, 2017）。ザガイン地方域の人口は532万5,347人で，男性が47.3％，女性が52.7％である。識字率は93.7％で国内平均を大幅に上回る（89.5％）。人口の83％が農村地域に住み，17％が都市部に住む。ザガイン地方域の総面積は9万4,621.07平方キロメートルで，10の県，37の町，226の郡区，1,760の村，6,128の小区がある（Department of Population, 2015）。ミャンマーの4大河川の一つであるチンドウィーン川はその大半部分がザガイン地方域を流れている。

　ザガイン地方域には主要都市が多く，そこに20万人以上の人口を擁する。モンユワ（37万2,095人），カレー（34万8,573人），ザガイン（30万7,194人），カンバル（29万5,561人），ホマリン（25万8,206人），シュウェボ（23万5,542人）である（Department of Population, 2015）。この地方域の主要な産業は農業で，米，豆類，ごま，西瓜やキュウリといった野菜果物を産するほか，金，銅，石炭などの天然資源の鉱物採掘，林産業，家畜の飼育，農業関連産業，米や食用油の精製，製麺といった製造加工業が営まれている。

　外国直接投資で見ると，ザガイン地方域は17のプロジェクトで25億5,464万ドルの投資を受けており，投資受入額で国内7位，1989年から2017年までのミャンマーへの外国投資額全体の4.10％を占める。一方，国内投資額で見ると，ザカイン地方域にはミャンマー投資委員会から27のプロジェクトに154,99.96ミャンマー・チャットの投資の認可が下りており，投資額はでは国内15の州，地方域のうち10位である（DICA, 2017）.

　ザガイン地方域はそれぞれインド－ミャンマー－中国，そしてインド－ミャンマー－タイを結ぶAH14とAH1の沿線地域の中間という戦略的立地にあ

る。ザガイン地方域には高い識字率，稠密な人口，チンドウィーン川へのアクセス，豊富な天然資源，広大な農地，安い労働コストといった強みがあるほか，多くの開発機会がある。ザガイン地方域はAH1とAH14の中心に立地し，インドと国境を接している。インド政府はミャンマーやASEAN諸国と貿易や投資の促進を希望している。インドや中国からミャンマーの農産物への需要は高い。またザカイン地方域は広大な土地があり，農業や家畜ビジネスの事業機会が大きい。さらに，そこは地元民や都市部住民にとっての観光地でもあり，教育水準の高い都市部住民が増加している。このため，ザガイン地方域は病院，観光，家畜飼育，農業，農業加工業などの事業機会が豊富である。

　ザガイン地方域の首都モンユワは開発のポテンシャルが高い。モンユワにはザガイン地方域の地方行政施設が数多く存在し，ザガイン地方域の行政とビジネスの中心地となっている。チンドウィーン川流域の街であるモンユワは，ザガイン北部やミャンマー南部へのモノやヒトの輸送拠点であり，インドとタイを結ぶAH1，そしてインドと中国を結ぶAH14のちょうど中間点にある。これらの高速道路が完成すれば，モンユワは今以上のインフラと連結性に支えられ，中継貿易の拠点としてさらに発展すると思われる。中国の投資プロジェクトの一つであるレパダウン銅山やその他の最も深刻な問題を抱える鉱山は，チンドウィーン川を挟んだモンユワの向こう岸にある。

　ザガイン地方域はインド国境近くに立地し，モンユワはその首都であるため，将来的にインド，ミャンマー，中国，ASEAN諸国の関係と連結性が高まれば，その恩恵を受けて繁栄する可能性が高い。

## 5.　課題と問題点

### 5.1　信頼の構築

　ミャンマー側からすれば，国民は自国が徐々に中国の属国になっていく懸念を常に抱いている。中国政府はミャンマーの軍事政権を国際社会の制裁や圧力からは守ったものの，レパダウン銅山，ミッソン・ダム，チャウピュー・プロ

ジェクトといった重要な計画の認可をミャンマー政府から得る上でその立場を利用してきた。ミャンマー国民は自国領土を通過するチャウピュー－昆明パイプライン建設においてミャンマー政府が国家主権を行使できるか懸念している。さらに，推進する大プロジェクトにまつわる土地接収問題のせいで中国のイメージは低下している。土地の接収に適切な補償がされない，あるいはその額が市場価格を下回っているといった問題が，依然未解決のままである。たとえばチャオピューの石油ガス・パイプラインや深海港の建設計画では，中国のプロジェクトが期待通りの雇用や事業機会をミャンマー国民にもたらしていないことが懸念されている。チャオピューでは，中国企業による地元労働者の不公正な扱い，地元漁民の所得逸失，雇用問題など，多くの不満が出ている。また中国からの借入金利の高さも問題である。もう一つの問題は，中国の「債務漬け外交」である。ミャンマーはすでに農村向け協同組合貸付とパイプライン建造に関して中国から約 40 億ドルを借り入れている。その金利は最高年率 4 パーセントであり，日本の同様の貸付に対する金利が 1 パーセント未満であることと比べればはるかに高い。チャオピュー経済特区と CMEC プロジェクトの建設における中国のシェアが今後高まれば（中緬の保有比率はまだ交渉余地が残っている），ミャンマーの対中借り入れ額はさらに増えるだろう。2018 年 5 月，アウンサンスーチー国家顧問の経済コンサルタントで，ミャンマー経済を 20 年以上研究してきたマッコーリー大学のショーン・ターネル教授は，シンガポールで開催された「ミャンマー経済：進展，課題，見通し」というセミナーにおいて，チャオピュー深海港の 75 億ドル投資プロジェクトは度を超えた狂気だと述べた（Eleven News Journal, 2018）。同教授は，ミャンマーは自国経済のためにそうした深海港を必要としていないと述べ，最近竣工した 52 億 5,000 万ドルのパナマ運河拡張プロジェクトと比較した。また，同教授はスリランカ政府が中国から高利の借款を受けた結果，返済不能に陥っている 10 億ドル規模のプロジェクトであるハンバントタ港の例[6]も挙げた。スリランカは交渉の末，債務減免と引き換えに 99 年間にわたる同港の運営権を中国に与えた。こうしたことに照らし，自国が対中債務を払えなくなり，その結果，ミャンマーが自国の国土で実施される中国のプロジェクトから利益を被れなくなってしまうことをミャンマー国民は懸念している。中国に出稼ぎに行った

ミャンマー労働者の虐待，国境貿易に携わるミャンマー商人に対する不平等な扱い，違法な樹木伐採や翡翠の採掘に中国人が関与していることなどは中国のイメージ低下につながっている。ミャンマー国民のあいだでは反中感情が盛り上がっており，それが2011年のテインセイン政権下でのミッソン・ダムの建設中止につながったのだった。

　一方，中国政府の側から見ても，ミッソン・プロジェクトの予想外の中止でミャンマー投資の信頼性が大きく損なわれた。その結果，今後のプロジェクトは中国側にとって不安定になっている。こうしたことは中国国営企業が携わる他の重要プロジェクトの今後の進展にも疑念を感じさせるものである。

　一方，2012年に民主的選挙を実施後，インド政府とミャンマーとの関係は比較的安定しており一貫して改善傾向にある。直近では2018年12月にインドの大統領がミャンマーを訪問し，カラダン川プロジェクトのオペレーションの了解覚書に調印した。印緬間は問題が比較的少なく，両国間の関係は今後さらなる改善に向かうだろう。


## 5.2　国境地帯の暴動，治安不安

　ミャンマーとインド，中国との国境地帯には暴動，反乱という問題がある。印緬国境では，ナーガランド，マニプル，ミゾラムの各州出身の武装グループ，とくにアッサム統一解放戦線（ULFA）とナーガランド・カプラン民族社会主義評議会（NSCN-K）が活動している。国境地帯はアクセスが難しく国家主権が及ばない地域であり，ゲリラ戦が行われている（Gottschlich, 2017）。一方，中緬国境地帯ではカチン独立軍（KIA），タアン民族解放軍（TNLA），シャン州軍（SSA）がミャンマー国軍と頻繁に戦闘を繰り広げている。これらの戦いにより中国側に難民が流出している。2018年にもKIAとミャンマー国軍との戦闘で難民が発生した。こうした状況から国境地帯とその道路インフラネットワークは安全とはいえない状態にある。ミャンマー国軍と民族武装グループによる国境地帯の戦闘は，パイプライン，鉄道，その他輸送手段や投資インフラの安全への脅威となっている。だが，これらの民族武装集団には中国が影響力を行使しているため，中国がこれらのグループに和平プロセスへの参

加を呼びかければ，問題は解決する可能性がある。

　ミャンマー西部のラカイン州で起きたラカイン問題は中緬両政府にとって大きな脅威となった。問題は 2012 年，イスラム教徒移民によるラカイン人女性の強姦と殺人をめぐる地元ラカイン人とイスラム教徒移民のあいだで始まった。この知らせは直ちにラカイン州全域に広まり，治安部隊により暴動は鎮圧された。2015 年にもイスラム教徒移民グループが 30 の派出所を襲い，武力制圧が行われた。その結果，数千人のイスラム教徒がバングラデシュに逃亡した。その結果，ラカイン州に国際社会の注目が集まり，イスラム教徒移民に対する人権侵害，そして彼らを国から追い出す行為を止めるようミャンマー政府に対して呼びかけが行われた。この問題は依然として未解決，交渉中の問題であり，ミャンマーの北の出入り口の治安に深刻な脅威となっている。ミャンマーの隣国であるバングラデシュは人口爆発という課題に直面している。Worldometers（2018）によれば，バングラデシュの人口は 1 億 6,600 万人（世界人口の 2.18%）を超えており，世界 8 位の人口大国である。その面積は 13 万 170 平方キロメートルにすぎないため人口密度は極めて高い。1 平方キロメートルあたり 3,310 人。（これは世界のあらゆるメガ都市の人口密度を 5 倍も上回る水準である）。国連経済社会局人口課が 2004 年に発表した世界の人口予測によれば，バングラデシュの人口は 2050 年には 2 億 4,300 万人に達する見込みである（Streatfield and Karar, 2008）。国連難民高等弁務官事務所（UNHCR）によれば，このラカイン州の危機により 60 万人以上の人々がミャンマーからバングラデシュに逃亡したが，これらの難民がバングラデシュから国外退去を命じられれば，当然ながらミャンマーの治安上の脅威となる。膨大な人々に対し，その民族の真正性を確かめ犯罪履歴を調査するには長く厳格な手続きが必要であり，膨大な時間と資源が必要となる。また，中国の投資の多くはこうした不安定な地域で行われているため，これは中国のプロジェクトの実現にとっても大きな脅威となる。治安と安定は中国の計画が無事に進捗し，ミャンマーにおける中国の戦略的利益を守る上できわめて重要である。ラカイン州は海につながる入江や川が無数にあり，陸路交通の便が悪い。治安維持のためにも交通手段の確保はきわめて重要である。こうした障壁を解決するため，アジアワールド[7] とその関連企業 20 社は，2017 年 11 月 30 日以降，（ラ

カイン州の首都）シットウェ（衝突発生地域である）とマウンドーを2時間で
つなぐ全長80キロメートルのマウンドー道路を220億ミャンマー・チャット
を投じて建設している。現在，アングマウとコタンチョクを結ぶ20キロメー
トルの区間が完成しており，2018年5月1日から通行可能となる見込みであ
る。この道路は貿易，地元の発展，治安にとって戦略的に重要である。シット
ウェからアングマウ（シットウェの向こう岸）までフェリー船でわたれば，そ
こからマウンドーまでは2時間である。

　ラカイン州における中国とインドのプロジェクトに対する治安上の脅威は，
2019年1月4日，（ラカイン族の武装集団である）アラカン軍（AA）が派出
所を襲撃したことでも明らかになった。AAのメンバーはKIAの本部がある
（カチン州の）ライザーで匿われ，訓練を受けた。2018年初頭からAAはラカ
イン州北部で断続的に戦闘を開始した。その後，徐々に勢力と支援を増やし，
国境地帯の派出所の不意打ちを行った。この派出所はバングラデシュから来る
違法移民からラカイン族を守るのが目的であった。その結果，警察官13名が
死亡し，9名が負傷した。この事件を受け，ミャンマー政府はAAをテロリス
ト勢力と指定し，AAに武力行使することを軍隊に許した。その結果，国境地
帯の戦闘は拡大しており，このことがインドを不安定にし，ラカイン州の中国
の投資計画を不安定にしている。


## 6. 結び


　ミャンマーは東南アジアに於いて非常に戦略的な立地条件にある。ミャン
マーは世界の二大人口大国の隣国であり，同時にインドにとってはASEAN
諸国にわたるためのランドブリッジでもある。インドとASEANがつながる
ことでメリットが得られるミャンマーにとって両地域の経済成長は朗報であ
る。さらに，ミャンマーの立地はインド北東部の内陸7州が発展し，ASEAN
にアクセスしていく上でもきわめて重要である。このため，カラダン川マルチ
モーダル・プロジェクトと（インド・ミャンマー・タイ）3カ国高速道路はイ
ンドにとって重要である。世界最貧国の一つという現状を抜け出すため，ミャ

ンマーはこの好機を活用し，インフラの向上と連結性の増大によって自国の発展に尽くさなければならない。

　またミャンマーはいくつかの理由から，中国にとっても戦略的重要性が高い。その理由とは，野心的な一帯一路構想の実現，双洋戦略の実現に向けたインド洋へのアクセス，パイプラインによるエネルギー安全保障上の近道の構築及び内陸部の開発である。CMEC の実現はミャンマーにおける戦略的利益を追求する中国にとってきわめて重要である。

　さらに，ASEAN 諸国の連結性向上から，アジアハイウェイと GMS 経済回廊はミャンマー国内を通ってインド－ミャンマー－中国，そして，インド－ミャンマー－タイがつながるようになりつつある。このようにミャンマーの連結性は ASEAN 諸国に拡張されつつある。ザガイン地方域とモンユワはこうした道路ネットワークの中心に位置しており，ネットワーク完成のあかつきには巨大な発展の可能性を秘めている。

　中国が台頭し，インド洋へのゲートウェイにアクセスするためミャンマーに影響力を行使していることに対し，米国などの西側諸国も懸念をしている可能性がある。このため，世界の大国間の戦略ゲームにおいてラカイン州は政治的にセンシティブな地域となっている。2018 年の武力衝突による大量難民のバングラデシュ流出，そしてラカイン州における AA の襲撃はミャンマーで進みつつあるプロジェクトの実現に対する深刻な脅威であり，それゆえ計画の将来には不確実性がある。

　自国と投資国が開発機会から果実を得て利益を生み出していくために，ミャンマーはこうしたプロジェクトを実現させるべくその安全性を担保する必要がある。そのために，暴動，反乱の問題とバングラデシュの難民問題におけるミャンマーの問題解決能力が問われているのである。

（アウン　チョー）
（Aung Kyaw）

注
1　アジアハイウェイがミャンマー国内を通過する区間は次のとおり。1 号線：ミャワディ・タムー間（1,650 キロメートル），2 号線：タチレク・チャイントン・タウンジー・メイッティーラ間（807 キロメートル），3 号線：チャイントン・マイラー間（93 キロメートル），14 号線：マンダレー・ムセ間（453 キロメートル）。

2 インド・ミャンマーの 2015~16 年の 2 カ国間貿易額は 20 億 5,000 万ドル，一方ミャンマー対中国の貿易額は 96 億ドル，対タイ貿易額は 57 億ドル（Kundu, 2016）。

3 2013~14 年，インドの貿易相手国の上位 25 位以内にランクされた ASEAN 加盟国は，3 カ国にすぎず，インドネシア（8 位），シンガポール（10 位），マレーシア（21 位）だったが，2016~17 年は 5 カ国，インドネシア（8 位），シンガポール（10 位），マレーシア（11 位），ベトナム（19 位），タイ（24 位）に増えた（Gottschlich, 2017）。

4 「真珠の首飾り」は，地政学的なネットワーク概念でありインド洋地域における中国の意図を示すものである。それは具体的には中国本土からポートスーダンまでの海上連絡線に沿った，軍事，商業施設，外交関係のネットワークのことを指す。

5 1992 年以降，大ココ島とハインギー島には中国海軍が駐留しているとの噂が絶えない（Pak K. Lee, 2008）。

6 ハンバントタ港は新しい海洋港，国際空港用に選定されたスリランカの用地である。ハンバントタ港の開発には中国企業が関与しているため，それは中国の真珠の首飾り戦略の一環だと主張する識者もいる。一方，ハンバントタ港への中国海軍の寄港を許すのはスリランカの国益に反しているものの，同港は開放された性質のものなので有事の際の中国にとっての値打ちは疑わしいという識者もいる。

7 アジアワールドはミャンマー最大のコングロマリット企業の一つ。その所有者は羅星漢の息子のトゥン・ミント・ナイン（スティーブン・ロー）である。華人であるトゥン・ミント・ナインは中国政府と緊密な関係にある。アジアワールドは，ミッソン・ダム・プロジェクトにおいて中緬両政府の仲介を行い，プロジェクト請負企業の一つでもある。

**参考文献**

Banomyong, R., 2010. Logistics Challenges in Cambodia, Lao PDR, Myanmar and Vietnam. In: R. a. M. I. Banomyong, ed. A Study on Upgrading Infrastructure of CLMV Countries. Jakarta: ERIA, pp. 392-420.

Bhatia, R. K., 2011. Myanmar- Relationship: The Way Forward. India Foreign Affairs Journal, 6 (3), pp. 315-326.

Department of Population, 2015. Sagaing Region Census Report, Volume 3-E, s.l.: Ministry of Immigration and Population, Myanmar.

DICA, 2017. Investment in Myanmar, Naypyidaw: Ministry of National Planning and Economic Development.

Geng, L., 2007. Sino-Myanmar Relations: Analysis and Prospect. January , 7 (2).

Gottschlich, P., 2017. The India-Myanmar Relationship: New Direction after a Change of Government?. International Quarterly for Asean Studies (IQAS), 3 (4), pp. 171-202.

Hilton, I., 2013. China in Myanmar: Implications for the future, s.l.: Norwegian Peacebuilding Resource Centre.

Kudo, M. Z. a. T., 2011. A Study on Economic Corridors and Industrial Zones, Port, Metropolitans and Alternative Routes in Myanmar. In: M. Ishida, ed. In Intra- and Inner-City Connectivity in Mekong Region. Bangkok: Bangkok Research Center, IDE-JETRO, pp. 240-287.

Kundu, S., 2016. The Current Conundrums in India-Myanmar Bilateral Trade, Noida: Extraordinary and Plenipotentiary Diplomatist.

Kyaw Min Htun et.al., 2011. ASEAN-India Connectivity: A Myanmar Perspective. In: F. a. S. U. Kimura, ed. ASEAN-India Connectivity: The Comprehensive Asia Development Plan, Phase II. Jakarta: ERIA Reseach Project Report, pp. 151-203.

Pak K. Lee, G. C. &. L.-H. C., 2008. China's "Realpolitik" Engagement with Myanmar. China Security, 5 (1), pp. 101-123.

Pattnaik, J. K., 2016. Should the Stillwell Road Reopened, s.l.: Economic & Political Weekly.

Sharma, P., n.a.. India and Myanma: The Future of Growing Relationship, s.l.: s.n.

Shee, P. K., 2002. The Political Economy of China-Myanmar Relations: Straegic and Economic Dimensions. Ritsumeikan Annual Review of International Studies, Volume 1, pp. 33-53.

Sinha, T., 2009. China-Myanmar Energy Engagements, Challenges and Opportunites for India. IPCS issue brief, December.

Swanstrom, N., 2012. Sino-Myanmar Relation. Singapore: Institute for Securit & Development Policy.

UNICEF, 2017. Sagaing Region Profile, Naypyitaw: United Nations Childern Fund.

第 5 章

# ミャンマーの陸路インフラおよび
# 隣国 3 カ国との連結性の現状

## 要約

　本章は 2018 年 8 月および 2019 年 3 月の現地実走と聞き取りをベースに，ミャンマーにおける輸送インフラや工業団地の整備状況および隣国 3 ヵ国（タイ，インド，中国）との連結性の現状について報告・考察する。

　メコン地域において輸送インフラ整備が遅れているミャンマーだが，タイとの陸路連結性は進展しており，メーソート・ミャワディ国境は様々なビジネスが発現し活発な国境経済を形成している。マンダレーから中国国境に向かう北東方向も道路整備が進展し，中緬国境貿易の大動脈を形成しており，このルートでの中国資本の浸透が著しい。一方，マンダレーからインド国境へ向かう北西方向は道路状況が劣悪で，現状では連結性が最も遅れている。

　ミャンマーに進出している日系企業は今のところヤンゴンおよびその近郊に集中している。大半の日系進出企業はその物流をヤンゴン港かティラワ港に頼っているが，「タイ・プラスワン」型の企業のなかには東西経済回廊の陸路を利用しているところもある。ただし片荷問題，電子通関システムへの不慣れ，越境車両通行の困難など課題は多い。

　全般的にミャンマーとその周辺諸国の連結性改善にはまだ時間が必要だが，地政学的重要性と経済成長の余力に富むミャンマーは「アジアのフロンティア」として引き続き注視に値する。

## 1. はじめに

　過去10年ほどでGMS域内の幹線道路整備が進み，ミャンマーをカバーする経済回廊ルートが増えた。ベトナムのダナンに発し，ラオス，タイを経由する東西経済回廊の終点がモーラミャインであったところ，2018年のGMSサミットでの「見直し」により，ミャワディからパアンを経由してヤンゴンまで（そして最終的にはエヤワディ管区のパテインまで）延伸している。ヤンゴン以北については，ヤンゴンからマンダレーを経てインド国境のタムー方面および中国国境のムセ方面が「南北経済回廊」のサブ回廊に再編成されている（ADB 2018）。

図 5-1　陸路実走ルート

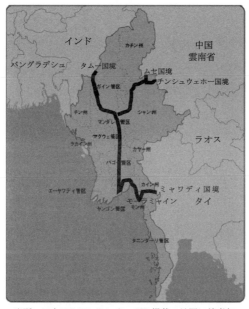

出所：日本アセアンセンター HP 掲載の地図に筆者加
　　　筆。https://www.asean.or.jp/ja/invest/
　　　country_info/myanmar/industrialestate-tmp/

　本章では 2018 年 8 月に藤村・春日が実走したミャワディ〜パアン〜モーラミャイ〜ヤンゴン〜マンダレー〜モンユワ〜カレーミョ〜タムーのルートおよび 2019 年 3 月に藤村が実走したマンダレー〜ピンウールィン〜ティーボー〜ラーショー〜ムセのルートについて（図 5-1），陸路インフラ整備の現状と沿線の工業団地の現状，日系企業や中国資本の動きなどについて報告・考察する。

　本章に関連し，カンボジア，ラオス，ベトナムを中心とするメコン地域の経済回廊整備については藤村（2017；2018）および春日（2018）を，ASEAN 全体の連結性と企業動向については春日（2016；2017）を参照されたい。

## 2.　東西経済回廊のミャンマー区間[1]

### 2.1　メーソート＝ミャワディ国境地帯

　タイ北西部のターク県メーソートは東西経済回廊沿いの国道 12 号線の西端に位置し，ミャンマー側のカイン（カレン）州ミャワディと国境で接している。

　メーソート市庁舎でのヒアリングによれば，同市のタイ人の人口約 12 万人に対し，ミャンマー人の定住者は合法的に登録している 5〜7 万人に非合法滞在者を加えて 30 万人ほど存在するという。ターク県にある 9 地区（district）のうち，メーソートを含む合計 14 サブ地区がタイ政府によってターク経済特区（SEZ）に指定されている。ミャンマーからの出稼ぎ労働者はパスポートがなくてもこの経済特区で時限付きで働くことができる。

　メーソート近郊でヒアリングしたタイの地場縫製企業（本社バンコク）では，20ha の敷地に約 1,200 人のミャンマー人従業員を雇い，シャツやズボンを縫製し，セントラル，ロビンソンなどの国内小売大手へ OEM 供給するほか，売上高の 15％は日本などへ輸出している。国境を越えてミャンマーでの操業は，国境手続きの煩雑性やインフラ不足などのリスクがあるので考えていないという。ターク市にはミャンマー人労働者を雇う縫製工場が 600 カ所ほどある

という。

　メーソート市街から西へ約 7km に国境川であるモエイ川が複雑に蛇行して流れており，その上に架かる既存の第 1 友好橋がタイ・ミャンマー間の陸路貿易の最大拠点となっている。この橋が老朽化し，増える交通量をさばくのが困難となったため，約 5km 北の地点に，タイ政府が貨物車専用の第 2 友好橋が建設された。国道 12 号線の国境手前約 10km からメーソート市街を迂回するアクセス道路（130 号線），橋に続き，メーソート側の国境ゲート施設が完成し，新しい貨物専用ルートが 2019 年 3 月，正式に開通した。

　第 1 友好橋と第 2 友好橋の間のモエイ川沿いには，物資や人を簡易フェリーやボートで渡す桟橋が 20 以上あり，そうした桟橋の対岸のミャワディ側にはカジノ施設が約 10 軒あるという。桟橋の周囲には日本製の中古自動車，中古自転車，ベビーカー，キッチン用品，さらにはテニスラケットなど，多様な日本発の「循環資源」が並び，対岸から渡ってくるミャンマー商人との展示商談場となっている。カジノも含めてこうしたグレーなビジネスは，2011 年にミャンマー側のカレン族関連の内紛が終息した頃から治安の向上によって盛んになってきたようだ。

　第 1 友好橋からミャワディに入ると，国道 85 号線を西方向へ約 9km の地点に国境貿易区（Border Trade Zone）があり，その手前に倉庫群がある。タイ車両が運んでくる貨物はこの倉庫群でミャンマー車両に積み替えられ，その先の右手にある輸入検査場に入って検査を受ける。

　一方，道路を挟んで向かい側にある輸出検査場には輸出検査のための車両はほとんど見られず，代わりに無数の日本の中古車が無秩序に放置されていた。輸出検査場所に入ってくる車両が少ないためなのか，ここは非公式にモエイ川を越えて持ち込まれた中古車のストックヤードと化していた。ミャンマーでは 2011 年に中古車輸入が自由化されて以来，タイから日本製中古車が大量に流入していたところ，15 年ごろから市場が飽和に達し，さらにミャンマー政府がヤンゴンの渋滞緩和策として，17 年から右ハンドル車の輸入が制限され始め，18 年には重機を除いて事実上輸入禁止となった。そのあおりでこうした状況になったと推測する。こうした中古車はヤンゴンには持ち込めないが，ミャワディやパアンの外に出なければ，「治外法権」状態で，格好だけ何らか

の偽物プレートをつければ地元当局のお咎めなしでそのまま走れるようだ。

## 2.2　ミャワディ〜パアン〜モーラミャイン

　ミャワディから西へ伸びる85号線は，2015年8月にコーカレイまでの峠越えルートに新道バイパスが完成したおかげで，最初の50km足らずは約40分で抜ける。タイ政府の援助によるミャンマーでは比較的高規格の道路である。ただし，数年経てば，重量トラックの通行や雨風による浸食で，補修が必要になる可能性もある。

　コーカレイから先は道路の痛みが激しく，スピードが一気に落ちる。3年前に走ったときと比べて道路状況はさらに悪化している。この区間は道路を修復・拡幅中だが，進捗はまだ初期段階で交通需要増加のペースに追い付けていない印象だった。

　ミャワディから約90km地点でジャイン（Gyaing）川を渡すジャイン・コーカレイ橋は1999年に中国の支援でミャンマー政府が建設したものだが，老朽化が激しく，重量車両が通れば崩落のリスクもあるため，この橋と平行して，「浮き橋」が設置されており，トラックやバスはそちらを通らなければならない。一度に1台ずつしか通せないこの浮き橋が1,400km超におよぶ東西回廊全体のなかで現在は最大のボトルネックと思われる。

　パアンに向けて続く85号線の路面が余りにも悪いため，筆者の車両はいったん迂回路を走らざるを得なかった。この迂回道路は舗装状況が良好でカーブも少なく，乗用車には走りやすい一方，路面が木製の狭い簡易橋（橋脚は鉄鋼だと思う）がいくつもある。これらの橋は重量制限が5トンで，重量車両は通れないため，物流ルートとしては使えない。85号線の補修・拡幅が待たれる。

　パアンからモーラミャインまでは南南東方向への最短ルートで57kmだが，実走時はタルウィン川の氾濫のため，このルートを通れず，5kmほど遠回りする迂回ルートを走った。コーカレイ方向へいったん戻り，エインドゥで南南西方向へ折れるというルートだ。エインドゥ〜モーラミャイン間は地形が平坦で，目立った町がない。前半の道路舗装は良好で交通量は少ないが，路肩が舗装されていないため，追い越しは危険だ。後半，カイン州とモン州との州境を

超え，コーカレイ方面からの道路が合流した地点から舗装の痛みが目立つ。85号線ほどではないが，穴が多かった。このルートの後半は 2 つの橋を渡る。Gyaing 川を渡すジャイン・ザタピン橋（吊り橋）と Chaying Hnakwa 川を渡すアトラン橋（斜張橋）である。どちらも 1990 年代後半に中国の技術指導で建設し，2013 年にミャンマー政府が補修したが，老朽化が進んでおり，制限速度は 16km/h となっている。

　この区間の陸路インフラ整備は ADB と国際協力機構（JICA）が協調して支援しており，ADB がコーカレイ〜エインドゥ間の 85 号線道路改良を支援し，JICA は上述のジャイン・コーカレイ，ジャイン・ザタピン，アトランの3 つの新橋建設を支援する。


## 3. ヤンゴンとその郊外

　ヤンゴン市内は主要幹線道路の高架化でヤンゴン空港〜市街の渋滞は多少緩和されたが，ここ数年の車両数の急増でラッシュ時の渋滞は悪化したもようだ。

　日本が官民をあげて開発支援したティラワ経済特区（SEZ）（ヤンゴン市街から南東 25km）へ渡す新バゴー橋が日本の援助により 19 年初めに着工予定で，これまで未開発だったヤンゴン川対岸のダラ地区へは韓国の援助により長さ約 1.8km の吊り橋が建設される予定である。さらにこれら郊外と市街の交通をスムーズにつなげるために，ヤンゴン内環道路（ティラワ方面につなげる）と外環道路（バゴーからの道路と連結，事業化調査段階）が計画されている。

　鉄道については日本の援助でヤンゴン環状線（46km）の改修工事が 2018 年3 月に開始し，2023 年完成見込み，ヤンゴン〜マンダレー幹線鉄道（約620km）も改修工事が開始し，2020 年までにはネピドー近くまで軌道・車両を整備する予定である。都市鉄道については南北，東西 1 本ずつの高架鉄道もしくは地下鉄を計画しているが，当面の都市交通はバスシステムの整備が優先となっている（JICA ミャンマー事務所ヒアリング，2018 年 8 月）。

　ミャンマー日本商工会議所の会員数は2011年の53社から2018年末時点で約400社と8倍近くに増加した。日系企業は現在のところヤンゴンおよびその近郊に集中しており，ヤンゴン圏外への進出は限定的である。ここではヤンゴン市内とティラワ経済特区（SEZ）でヒアリングした結果を整理して紹介する。

## 3.1　ティラワ SEZ

　ヤンゴン市街から南東に約25kmに位置するティラワSEZは日越両国の官民が共同出資し，ヤンゴン証券取引所に上場されているMyanmar Japan Thilawa Development（MJTD）社（2014年1月設立）が管理・運営している。同社の企画・運営，営業，財務といったキーポストは住友，丸紅，三菱の3商社からの出向者が担っている。

　同SEZに指定された総面積約2,400haのうち，開発済みゾーンAの405haは基礎施工，浄水・配水，配電，通信設備など，すべて日本企業が担当して整備された。現在178haのゾーンBを順次開発中である。

　上述の通り，ヤンゴン市街からバゴー川を渡す新バゴー橋が着工予定であるとともに，同SEZまでのアクセス道路が片側2車線への拡幅および電線を地下に埋め込む工事が19年5月に完工見込みである。加えて，日本の援助により，ティラワ港拡張サブプロジェクトとしてコンテナターミナルが完成し，港湾運営大手の上組による2バースの運営が始まった（2018年11月時点）。

　MJTDは2019年1月現在で101社と予約契約締結済みで日系企業は55社（レンタル工場3社含む）が操業している（表5-1）。

　MJTD社でのヒアリングによると，各社の動きなどは以下の通りである。

・　スズキは2012年に20万m²の土地を確保し，2018年1月に乗用車3車種（軽トラックのCarry，ミニSUVのEltiga，セダンのCiaz）のセミノックダウン（SKD）生産を開始した。2018年10月には世界戦略車「スウィフト」の生産を開始した（日本経済新聞2018年11月21日報道）。

・　フォスター電機はR&Dを日本に残し，大規模な生産拠点を中国とベトナムに展開している。ミャンマーでは1,400人規模で車載用スピーカーを生

表5-1　ティラワ SEZ の主な入居日系企業（2018 年 9 月 1 日現在）

| 輸出型 | 縫製業 | ワコール（婦人下着），ショーワグローブ（業務用手袋），あつみファッション（婦人下着），キュート（ぬいぐるみ） |
|---|---|---|
| | 自動車関連 | 江洋ラヂエーター，ゴムノイナキ（樹脂製品） |
| | 電機・機械 | フォスター電機（音響機器），西村無線電機（トランス） |
| | その他 | 松永製作所（車いす），ベルボン Velbon（カメラ三脚），オカムラトレーディング（青果，水産加工）ほか |
| 内需型 | 建設資材 | ジャパンパイル（建設用杭），アール・ケイ（コイルセンター），JFE スチール（建機用鋼板） |
| | 食品・飲料・容器等 | エースコック（即席麺），味の素（調味料），ヤクルト（健康飲料），東洋製罐（飲料用缶） |
| | 農業関連 | クボタ（農業機械），ヤンマー（農業機械），丸紅ファーティライザー，双日（肥料），三井物産（肥料） |
| | その他 | スズキ（自動車），王子 HD（紙製品），フジフィルム（医療機器関連），太陽日酸（産業用ガス）ほか |
| 物流企業 | | 住友商事／上組 JV（Global Logistics Co., Ltd.），鴻池運輸，日本通運，郵船ロジスティクス，フジトランス，大善，両備ホールディングス（Ryobi Distribution Center） |
| 金融（事務所棟） | | 三井住友銀行，みずほ銀行，東京海上日動火災保険，三井住友海上火災保険，損保ジャパン日本興亜 |

出所：MJTD 社提供資料より筆者作成。

産しており，将来 4,000 人規模に拡張する計画だという。

・　オカムラトレーディングはベトナムでサーモンの切り身を 4,000 人規模で生産しいているが，グローバル需要に応え，ミャンマーに拡張投資している。ミャンマーからは 8 割が日本向けだが，シンガポール販社からアジア・欧米にも輸出している。

・　エースコックはベトナムに 3 カ所生産拠点を持っており，そこからミャンマーへ輸出していたが，営業活動の規制が緩和されたため，即席麺を現地生産に切り替え 2017 年に稼働した。

・　味の素はタイ拠点から 2012 年にミャンマーへ調味料を輸出していたところ，現地生産に切り替え 2017 年に稼働した。調味料のほかに粉末コーヒー「Birdy」を生産している。

・　ティラワ SEZ 入居企業の大半は，操業にかかわる物流をティラワ港発着の海運に頼っているが，東西回廊の陸路を利用している例もある。ワコー

ルは婦人下着の部材をタイからキットで陸路輸入し，製品は全量 U ターンでタイへ輸出しているという。ドア-to-ドアで片道 5 日間かかるというが，海運と比べて時間は相当短縮されるだろう。クボタも緊急時は東西回廊の陸路で部品調達をする。2021 年ごろまでにヤンゴン圏に外環高速道路が完成し，ヤンゴン地区，ティラワ地区がともに東西経済回廊にリンクすれば，陸路利用のオプションが広がるかもしれない。

## 3.2 日系縫製企業

　ヤンゴン国際空港の北東に位置するミンガラドン工業団地に入居する日系縫製企業にヒアリングした概要は以下の通りである。

- ・ 「働く女性」を意識したブランドで女性向け衣料を日本国内の駅ビルやショッピングセンターに 850 店舗展開している。ミャンマーで生産された商品は全量，東京・大阪・博多へ送られ，そこから各店舗に配送される。
- ・ 海外生産は中国をメインに，インドネシア，ベトナム，カンボジア，バングラデシュなどの地場企業へ委託していたが，中国での人件費高騰により，2011 年から海外進出の検討を開始し，2012 年 3 月，ミャンマーに初めて海外直営工場を設置した。その第 1 工場は今ではミャンマー人の工場長が管理しており，第 2 工場は 2015 年 3 月に稼働を開始した。
- ・ ミャンマーではこれら直営 2 工場のほかに，中国や韓国資本の縫製工場 8 社に生産を委託している。ミャンマーで生産しているすべての製品を第 2 工場敷地内にある物流倉庫に集約し，日本の 850 店舗向けに仕分け・パッケージングしてから出荷するシステムを構築した。
- ・ 出荷頻度は月に平均 40ft コンテナ 30 本程度。ピーク時には 60 本ほどになることもある。ファッション衣料は製品サイクルが短いため，本社から注文が届いてから最短で 1 カ月，平均 2～3 カ月で出荷する。
- ・ 生地，ボタン，ファスナーなどの原材料は上海から海運でヤンゴン港まで運ぶ。急ぎの場合はムセから陸路で調達するが，その割合は 1 割程度。
- ・ 経営上の最大の課題は労務管理である。スキルのある工員の確保の苦心，2 工場で 3,800 人の工員を現場で直接管理する中間管理層の人材不足，ミ

シンや電気関係を修理するメカニックやテクニシャンの不足など。離職率が高く，3,800人の従業員のうち毎月200人から300人が辞めてしまう。経験者の退職が多く，その補充として新人を採用し，トレーニングするという繰り返しになる。

・　当社より名目上高い給料を提示されて他社に移ったものの，労働条件がきつく，実際の実質給料額は変わらないとうことで当社に戻ってくる工員も多い。出戻ってくる工員に対しては，6段階のスキルレベルのうち一番下のレベルで再雇用し，やる気と実力を確認してから適切なレベルへ配置することにした。

・　最低賃金が1日3,600チャットから4,800チャットに上がったが，労働集約型の縫製工場では大きな負担となっている。地元企業の中にはこの新しい最低賃金を支払っていない企業もあると聞く。

・　日系企業は国際標準のルールに基づくコンプライアンスを意識し，かつ従業員は企業の資産だという視点で，彼らのキャリア形成を踏まえた上で労務管理を行っており，そこから逸脱することはなかなかできない。しかし，他の外資系企業の中には，たとえば繁忙期には，残業時間を明記しない形で過大な広告を出してワーカーを引き抜き，非繁忙期にはレイオフするといった荒っぽいやり方を平気で行う企業もある。

・　ミャンマー縫製業協会の2018年6月の数字によれば，同協会登録の縫製企業は570社あり，うち地場が199，中国系が154，韓国系55，日系19，その他54，休止54などとなっている。総雇用人数は39万1,000人で，うち中国系の雇用が15万人超で最大，日系は1万5,750人となっている。しかし，同協会未登録の日系企業が多いので，日系企業の雇用貢献度はこの数字より大きいと思われる。


## 3.3　日系物流企業

　ヤンゴン立地の日系物流企業でヒアリングした概要は以下の通りである。
**物流A社（ヤンゴン市内）**
・　2011年に日本の顧客企業と現地企業のマッチングを行うコンサル業務で

進出し，2014年にヤンゴン向けの海運に加えてバンコク－ヤンゴン間の陸送サービスを開始した。バンコク～ヤンゴン向け陸送サービスは週1回の混載で，需要量に応じて柔軟に使用車両を手配する。タイの当社倉庫を出発する貨物は最短3～4日でヤンゴンに着く。

・ バンコク～ヤンゴン間の陸送の課題は，片荷問題が解消しないこと。タイ製の様々な消費財や資本財がヤンゴン方面へ運ばれる需要に対して，ミャンマーの商品がバンコク方面へ運ばれる需要が限られている。当面，ガーメントの最終製品に加えて，すぐに出せるのは農産品ぐらい。

・ ティラワSEZはティラワ港を利用する輸出加工基地としてのメリットはあるが，国内産業との連関はまだ期待できない。1車両あたりの貨物量が小さい場合，コスト優先であれば海上輸送を，納期優先であれば陸送を選択することになる。

・ 「チャイナ・プラスワン」型の企業はティラワSEZに立地し物流にはティラワ港を利用，「タイ・プラスワン」型の企業はバンコクとの間で陸送を選ぶというパターン分類が可能。後者については，ガーメント関連だけでなく，家具，電機や自動車関連の消耗部品など，貨物の中身は様々。

・ 当社の顧客はヤンゴン周辺で，ヤンゴン郊外にはミンガラドンのほか，北オッカラパ，ラインタヤー，シュウェピターなど，ダウンタウンから1時間半圏内に労働集約企業が入居する工業団地が多い。これらの企業が物流で利用するのは基本的にヤンゴン港であり，ヤンゴン港が混んでいるときはティラワ港を避難的に使う。

・ ヤンゴン港の問題は河川港で水深が浅いこと。大型船が入れないので，シンガポールで積み替えが必要。このため，ヤンゴン港より水深の深いティラワ新港を日本の援助で開発整備中である（上述参照）。

・ 日本の無償資金協力で2013～2018年の5年間にわたり電子通関システムMACCSの導入が支援された。2016年11月にヤンゴン空港，ヤンゴン港，ティラワ港の3カ所でMACCSが導入された。ハードウェア導入だけでなく，法規整備・政府通達の発令，さらに現地人材育成も支援パッケージに含まれた。通関業務を世界標準に近づけることを前提とした援助だが，現場レベルでの運用には様々な困難が伴う。コンピュータの扱いに慣れて

いない職員と通関業者に電子システムの使い方を指導・徹底するのには資金も時間もかかる。

・　通関を電子化する目的としては，表向きは通関手続き時間の短縮や人的エラーを減らすこともあるが，裏では税関職員による不透明な慣行を減らすことの両方があった。

・　ミャンマー日本商工会議所運輸部会などで見聞するところでは，ここ数年で通関時間が短くなったという声と，以前と変わらないという声を両方聞く。

・　ミャワディ国境ではMACCSを2018年6月から導入し，ヤンゴン税関での運用経験者を派遣している。導入後の進捗を月1回のペースでモニター出張している。

## 物流B社（ティラワSEZ内）

・　2012年の進出当初は地場企業と合弁でヤンゴンに営業所を構えていたが，その後，ティラワSEZに移った。進出当時，輸送需要はガーメント企業約10社ほどの輸出がメインだった。

・　ティラワSEZ内の最近の動きとして，射出成型機など機械類の輸送需要が出てきた。まだ輸送需要は大きくないが，売り上げは増えた。今後のティラワSEZの発展に期待するところ。

・　業種にかかわらず，顧客企業の部材調達はほぼ中国・タイなどからの輸入。ヤンゴン管区ではクロスボーダー陸路輸送は急ぎの場合の月あたり10数件程度で，それ以外は基本的に需要がない。片荷問題が大きい。ミャンマーから出す貨物としてはスイカ・野菜ぐらいか。海路は混載，積み替えなどによって片荷問題は解消できる。

・　陸路物流にはソフト面で様々な障害がある。バンコクからヤンゴンまで陸路ではトータルで3〜5日かかる。日本企業が陸路輸送を利用する場合，国境税関職員が電子通関システムMACCSに慣れていないという問題がある。例えば，ミャワディから部材を入れる場合，ヤンゴンで輸入税支払いを申請できず，ミャワディでやらなければならない。MACCS導入の初期，輸出入が1週間ストップした。

## 4. マンダレーとその郊外

　マンダレーには中華系人口が多く，同市の人口の2割に相当する約20万人に上るとも言われる。こうした中華系住民の大半は雲南省やシャン州に居住する中華系少数民族の家系だ。なかには，ミャンマー国籍を持ちながら中国名を併せ持ち，中国語を流ちょうに話す者もいる。中華系住民は宝石の鉱山採掘などに携わっているとされ，特にカチン州パカンで大規模に採掘されるヒスイはマンダレーに集積される。パカンには1,000を超す採掘用重機が投入されており，マンダレーで重機のメンテナンス拠点を構えるコマツの担当者は「顧客のほとんどが中華系ミャンマー人となっている」と話す。マンダレー商工会議所のデータによると，同市への直近の外国投資のうち44％を中国が占める。一方，日系企業のマンダレー進出は，コマツ以外には，マンダレーブルワリーを買収したキリン，いすゞとトヨタの販売代理店，ITオフショア系企業の進出がある程度で，駐在する日本人も30人程度である（下田，2019）。

　マンダレー市街中心部から南へ6～7kmの地点に市内最大のショッピングモール「ミンガラー・マンダレー」が2015年にオープンし，その北隣には高級ホテルPullmanが完成している。このあたりは高所得層向けのコンドミニアムなど新興住宅地の開発が進んでいる。

　**ミンゲー・ドライポート**：マンダレーから国道1号線を南下し，ザガイン方面の西方向へ分岐する地点に，2019年1月に稼働したミンゲー（Myit Ngee）ドライポートがある。分岐点近くには地場物流会社RG Logisticsが管理する14エーカー（約5.7ha）の敷地があり，その向かいには19エーカー（約7.7ha）の敷地に政府管理のCustoms Control Areaを建設中である。RG Logisticsの敷地のすぐ裏（東側）に整備された新しい道路を北上すると，その先にKerry Logistics（香港系物流企業で，ベトナム北部やダナンにも進出している）の大規模な倉庫と敷地がある。こちらの敷地には，マンダレー市街方向からの線路が進入しており，マンダレーに着く鉄道貨物の増加をにらんだデザインになっ

ている（以上，2019年3月時点）。ヤンゴン方向と中国国境方向からの貨物輸送業者がこのドライポートを利用するものと推察する。

　**ミョータ工業団地**：マンダレーの南西方向58km地点に，約45km$^2$の広大な敷地（ティラワSEZの1.7倍）に開発中のミョータ工業団地（Myotha Industrial Park）がある。その事務棟でのヒアリングとプレゼン資料から得た主な情報は以下の通り。

- 同団地の所有者はマンダレー管区政府（Mandalay Region Government, MRG），元請け開発業者はMandalay Myota Industrial Development Public Co., Ltd.（MMID）。MMIDには地場大手財閥のRoyal High-Tech Group（RHTG）が出資しており，事実上のオーナーはこのRHTG。
- MRGとMMIDの合同でミョータ工業団地都市Myotha Industrial Park Cityおよびその敷地につながる西へ約18kmのセミコン港Semeikhon Port（SMP）に投資・開発することに合意し，2012年12月に投資委員会（MIC）の認可を受けた。
- 物流，ビジネス，住宅，レクリエーション（ゴルフ場など）など7つのゾーンに分けて開発する。
- 誘致企業のターゲット分野は① 基礎産業，② 伝統的労働集約産業，③ ハイテク・資本集約産業，④ 消費者サービス産業，⑤ 生産者サービス産業の5分野。入居インセンティブとして① 7年までの法人税免除，② 生産機械の輸入関税免除がある。
- 開発完了後には最終的に人口25万人を収容し，20～34万人の雇用を生み出すと想定。現状の初期段階では1,000人以上の雇用を創出した。
- 敷地に住んでいた住民には移住区域を用意し，そこに移動してもらった。団地内の工場操業は彼らにとっての新しい雇用創出にも貢献するだろう。
- 現在は整地済みのフェーズI～II区画における入居企業の名称，国籍，事業内容は以下の通り：
  ① Asia Speed Construction Co., Ltd Shop House，地場資本か（？），工業団地に入ってすぐの商店ビル
  ② Lotus Veneer，中国，合板生産
  ③ RCCG Standard Factory，中国，製靴（Longyear Shoesブランド）

④ Yunnan Dingwang Food Co., Ltd., 中国，ビスケット生産
⑤ Mandalay Furui Co., Ltd., 中国，ビスケットとケーキ菓子生産
⑥ セメント工場，タイ企業とミャンマー企業の合弁
⑦ JAPFA Feed Mill，インドネシア，家畜飼料生産
⑧ JAPFA Breeder & Broiler Farm，インドネシア，養鶏
⑨ De Haus Feed Mill，オランダ，家畜飼料生産
⑩ Gold Aya, 中国，自動車組み立て
⑪ AIDA Amazing Company，日本企業とミャンマー企業の合弁，金属材料リサイクル
⑫ Mandalay Baoshian Myota Industrial Development，雲南省・保山市の企業と現地企業の合弁，フェーズⅡ以降の工業団地開発会社。

・ 工業団地と直結する，同団地から西へ約18kmのセミコン港（Semeikhon Port）はその開発資金の3割を世界銀行グループの国際金融公社（IFC）が出資した。
・ 同港の敷地面積は380エーカー（約154ha）で，最大1,500mまで着岸施設を開発可能。同港と最短距離で結ぶ高速道路建設が計画されている。
・ 浮き桟橋（Pontoon）の建設はJICAが資金援助し，2016年7月に稼働した。雨期・乾期の水位変化に応じて，同桟橋が前後に移動する。

**セミコン港**：港の北側に港運営事務所兼宿泊施設があり，そこでのヒアリング結果は以下の通り。
・ この港は18世紀の昔から歴代の王朝時代からネ・ウィンの軍事政権時代に至るまで，開発が検討されてきた。テイン・セイン政権下で本格的に開発が始動し，スー・チー政権に引き継がれた。日本のグループが技術的な航行可能性の調査を行った経緯がある。
・ 港湾建設は多国籍のステークホルダーが参加した。IFCが港湾運営会社に30％出資し，残りの70％はミャンマーの公的機関（マンダレー市開発委員会 MCDC などか）および民間企業が全国規模で出資した。
・ 港の需要としては，工業団地入居企業の物流のほか，ミンジェン町の鉄鋼工場からの製品搬出，シャン州で採れる石炭の搬出，上ビルマ立地の木材・床材工場からの製品搬出，セメントのヤンゴン方向への運搬需要搬出

への対応，およびヤンゴン方向から入ってくるガソリンなど燃料の搬入・貯蔵などがある。
・　この港に寄港する貨物船の航行ルートは，ヤンゴン港〜セミコン港〜マンダレー港で，平均6日間かかる。


# 5.　マンダレーからインド国境へ[2]


## 5.1　マンダレー〜モンユワ〜カレーミョ（カレー）

マンダレーからモンユワ市街地まで，比較的スムーズに走行し，目立ったボトルネックは見当たらなかった。ただし，道中頻繁に BOT による料金所を通過し通行料を取られるわりには，舗装状況は万全とは言えない。

次に，モンユワ市街から出発し，チンドウィン（Chindwin）川に架かる大橋を西方向へ渡り，カレーミョ方向への分岐点を右折して北上する。中央線と路肩のないやや狭い道路だが，交通量はあまりない。分岐点から5分も走ると路面の痛みが散見され始める。道路幅が狭いので，低速車両が前方を遮ると視界は狭まり，右ハンドル車の追い越しは厳しい。しかし，じきに交通量が極端に減り，バイクが中心になる。左右は完全な田園風景に変わり，農家がときどき見えるほかは，商業施設はほとんど見かけない。牧場を中心とした粗放的な土地利用のようだ。沿道には人間よりも牛や馬の姿のほうが多い。

道路はチンドウィン川を右手に平行しながら，尾根になっている地形を北西方向に伸びている。モンユワを出発して約90分後，尾根道から山道に変わり，カーブの坂道を上り始める。路面の痛みが激しい箇所が増える。その約1時間後，舗装が穴だらけ，もしくは剥がれた悪路に突入する。大型車両とはほとんどすれ違わない。揺れに弱い貨物の物流ルートにはまず使えない。

モンユワから90km強の地点で視界が開け，盆地地形に入る。そこで車は本線からそれて突然右折し，バイクがやっと通れる1mほどの幅のコンクリート舗装のトラックが2本並行している，見たことのない「ダブルトラック道路」（と命名しておく）に入った。舗装コスト節約のための簡易道路なのだろう。

二輪車は問題ないが，四輪車はコンクリートを踏み外して車輪が溝に落ちたら座礁するかもしれない。筆者の運転手は慣れているようで，曲芸のようなハンドルさばきで，カーブの多いこの「ダブルトラック道路」を平均 30km/h ほどで走った。チンドウィン川の西側に流れるいくつかの支流と交差しながら，東西の小さな山脈に挟まれた渓谷を走るルートだった。

　モンユワ出発から 4 時間弱経過したところで「ダブルトラック道路」を抜け，ミンギン（Mingin）村を通過する。それからしばらくは未舗装のラテライト道路だが，カーブが少ないので比較的スピードが出た。ところが約 20 分後，険しい山道となり，凹凸が激しい路面に変わる。道路そのものを切り開いて工事中の区間もあり，両側が切れ込んだ崖となる赤土のぬかるみを通るときは緊張した。

　その約 1 時間後，ようやく急峻な上り下りを終え，南北に伸びる渓谷沿いの本線に合流し北上する。しかし，この本線も穴が多く，舗装が完全に剥がれて赤土のぬかるんだ箇所に頻繁に直面した。

　さらに約 1 時間後，チンドウィン川の支流のミッター（Myitthar）川に架かるかなり大きい橋を北方向へ渡り，渡ったところで，シュウェボー方面から北西へ伸びる幹線道路に合流する。この分岐点を東へ行けばカレーワの街だが，ここを左折して 24 マイル（38km）のカレーミョへ向かう。左手にミッター川を見ながら西へ走る。支流とはいえかなり広く，石炭積み出しなどで中型級の船がたくさん活動していた。

　結局，モンユワからノンストップでカレーミョまで約 7 時間かかった。運転手は筆者が助手席で感じる限り非常に優れた技術で飛ばせるところは限りなく飛ばしたが，平均時速は今回の陸路実走のなかで最低だった。

## 5.2　カレーミョ～タムー国境

　カレーミョ市街からモンユワから入ってきた道路をしばらく反対方向へ 2～3km 走り，Neyinzaya 川（Myitthar 川の支流）を渡ってすぐ左折する。これがカレーミョ市街からタムー方向への近道となる。カレーワから西北西方向に 30km の地点で，タムー方向への幹線道路に合流する。タムー国境からカレー

ワまでの約150kmの区間は2001年2月にインド政府の資金でインド陸軍の国
境道路機構（BRO）による建設で完成したもので，「インド・ミャンマー友好
道路」と命名されている。

　この合流地点からタムーまでの道路は補修のため穴をふさいだ跡が多いが，
舗装状況は比較的良好だった。しかし，この区間の問題は，アラカン山脈を源
流として東へ流れ出る無数の小川が非常に頻繁に横切っていてそのたびに片側
通行の中小橋（重量制限13〜17t）を渡るためにスピードを5km/h程度に落
とす必要があることだ。大型トラックや路線バスともすれ違ったが，これらの
大型車はいくつかの小さい橋では重量制限オーバーの疑いが強い。全般に交通
量は少なく，この無数と思える簡易橋と，ときどき立ちふさがる牛の群れに邪
魔される以外は50〜60km/hで走行できる。

　実質約2時間半でタムーの中心地に到着したが，町の信号は国境方面とメイ
ンストリートの分岐点に1つだけしかなく，メインストリートはせいぜい
300mと小さい町だ。町のマーケットでは明らかにそれとわかるインド人商人
らしき姿は見かけず，生鮮品以外の商品は中国製とタイ製の日用品，ミャン
マー製の衣料品などが混じっている。

　タムー中心地から幹線道路をさらに3kmほど北へ走るとその先に車両専用
ゲートが見える。インド側（マニプール州）の治安が悪いとされているせい
か，運転手がゲートに近づきたがらず，150mほど手前から観察するのにとど
めた。短い国境橋の向こうに「Welcome to India, Obey traffic rules」と書い
たサインが見える。中立地帯はほとんどないようだ。越境貨物トラックの往来
は見られなかった。ミャンマー中央統計局の数字で見る限り，タムー国境での
対インド貿易額は，ムセ国境での対中国貿易額の約100分の1程度，ミャワ
ディ国境での対タイ貿易の20〜30分の1と小さい。この国境でのミャンマー
の主要輸出品はビンロウ，米，豆類，野菜，果物などで，インドの輸出品は
米，豆類，花，人毛，アルミ製品，革製品，腕時計，縫製品などである（ジェ
トロ「海外ビジネス情報」2018年1月15日付）。

　貨物専用の国境ゲートから約500m手前を北東方向へ右折して約2km走っ
た突き当りを左折すると，その先に歩行者専用の小規模な国境ゲートがある。
国境16km圏内の住民はビザなしで3日間の滞在が許される（ジェトロ情報）。

ゲートの向こうを覗くと，ほんの20m先にインド側のゲートが見える。こちらも中立地帯はほとんどないようだ。ゲート手前の150〜200mの左右がNanphalonという名前の国境マーケットになっている。マーケットはそれほど大きくないが，筆者がメコン地域で経験したラオスやカンボジアの山岳国境などと比べれば，人の往来ははるかに多い。

　売られている商品は，衣料品以外は，電気・電子製品（見た目は低中級品），玩具など，圧倒的に中国からの輸入品が多い。中国産リンゴも大量に売られている。インド人が中国の商品をミャンマー国境に買い物に来ているという構図だ。ムセからマンダレーを経由して運ばれたもの，海路でヤンゴンに着いてここまで運ばれたものもあるだろうが，雲南省からカチン州の山岳地帯の道なき道を運んでカレーミョに着き，そしてタムーへ運ばれている商品もあるだろう。

　国境マーケットに立地する商店群のオーナーは，インド系ミャンマー人とインド人の見分けは外国人にはわかりにくいものの，大半がミャンマー人のようだった。この国境の人流と物流は，ミャンマー人とミャンマーで調達された商品がインドへ流れるという方向が主流のようだ。国境マーケットは2016年まではインド人商人が多かったが，同年末の高額ルピー紙幣廃止（1,000［約1,700円］および500ルピー紙幣を廃止し，200ルピー新紙幣を発行）のインパクトがこの辺境を襲いインド人商人の来訪が減ったと見る向きもある。

　以上，現在のところ後述する中国のプレゼンスに比べ，インドのプレゼンスは見劣りするが，インド政府の「東方政策（Act East Policy）」の一環として，東西経済回廊へ接続しようとする「インド‐ミャンマー‐タイ3国間ハイウェイ」の構想が以前から存在する。2002年に3カ国の大臣会合で，モーレ＝タムー国境〜ミャワディ＝メーソート国境のルート1,360kmが提案されたものの，その後，同構想の進展は見られなかったが，各種報道によれば，2017年10月，ミャンマー政府が安全保障上の理由から掛け替えを拒否していたタムー・カレーワ間の69カ所の中小橋群の改修を決定（予定工期3年）した。2017年9月，インドのモディ首相がネピドーを訪問し，3国間はハイウェイ計画を改めて発表したほか，カラダン川とシットウェ港を経由してインド辺境州にアクセスするカラダン川プロジェクトの実施を発表した。2018年4月には，

インド政府の資金でカレーワ～ヤジー間120kmの拡幅が決定し，インド系建設会社2社が受注したという（完成予定2021年4月）。ミャンマーの改革開放路線に呼応する形で，インドとしても辺境州の開発のためにミャンマーを介して東南アジア諸国との連結性を構築したい意向は感じ取れる。

# 6. マンダレーから中国国境へ

　マンダレーからムセ国境までの幹線道路（Mandalay-Lashio Roadおよび Lashio-Muse Road：国道37号線）は筆者が2012年にラーショーまで実走したときと比べ，全般に舗装・拡幅工事が進展している。これらの幹線道路はすべてOriental Highway社（オーナーはAsia World社）によるBOT運営であり，道中，頻繁に同社の料金所を通過した。

　マンダレー～ピンウールィン間はほぼ全線にわたり片側2車線に拡幅され，低速車を追い越すことができるのでスピードを出せる。ピンウールィン市街のメインストリートへはトラックやバスなど大型車両は入れず，市街をバイパスする迂回路（Circular Road）を通らなければならない仕組みになっている。この仕組みはその後立ち寄る主要都市も同じであった。発展の速い市街地での交通安全を確保するためには良いシステムだと思う。

## 6.1　ピンウールィンの華人ビジネス

　ピンウールィンは英国統治時代に高原地帯に開発された避暑地としての歴史があり，コーヒー，野菜，花などの栽培が盛んである。ベトナム中南部のダラット高原やラオス南部のボラベン高原に似た農産物の生産環境がある。

　ピンウールィン市街の商店に何軒かヒアリングしたなかで，「ViVo」の青い看板が出ている携帯電話ショップでのヒアリング概要は以下の通り。
・　以前はお茶屋だったが，5～6年前に携帯電話屋に商売替えした。
・　扱うブランドはSamsung以外はViVo, Kembo, Huawei（華為），Meizu, Xiami（小米），Techao（小米系），Honor（華為系），と中国製スマホが

ずらりと並ぶ。

- これらスマホ端末の小売価格はブランドによって異なるが10～50万チャット（約8,000円～4万円）。Nokiaブランドの電話機能専用の骨董品的な小型端末は1万チャット以下。
- ヤンゴンに本店をもつ各メーカーの販促チームがロゴ付きのショーケースごと売り込みに来る。彼らはタウンシップなりdistrictなりの単位で販売目標があるようで，彼らの販促条件に照らして適宜判断してストックを買い入れるという。

ピンウールィン市街中心部に卸売兼小売商店を構える華人ビジネスマンのUさん（73歳）にヒアリングした概要は以下の通り。

- 合計28種類のビジネスを展開している。
- Uさんはムセからカチン州のミッチーナへ北上する途中のバンモーBhamoで長男として生まれた。両親は雲南省から流れてきた移民で，Uさんはバンモーで16歳まで公的教育を受けたが，1962年に始まったネ・ウィンの軍事独裁政下で，反中国人政策の流れでご両親の土地・資産が接収されるなどして家計が苦しくなり，家族の長男として学業を放棄し，働かざるを得なかった。
- その後ピンウールィンに流れつき，様々な商売を始めた。今では人口約30万人の中堅都市だが，1960年後半当時，ピンウールィンの人口は5万人もなかったのではないかという。
- 木材，砂糖，スイカ，コメ，水産品など多様な中国向け商品を扱っている。
- 中国への緑豆輸出会社を立ち上げ，2013年に市計画財務省投資企業管理局（DICA）へ企業登録した。トマト，ピーマンなど野菜の種子も生産・販売している。トウモロコシ栽培用の化学肥料をタイの技術でライセンス生産している。養鶏に使う卵の容器も扱っている。地元農家から注文を受けて農業機械を中国から輸入することもある。花に関しては，中国からの輸入のほうが多い。菊だけ例外的に仏事用に輸出している。市内に花の卸売市場のようなものはない。
- 20年余り，アラビカ種のコーヒー豆輸出に携わっていたが，近年はNGO

や民間投資家が多数参入し，競争が激しくなったので撤退した。コーヒーの実（赤色の「チェリー」）から皮と果肉をそぎ取る機械（cherry pulper）を輸入してパーチメント（灰色の生豆）まで加工していた。ピンウールィンのコーヒー栽培は歴史が古く，政府自身がコーヒー農園を持っているほか，Coffee Research Center を運営している。

・　イチゴ栽培については日本の「G-7 アグリジャパン」と地元農家を仲介し，ビニールハウス資材の供給・建設に関与した。

## 6.2　ピンウールィン〜ティーボー

　ピンウールィンから幹線道路を北東方向へ走る。市街から 6km ほどの地点から道路の痛みが多くなる。拡幅および修復工事の箇所が増える。走行にさほど問題はないが，低速・重量車両の追い越しが危険で，工事中の箇所では立ち上がる土埃にまみれながら対向車とのすれ違いに注意が必要だった。

　重量車両の交通量がだんだん増え，ピンウールィンから 50km ほどの Namghko という町のあたりまで，拡幅工事中の区間が断続的に続く。未着工の区間は路肩なしの片側 1 車線で，すれ違いと追い越しに注意を要する。

　ピンウールィンを発って約 2 時間後，九十九折りの下り坂とその後の登り坂が続く。前方をふさぐ大型トラックやトレーラーが狭いカーブで速度を落とすので，スピードが極端に落ち，カーブでの追い越しは危険度が増す。運転手に確認したところでは，マンダレー〜ムセ間の「ビルマロード」の全行程のなかで，この区間が最大の難所で，どこかでトラックが 1 台でも座礁すれば，交通がストップしたままひと晩過ごすこともありうるという。

　ティーボー市街は狭く，容易に歩いて回れる。メインストリート沿いの左右には中国系の料理屋，ファッション雑貨店，中古電機店などが並ぶ。店主がビルマ語を話せないところもある。中国製のオートバイ，腕時計，スマホなどを販売している商店でヒアリングした結果は以下の通り。

・　中国製オートバイの小売価格は安いもの（CANDA，RJ Star など雑多なブランド名）は 40〜50 万チャット（3〜4 万円）から，比較的高級なもの（CLICK ブランドなど）は 90〜100 万チャット（7〜8 万円）の範囲。こ

　れらは地元で「運び屋」運転手を雇い，瑞麗から姐告経由で調達している。運び屋1人につき，自ら運転するオートバイと荷台に縛りつけて運ぶオートバイの計2台を持ち帰る。ムセからティーボーまで6時間だという。それ以上の詳細は不明だが，個人携帯品として無税扱いなのか，コネのある中国側業者との連絡のうえで非合法ルートでの調達かのどちらかであろう。運び屋の報酬はオートバイの種類によって異なるが，1台あたり2万〜3.5万チャット（1,600〜2,800円）だという。

・　各種腕時計はムセからではなく，ヤンゴンからマンダレー経由で入っているものだった。ミャンマー地場の"GP"という流通会社がこれらを小売店へ卸している。小売価格はTophillという本物のスイスブランドが15万チャット（約1.2万円），カシオの高級時計の偽物が2万チャット（約1,600円），G-Shockの偽物が1万チャット（約800円），中国ブランドの腕時計が8,000〜9,000チャット（約600〜700円）といったところ。


## 6.3　ティーボー〜ラーショー

　ティーボー市街から幹線道路を走り，ドッタワディ川を東へ渡ると，道路は川沿いを北上する。中央線がない2車線幅の道路だが，路面はさほど痛んでおらず，この区間は起伏も激しくないので，走行はスムーズだった。ただし，低速車両の追い越しは注意を要する。夜間に比べて昼間の交通量は多く，とくにスイカやメロンなど3月が収穫期の果物を満載して中国方面へ向かうトラックが多かった。道路沿線は左右にパイナップル畑やスイカ畑が多い。次いでバナナ畑も見る。このあたりはトウモロコシの産地でもあるが，トウモロコシは12月に収穫を終えていた。

　ラーショーの市街は前回2012年に訪問したときと比べ，垢抜けた商店が増え，快適な宿泊施設の数も増え，目に見えて発展している。ただし，漢字表記の看板を掲げる商店が多く，中国色が強まっている印象である。伝統的マーケットでは多様な中国製日用雑貨に加え，生鮮品売り場では中国産のリンゴ，梨，みかんなども売られている。花を売る露店商で聞くと，中国産をムセ経由で毎週調達しているという。

　幹線道路沿いでトラクター，脱穀機，セメントミキサーなど中国製機械を売る商店でヒアリングしたところ，これらはマンダレー経由の輸入であった。こうした機械類は瑞麗＝ムセ国境から陸路輸送するよりも，海運でヤンゴン港へ運び，そこからマンダレー経由で上（かみ）ビルマ各地に流通させているようだ。輸入機械の部品交換やメンテナンスサービスの拠点がヤンゴンやマンダレーにあるせいだろう。その隣の家電販売店に並んでいる雑多な製品の表示は英語，漢字，タイ語，ベトナム語などが入り乱れている。タイ製（日本ブランドを含め）の洗濯機や冷蔵庫，ベトナム製の飲料水サーバーや浄水器などはマンダレーの卸売業者から調達しているという。これら家電品も故障したときに中国からの国境貿易品ではアフターサービスできないようだ。つまり，壊れにくい商品はムセ方面から調達し，アフターサービスの保証付きが必要な商品はヤンゴン・マンダレー方面から調達しているようだ。一方，オートバイ部品販売店で聞くと，そこの商品はすべてムセ経由で調達するという。中国製オートバイは故障頻度が高いため，こうした部品販売専門店が成り立つのだろう。

　ラーショー市街中心部から約 3km 北西にラーショー鉄道駅がある。マンダレーと結ぶ便は早朝と夕方の 2 便しかない。この方面の鉄道路線はラーショーが終着駅である。鉄道駅から東へ約 2km にラーショー空港がある。新しいターミナルビルが 2018 年にオープンしたばかりで，Golden Wing（Shwe Daun Ba）という会社による BOT 運営である。航空会社は地場 4 社が就航している。

## 6.4　ラーショー～チンシュウェホー国境～ラウカイ

　ラーショーからムセ国境へ向かう前に，ムセの東南東約 100km に位置する，中国系少数民族のコーカン（果敢）族による自治区があるチンシュウェホー（Chinshwehaw）国境およびラウカイ（Laukkaing）の街を視察した。同地域の変貌ぶりについてラーショーで見聞したからである。

　ラーショーの中心部から北東方向へ約 60km のテイニ（Thein Ni もしくは Hseni）というタウンシップに分岐点があり，ここから道なりに北へ進むとムセ国境まで 124km，東へ右折して進むとチンシュウェホー国境まで 102km で

ある。

　チンシュウェホー方面の道路も Oriental Highway 社による BOT 運営で，片側1車線，路肩はないが，中央線付きで，アスファルト舗装がまだ新しく，路面は良好だった。カーブの箇所以外はかなりスピードを出せる。

　テイニの分岐点から約70km，クンロン（Kunlong）というタウンシップを流れるテンニェン川を渡す橋の前後で，国軍兵士によるチェックポイントがあり，パスポートの提示に加え，非公式な通行料の支払いを隠然と要求された。

　クンロンの北に隣接するラウカイのタウンシップの入り口に料金所があり，入境料500チャット（約40円）を支払う。領収書には「果敢自治区清水河分区」と漢字で書いている。

　ここから東方向へ300mほど直進すれば国境ゲートに至る。しかし，大型車両が数珠つなぎになって道路の片側を塞いでおり，車での進入は難しく，歩いて視察した。雲南省ほかの中国のナンバープレートを付けたトラック，石油タンクトレーラーなどが並んで待っている。数少ないミャンマー車両はサトウキビを積んだトラックくらい。徒歩でゲートに向かうミャンマー人女性グループは赤色の一時パス（1カ月用）を持っていた。

　料金所の地点まで戻り，次は北方向へ約35kmのラウカイへ向かった。5分後，国軍兵士2人が道路沿いに詰めていて止められ，再び非公式な通行量を要求された。

　国境ゲート付近からラウカイまでの山道は路面がかなり傷んでいて，未舗装部分や工事中の箇所も多かった。KKナンバー，つまり Kokang（果敢）自治区のプレートをつけた乗用車が目立ち始めた。雲南ナンバーのダンプカーも走っていた。

　国境ゲート付近から約30分後，国軍兵士のチェックポイントがあり再び止められる。彼らに非公式の支払いを3度行った（のちの帰り道では兵士に止められなかった）

　コーカン（果敢）族の「自治区」にもかかわらず，国軍兵士が幅を効かせている背景には，1980年代のキン・ニュン将軍政権下で諜報工作員が各少数民族武装グループに入りこんで陽動作戦を行い，国境近くの少数民族勢力の多くが武装放棄と引き換えに自治権を得るという取引に応じた結果，国境付近の治

安維持を国軍が統率しているという事情があるようだ。

　さらに15分後，料金ゲートを通過。「入城管理費」10元（チャットでなく）を支払う。領収書には「果敢自治区城鎮開発建設管理局」と書いている。自治区政府のなかの特別開発区の管理局への支払いだ。ここから先は中国資本にお任せ状態の開発特区という位置付けであろう。先へ進むにつれてミャンマー色が薄くなり，中国色が濃くなる。

　料金ゲートから入って最初に停車した付近はトンチェン（Tone Chain）という，ラウカイのタウンシップの入り口にあたるブロックで，それまでの農村風景を抜けて忽然と現れたコンクリートの街並は，「福利来集団」が開発している「果敢新天地」である。この一帯には完成したばかりのカジノホテル，ショッピングモール，宝石店など中国人向けの施設が並ぶ。巨大な人工池までつくり，そのほとりに海鮮レストラン，重慶火鍋レストラン，スパ，土産物店なども並ぶ。人工池を渡すつり橋の向こうには芝生を配した公園をつくっており，カジノ観光客だけでなく，中国人居住者によるチャイナ・シティを構想しているようだ。

　「果敢新天地」から1.5kmほど先にラウカイ（漢字表記は「老街」）の旧市街があり，そちらには「鑫百利大酒店」「百勝国際酒店」と2軒の大きなカジノホテルがあり，どちらも繁盛している様子だった。ただし，ギャンブル客以外は宿泊できない。ホテルスタッフの大半は中国人で，英語はおろか，同行したミャンマー人通訳もミャンマー語が通じず，困惑していた。

## 6.5　ラウカイ～クッカイ～ムセ国境

　ラウカイから国境沿いにムセへ至る直接のルートがないため，いったんテイニの分岐点まで戻り，そこからムセへ北上した。

　テイニの分岐点から北へ26kmのクッカイ（Kutkai）という町で1泊したが，そこまでの途中の道路はかなり難路だった。路面の痛みが激しく，カーブの多い登り坂の山道であった。途中から拡幅工事の区間が始まり，舗装がはげた箇所はさらに走りにくかった。ただし，クッカイ手前の最後の10kmほどは拡幅工事が完了し，片側2車線のアスファルト道路はスムーズだった。

　クッカイから北へ向かう道路はしばらく片側2車線で舗装は良好。カーブの登り道が始まるが，朝の時間帯は交通量は少なく，山道だが50〜60km/hは出せる。しかし，徐々に前を行く大型トラックやバスを追い越す回数が増える。拡幅工事中の区間と工事済みの区間が交互に現れるが，全般に走行を阻害する大きなボトルネックはなかった。

　クッカイから1時間半余りで「105マイル」ポイント（正式名称はMinistry of Commerce, Department of Trade, 105 Mile Trade Zone）に到達する。「105マイル」とはラーショーからの約170kmの距離を指している。「105マイル」ポイントにはゲートが4つあり，ミャンマーから輸出される貨物はExport Inから入って検査を受けて輸出ライセンスを発行してもらい，イミグレ・通関手続きを経てからExport Outから出てムセの国境ゲートへ向かう。中国から入る輸入貨物はImport Inから入って検査を受けて輸入ライセンスを発行してもらい，イミグレ・通関手続きを経てからImport Outから出てミャンマー国内各地へ向かう。

　さて，クッカイから105マイルポイントを通過してムセ市街までの107kmを実質約2時間で走った。この区間は軍によるチェックポイントもなく，ラウカイ方面と比べれば，拍子抜けするほどに簡単だった。ただし，ラーショー〜ムセ間は依然として治安上の不確定要素が多く，第3国外国人が無警戒に通過できるわけではない。

## 6.6　中国のプレゼンスが拡大するムセ

　筆者は2012年3月に雲南省の瑞麗市内から姐告貿易区に入り，3つの国境ゲートを視察したが，今回はミャンマー側から，北側の軽自動車用ゲート，東（メイン）の歩行者用ゲート，南のトラック用ゲートの順に視察した。

　軽自動車用（オート3輪，バイク，歩行者が通っている）ゲートは正面の道路に長い列ができていた。ゲートの右手が出国口，左手が入国口なのだが，このゲートでは出国側のほうが圧倒的に多い。歩行者とバイクはおそらく中国側での出稼ぎ者が大半で，オート三輪は中国側からムセへ物資を運んだ帰りだろうと推測する。

　ゲート中央の窓口ではミャンマー人渡航者へ一時パスを発行している。緑色のパスが有効期限１週間，赤色のパスが同１年である。こうした一時パスは，原則ゲートが立地する州の州民に発行される。シャン州に位置するムセではシャン州民に，カチン州に位置するルウェジェではカチン州民に発行される。

　次はメインストリートに出て西へ進み，歩行者専用ゲートへ。７年前に中国側からこのゲートに着いたときは，人の流れはまばらだったが，今回は中国側に大勢の観光客が観光バスから降りてきて記念撮影しているのが見えた。

　最後はメインストリート沿いにさらに西へ進み途中で北方向へ折れたところにトラック用ゲート（乗用車も通っている）がある。その手前には中国へ向かうトラックやトレーラーが長い列を作っている。メインストリートの停車余地のある300mほどではとても収まらず，車列はムセ市街へ導線となるバイパス道路でも待機させられている。ムセ市街の道路が手狭なので，早晩，トラック用ゲートを別の場所に移さなければ渋滞が悪化することは明らかだ。

　**増大する国境貿易**：ミャンマーの貿易総額約290億ドルのうち，ムセ経由の中緬国境貿易が109億ドルと，３分の１超におよぶ。（2016年度商務省データ）。2011年度から２倍超に急増している。ミャンマーから中国への主要輸出品はコメ，豆類，ゴマ，種，トウモロコシ，野菜，果物，乾燥茶葉，魚介類，ゴム，鉱物など，一方中国からの主要輸入品は機械類，プラスチック原料，電子機器などである。貿易関係の深まりに加え，中国側が呼ぶところのこの「中緬経済回廊（CMEC）」に沿って，パイプライン（建設済み），道路改良工事（進行中）に加え，高速鉄道計画，インターネット基地局建設や瑞麗－バモー河川港を結ぶ計画など数多くのインフラ計画がある（Kyaw, 2019）。

　**新チャイナ・ゾーン**：姐告貿易区の北方向に隣接し，瑞麗（ルイリ）市街から国境の瑞麗川を挟んだ対岸のムセ近郊一帯が中国化しつつある。中国資本が背景にあると推測されるマンダレー拠点の不動産開発会社が「木姐中央商務区（Muse Central Business District）」と呼ばれる約120haの広さのニュータウンを開発し，商業地区，公共インフラ施設，住宅地区，レクリエーション地区などをゾーニングしている。その一画の姐告との境界地点に「ミンガラー・ムセ」という大規模なショッピングモールが完成している。上述の「ミンガラー・マンダレー」と同じ資本による開発であろう。モールの端には姐告へ直

接つながる新しい第4の国境ゲートが完成しており，オープン間近であった。開発会社の事務所でヒアリングしたところ，住宅ゾーンの宅地単価もモールのテナント料も，ミャンマーの一般物価からはかけ離れたもので，需要も供給も中国人の資金力が前提であることは明らかだ。

## 6.7　「105マイル」ポイントの農産物取引所

　「105マイル」ポイントのメインの敷地の裏には広い高台が造成されており，そこに農産品に特化した大規模な屋外取引所がある。おびただしい数のトラックが忙しく動き回っている。敷地の中央に3階建ての事務所棟があり，その2階からコンクリートの渡り廊下が突き出ていて，その下で，トラックが出入りする合計14のレーンが交差している。競馬場の出走ゲートを巨大にした構造をイメージすればよい。

　スイカ（ラグビーボールをひと回り大きくしたサイズ）とメロン（黄色のもので都市部の小売店ではSuper Melonという名前がついていた）を満載したトラックが次から次へと出入りする。

　この取引所を運営しているNorth East Gate Public Co., Ltd という会社の幹部にヒアリングした内容な以下の取り。

- ・　この取引所では毎朝午前3時間半ほどの時間帯に平均400〜500台のトラックをさばく。筆者が視察した日は700台ほどで繁忙日だった。最大1,200台ほどまでさばくキャパシティがあるという。
- ・　バイヤーは全員中国人で，遠くは海南省，チベット自治区，東北各省からやってくる者もいる。1日当たり400〜500人のバイヤーが参加している。
- ・　果物の売買交渉から検査終了まで5〜6ステップあり，第1〜12レーンで「トラック1台あたり5分以内」（という規則を掲示している）で売買交渉し（不成立の場合は列の後ろに並ぶのだろう），取引終了後，最も外側に2レーンある輸出検査レーンに回る。
- ・　そうした一連の動きをスムーズに回転させるために，Broker Agent Centerと呼ばれるエージェント・グループが85グループあり，彼らは1グループあたり，1日10〜15台のトラックをさばく。各グループのなか

でそれぞれのメンバーは大まかに4つの役割分担をしている：① 入って
くるトラックを仕分けして自分のレーンに誘導する役，② 輸出検査や通
関に必要な書類書き込みをサポートする役，③ バイヤーに対して必要な
情報を補完する役，④ 検査場を出てから中国国境の積替え場まで付き添
い，スムーズに貨物移管できるようにサポートする役。

・　この取引構造物ができる3年前までは，果物は地面に広げて売買されてお
り，非効率だった。取引構造物が最初にできたときは6レーンしかなかっ
たが，取引の増加に対応して14レーンに増設した。

・　ムセ・姐告の国境ゲートが混雑し，トラックの待ち時間が長くなったた
め，農産品は105マイルポイントから北東に向かい，ジンサンチョー Jin
San Kyawt（漢字表記は「金三角」）国境か，そのさらに東のパンセン
（Pang Hseng）国境へ向かう。ただし，後者のルートは治安が悪いため，
輸出果物の大半は現在，ジンサンチョーへ向かう。

・　ジンサンチョーへ向かう道路は中国の援助で補修された。同国境は中国側
では公式の貿易ゲートに格上げされたが，ミャンマー側は非公式の状態の
ままで，国境ゲートには貿易を管轄する当局は存在せず，ミャンマーの各
行政区の役所の「総務部」に相当する General Administraiton
Department（GAD）に貨物通過を報告するだけ。ただし，治安維持のた
めに国軍が国境を警備している。

## 6.8　ムセ周辺の国境群

　雲南省と国境を接するムセのタウンシップは東西に約70km の広がりがあ
り，その西隣のナムカン（Namkhan）のタウンシップも東西に約40km の広
がりがある。これらのタウンシップと国境を成す瑞麗川（Shwe Li Riiver）を
挟む対岸は，徳宏傣族傣族景頗（ジンポー）族自治州の瑞麗市とその東隣の畹
町（ワンディン）鎮となっている。瑞麗市から姐告大橋を南へ渡った先にある
姐告貿易区に隣接しているのが上述のムセ市街だが，その他に陸路でアクセス
可能な国境が少なくとも3カ所ある（図5-2）。

　1つ目は，上述した通り，農産品が向かうジンサンチョー国境である。105

図 5-2　ムセ周辺のタウンシップと国境群

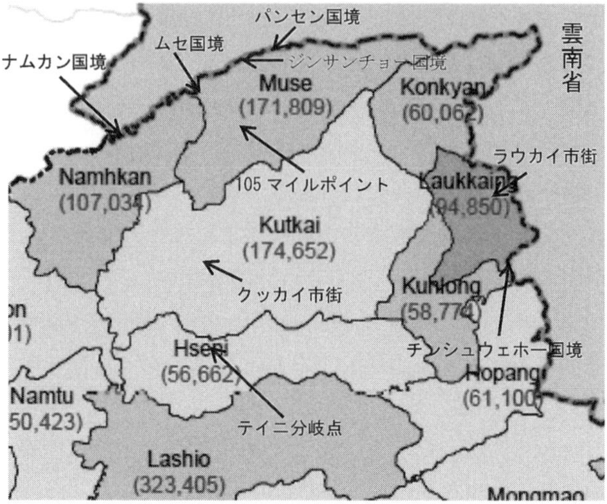

注：カッコ内の数字は各タウンシップの人口（2014年のセンサス）。
出所：Myanmar Information Management Unit 作成地図に筆者加筆。

マイルポイントから幹線道路を北上して7分後，北東方向への分岐点を右折するとそのすぐ先に，牛をたくさん飼っている「キャンプ」のような場所をいくつも見た。ミャンマー北中部の農家から買い集められた家畜であろう。「猛洪公司」などという漢字表記があり，国軍と何らかの共生的均衡を保っていると想像される現地武装グループが運営し，中国人バイヤーとの取引を仲介する拠点のようだ。生きた牛は輸出規制品目だが，国境地域ではこうした慣行が野放しになっている状況を確認した。

　105マイルポイントを出発して約20分後，小高い丘の地点から国境方面とその先の中国領土を見下ろす展望箇所がある。中国国境から登ってくる優先走行のトラックと，国境への下り坂で待たされるトラックの長い列がよく見える。筆者の4WD車両はその列の合間を縫って約1時間後にジンサンチョー国境ゲート近くに到達した。ただしゲートにはミャンマー国軍の監視塔があり，不用意に近づくと尋問される可能性があるので，150mほど手前で引き返した。ミャンマー側の簡易ゲートのすぐ向こうに「中国」の文字が入った建物が見えた。中国側には大規模な国境施設が完成しているようだ。

2つ目の国境は105マイルポイントから北東方向へ約16km地点にあるパンセン国境である。こちらは合法貿易ルートにも関わらず，複数の特定困難な武装グループが強盗などを働くらしく危険だと地元の案内役に聞いた。道路は舗装部分が1車線分ほどしかなく，しかも痛みが激しい悪路だった。対向車とのすれ違いには，お互いに片方の車輪を舗装部分から脱輪しなければならない。道程の約3分の1を走ったところでリスク回避のために引き返した。筆者は2012年にこの国境の中国側で畹町鎮の中心の畹町国境ゲートに立ち寄ったことがある。小規模なローカル国境という印象だった。

3つ目の国境はムセ市街から幹線道路を西へ約40kmのナムカン国境である。瑞麗川沿いには非公式貿易を行う船着き場が5〜6カ所あるという。その1つに立ち寄ると，ミャンマー国旗の代わりにシャン州旗を掲げ，堂々とボート貿易を行っている。上述のタイとの国境のモエイ川と同様の治外法権的な国境貿易風景が見られる。

ナムカン市街から最も近い瑞麗川対岸の雲南省へフェリーを渡す船着き場を視察した。田んぼの真ん中を通る未舗装の農道を走るので本当に国境があるのか半信半疑となったが，農道の先のの川幅が狭くなった箇所にさらに赤土のアクセス道路をつくり，その先に乗用車2台とバイク数台を乗せられる簡易フェリーボートが着けられる箇所があった。船着き場というよりは単に赤土を固め土手で，雨期になれば洗い流されるのではないかと思うほど粗末なものだ。

最後に，本章で見てきた陸路走行および各国境視察の結果を表5-2〜5-5に整理する。

**表 5-2　陸路実走まとめ（市街〜市街ベース，2018 年 8 月〜2019 年 3 月時点）**

| 区間 | 距離 km | 実質走行時間 | 平均時速 km/h | 当面のボトルネック |
|---|---|---|---|---|
| ミャワディ国境〜パアン | 148 | 約 4 時間 | 37 | コーカレイ〜エインドウ間の悪路，ジャイン・コーカレイ橋 |
| パアン〜モーラミャイン | 57 | 約 1 時間半 | 38 | モン州に入ってからの路面の痛み |
| モーラミャイン〜ヤンゴン | 298 | 約 6 時間半 | 46 | タトン市街の渋滞，頻繁に線路を交差する時の片側通行 |
| ヤンゴン〜マンダレー | 636 | 約 9 時間 | 71 | ヤンゴン市内の渋滞 |
| マンダレー〜モンユワ | 160 | 約 3 時間 | 53 | とくになし |
| モンユワ〜カレーミョ | 237 | 約 7 時間 | 34 | 道中の過半は悪路・難路 |
| カレーミョ〜タムー国境 | 130 | 約 2 時間半 | 52 | 片側通行の簡易橋が無数にあり |
| マンダレー〜ピンウールィン | 69 | 1 時間 15 分 | 55 | なし。山道だが舗装・拡幅済み |
| ピンウールィン〜ティーボー | 142 | 3 時間 20 分 | 43 | 急勾配，拡幅工事中の箇所多い |
| ティーボー〜ラーショー | 67 | 1 時間半 | 45 | 道路幅が狭く追い越し困難 |
| ラーショー〜ムセ国境 | 183 | 約 4 時間 | 46 | テイニ・クッカイ間の悪路，ムセ国境ゲート手前の渋滞 |

注：使用車両：ミャワディ〜モンユワ間はトヨタ製輸入中古バン（右ハンドル），モンユワ〜タムー間は日産製輸入中古 4WD（右ハンドル），マンダレー市内・郊外は現地スズキ製の新車セダン「Ciaz」（左ハンドル），マンダレー〜ムセ区間はトヨタ製輸入中古 4WD（右ハンドル）。

**表 5-3　メーソート・ミャワディ国境の特徴（2018 年 8 月時点）**

| ヒトの流れ | モノの流れ | 国境周辺施設 | 特別区等 |
|---|---|---|---|
| 国境橋の上（一時パスによる）も，ボートも（パスなし），ミャンマー人の往来が激しい。 | 国境橋を利用した通常貿易も，モエイ川を渡すボートによる非公式貿易もともに盛ん。 | モエイ川両岸にボートの船着き場が多数あり。貨物車両専用の第 2 モエイ橋が 2019 年 3 月に開通。メーソート側：大規模なマーケットや商店街あり。川沿いにミャンマー人の露店市場・集落が自然発生。ミャワディ側：川沿いにカジノ多数。 | メーソート側はターク経済特区に指定。ミャワディ側の国境ゲートから約 9km に貨物積替・出入国検査，その先にミャワディ国境貿易区。 |

### 表5-4　タムー・モーレ国境の特徴（2018年8月時点）

| ヒトの流れ | モノの流れ | 国境周辺施設 | 工業団地・特別区 |
|---|---|---|---|
| 第1ゲートの往来はまあまあ盛ん。ただし越境公共交通機関はなさそう。 | 車両専用の第2ゲートの往来はさほど多くない。 | タムー側はゲート手前がNanphalonという国境マーケット。商品は雲南省から運ばれた中国製品が多い。中立地帯はほとんどない。 | 特に確認できず。 |

注：2018年8月現在，第3国外国人はこの国境の合法的越境は不可。

### 表5-5　ムセ・瑞麗（姐告）国境の特徴（2019年3月時点）

| ヒトの流れ | モノの流れ | 国境周辺施設 | 工業団地・特別区 |
|---|---|---|---|
| 第1ゲートの往来増加。一時パスをもつミャンマー人の往来が激しい。 | 第2ゲートでは一時通行証をもつミャンマー人の往来が盛ん。第3ゲートではトラックの往来が盛ん。中国側からの流れのほうが多い。 | 中国側：第1ゲート付近に免税店，土産物店，ホテルなどが集積。姐告大橋の手前に通関と検疫の合同検査所。ムセ側：姐告貿易区の隣接国境以外に，主に農産品貨物が通過する別の国境ゲートが2つある。 | 姐告全体が国境貿易区。ムセの国境手前9kmの「105マイル」地点から国境貿易区。ムセに新中国都市形成中。 |

注：2019年3月現在，第3国外国人はこの国境の合法的越境は不可。

（藤村　　学・春日　尚雄）

**注**
1　本区間の詳細な実走地図付きの報告は藤村・春日（2019）を参照されたい。
2　同上。

**参考文献**
Asian Development Bank（ADB）（2018），"Review of Configuration of the GMS Economic Corridors" Manila. https://www.adb.org/documents/review-configuration-gms-corridors
Kyaw Aung（2019），「ミャンマーから見た中国との連結性〜現状，課題，展望〜」『国際貿易と投資』No.116, pp.43-58. http://www.iti.or.jp/kikan116/116Aung.pdf
春日尚雄（2016）「ASEAN連結性の強化と交通・運輸分野の改善—実効的なバリューチェーンの構築へ向けて—」石川幸一・清水一史・助川成也編著『ASEAN経済共同体の実現と日本』文眞堂, 209-230頁
——（2017）「ASEAN2025に向けたASEAN連結性の強化—交通・運輸分野と産業への影響」『経済統合で変化する投資環境と機械工業のASEAN投資』国際貿易投資研究所ITI調査研究シリーズNo.50, 24-47頁。http://www.iti.or.jp/report_50.pdf
——（2018）「北部ベトナムにおける非日系企業の躍進と交通インフラの整備」トラン・ヴァン・トゥ・大木博巳・国際貿易投資研究所編著『ASEANの新輸出大国ベトナム』文眞堂, 56-68頁。
下田聡（2019）「マンダレーを巡る日中両国の開発競争」ジェトロ地域・分析レポート2019年2月1

日付 https://www.jetro.go.jp/biz/areareports/2019/3e91532b8090ffff.html
藤村学（2017）「大メコン圏の経済回廊における物流と通関の実態：日系企業ヒアリングを中心に」
　『踊り場のメコン経済，現状と展望〜貿易，物流，産業人材育成〜』国際貿易投資研究所（ITI）
　調査研究シリーズ No.49, 85-123 頁。http://www.iti.or.jp/report_49.pdf
――（2018）「ベトナム北中部における輸送インフラと物流状況」『ASEAN の新輸出大国，ベトナム
　の躍進』トラン・ヴァン・トゥ・大木博巳・国際貿易投資研究所編著『ASEAN の新輸出大国ベ
　トナム』文眞堂，100-132 頁。
藤村学・春日尚雄（2019）「メコン経済回廊におけるミャンマー区間の連結性現状と日系企業の動き」
　『ミャンマー経済の現状と展望：貿易，産業，物流，産業人材育成』国際貿易投資研究所（ITI）
　調査研究シリーズ No.85, 79-109 頁。http://www.iti.or.jp/report_85.pdf

# 拡大するミャンマーの衣類輸出と
# LDC(途上国)卒業に向けての課題

**要約**

　ミャンマーの2018年の縫製製品総輸出額は約49億米ドルである。縫製製品輸出の最大の仕向け先はEUである。2017年までは日本であった。『衣類』をHS61類とHS62類の合計とすると，2018年の日本のミャンマーからの衣類輸入額は過去最高(9.12億ドル)で，2000年以降18年間連続して増加している。

　ミャンマー製衣類の輸出の競争相手は，衣類輸出大国の中国，ベトナムではない。中国やベトナムの輸出規模は大きすぎ，比較にならない。日本の輸入からみると，カンボジア，バングラデシュが同等規模でアジアの国であることから，ミャンマーの衣類製造業の競争力の比較対象は，この2か国である。

　ミャンマー製衣類の輸出課題の第1は，米国輸出の拡大である。世界最大の衣類輸入の米国市場でみると，ミャンマー製衣類の輸入額は，バングラデシュ，カンボジアに大きく差を付けられている。バングラデシュはミャンマーの約36倍，カンボジアは16.1倍と圧倒的な差がある。第2は，衣類輸出を担う外資系企業の誘致である。H&M，GAPなどの有力な企業が発注する委託生産工場は，主として韓国，台湾，香港，中国等から進出した外資系企業なので，外資系企業の誘致が輸出増加につながる。そのための投資環境整備が欠かせない。第3が，生産委託をする発注元企業への信頼感の醸成である。発注先企業は，労働・環境・人権等の問題に敏感である。特に，悪影響を及ぼしかねない問題にラカイン州のイスラム系少数門族・ロヒンギャの難民帰還と人種差別問題がある。世界銀行はミャンマーの懸念要因ないし阻

害要因に挙げ，外国からの直接投資への影響を懸念する。EU は特恵（GSP）の供与を停止する可能性を示唆したこともあり，ロヒンギャの問題への対応が不十分であると，欧米諸国への輸出や外資系企業の進出の障害になりかねない。

　ミャンマーは後発途上国（LDC）の『卒業要件』を満たしている。早ければ，2024年には LDC から『卒業』し，享受してきた GSP 等の関税上の優遇措置や ODA などが受けられなくなることがもたらす影響が懸念される。特に，衣類輸出は GSP 等の優遇措置を活かしたことが大きかっただけに，それへの備えが急務になる。同時に，中国，インド，ASEAN 諸国に隣接した地理的条件の優位を生かした衣類以外の分野での外資系企業誘致と，それに対応した投資環境の改善が重要になる。電気機器関連の企業が進出し日本やタイなどへの輸出が徐々に拡大している。

## 1.　はじめに

　2018年におけるミャンマーの輸出の中で，『衣類』は輸出額が最大の品目である。他の上位品目は，①長い間1位であった『天然ガス』，②『豆類』，『砂糖』，『魚介類』，『コメ』，『トウモロコシ』などの農水産物，③『金属鉱物（鉱石）』，『ヒスイ（翡翠）他の輝石』などの鉱産物，④『かばん類』，⑤『はきもの類』である。それらの主な輸出先をみると，『天然ガス』が中国とタイ，『豆類』がインド，『砂糖』が中国向け等と，隣国向けが主である。一方，『衣類』や『かばん類』『はきもの類』の軽工業品の輸出先は日本，EU 諸国，米国などの先進諸国が中心である。

　本章では，『衣類』に焦点をあて，主な輸出先における輸入状況をもとにミャンマーの『衣類』産業の特徴と今後の課題を考察する。　特に，バングラデシュ，カンボジアとの競合状況からミャンマー製衣類の特徴と課題を知ることができる。

## 2. ミャンマーの衣類輸出の競争力

### 2.1　主要国におけるミャンマー製衣類の輸入状況

　2018 年の縫製製品総輸出額は約 49 億米ドルである。非ニット製衣類が約 35
億ドルで輸出の 23％を占め，鉱物性燃料に次いで輸出品目の 2 番目である。
ニット製衣類が 14 億ドルで輸出総額の 9.2％を占め，長い間 1 位であった鉱物
性燃料を上まわっている（WorldStopexports.com　2019.6.1 付）。

　縫製製品輸出の最大の仕向け先は EU である。2017 年までは日本であった。
ミャンマー商務省によると，2016 年度の縫製製品の輸出額（約 20 億米ドル）
のうち，最大の仕向け先が日本で 33％を占める。次いで EU（特にドイツ）と
韓国が各 25％，米国と中国が各 2.4％を占めると紹介している。

　主な国の輸入統計からミャンマーの「衣類」輸入額の推移をみると，次の特
徴がある（図 6-1）。

・日本，米国，ドイツ，英国，フランスの 5 か国の輸入額を比較すると，日本
　が最大である。2018 年の日本の輸入額は，9.12 億ドルで，2000 年以降の連
　続 18 年間増加している。

・2018 年の EU 全体の輸入額は日本を上回っている。ドイツ，英国，フラン
　スの 3 か国合計額は 8.73 億ドルである。

・米国の輸入は，2013 年の 196 万ドルから 2018 年の 1.84 億ドルと 4 年間で
　93.6 倍と急増している。ただし，ミャンマーは経済制裁を受け（2003 年），
　制裁前に輸出先として 5 割以上を占めていた米国市場を失いミャンマーの縫
　製業は大打撃を被った。輸入が再開された 2013 年以降の輸入は増加してい
　るものの，制裁以前の輸入額の 1/2 以下の水準に留まっている。

・ドイツの輸入増が著しい。EU 向け輸出はドイツが最も多い。ドイツのミャ
　ンマー製衣類の輸入額は，2013 年の 6,232 万ドルから 2018 年には約 4.75 億
　ドル増加の 5 億 3,770 万ドルと，5 年間に約 8.6 倍増になっている。他の EU
　諸国（英国，フランス）も 2013 年から 2018 年の 5 年間に，それぞれ 4，5

図6-1　主要輸入国におけるミャンマー製衣類の輸入状況

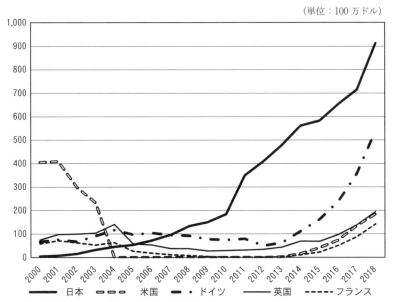

(単位：100万ドル)

注：「衣類」はHS61類とHS62類の合計を示す。
出所：各国の輸入統計。

倍増，67.6倍増とミャンマー製衣類の輸入が増えている。


## 2.2　日本のミャンマーからの衣類輸入の状況

　日本のミャンマー製衣類の輸入状況をみると，2017年に輸入額が初めて10
億ドルを超え，2018年は過去最高（12億7,944万ドル）となった。2002年以
降17年間連続して増加している（図6-2）。

　上位5品目は，非ニット製衣類（HS62類），ニット製衣類（HS61類），履
物類（HS64類），魚介類（HS03類），皮革および同製品（HS42類）である。
魚介類を除くと軽工業品である。上位2品目（HS62類，HS61類）の『衣類』
が占める割合は71.2％で，2018年は初めて7割を超えている。

　ただし，輸入額が最大のHS62類を国別にみるとミャンマーからの輸入額は
3番目に多いものの，国別シェアは4.9％に過ぎず5％に満たない。上位の中国

図 6-2　日本の対ミャンマー輸入の推移【上位 5 品目】

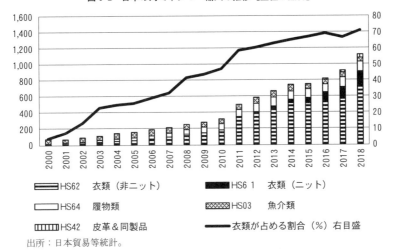

出所：日本貿易等統計。

（国別シェア 57.7%），ベトナム（同 13.8%）額と比べると，ミャンマーの 11.8 倍，2.8 倍と大きく，上位 2 か国との差は大きい。

　一方，HS61 類の「ニット製衣類」は，近年の伸びが著しい。2013 年までの輸入額は 2,000 万ドル以下であったのが，2015 年には 6,614 万ドル，2016 年には 1.15 億ドルに急増し，2018 年は前年比 32.7% 増の 1.92 億ドルになっている。急増している背景に，日本の一般特恵制度（GSP）に関する原産地規則の緩和がある（2015 年 4 月）。特恵受益国内で必要とする 2 工程ルールを廃止し，HS61 類と同様の 1 工程ルールになり輸出しやすくなった。この原産地規則の緩和を活かし，日本からのニット製衣類の受注が増えて輸入増になっている。

　2017 年の輸入統計をもとに輸入額が大きい衣類の品目をまとめたものが別表 6-1 である。表中の品目は分類 61 類と HS62 類の内訳の品目について，2017 年の日本の対ミャンマー輸入総額（10 億 6,700 万ドル）に対する商品別構成比が 0.5% 以上（533 万 4,000 ドル以上）の品目を選び出している。それを散布図にしたのが図 6-3 である。別表 6-1 および図 6-3 をもとにミャンマーの衣類輸入の特徴をあげると，次の点である。

・1 億ドルを超えるのは HS62.03 項のニット製男性用外衣（約 1 億 4,966 万ドル）の 1 品目である。男性用外衣に次いで輸入額が大きいのは HS62.01 項の

図 6-3　日本の対ミャンマー製衣類の輸入状況（散布図：2017 年）

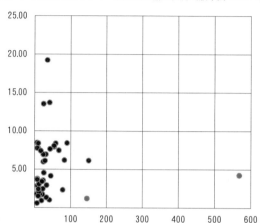

注：プロット対象は，HS61 類および HS62 類に分類する衣
　　類のうち，HS2 桁，HS4 桁，HS6 　桁，HS9 桁に分類し
　　た品目もうち，輸入額が対ミャンマー輸入総額（10.67 奥
　　ドル）の 0.5％を超える輸入額（533 万ドル）がある品目
　　とした。　縦軸は，該当品目の国別シェア（％），　横軸は
　　輸入額（単位：100 万ドル）を示す。
出所：日本貿易統計。

　ニット製男性用コート等上着類（8,840 万ドル），HS62,02 項のニット」製女
性用コート類（8,122 万ドル）と続く。

・HS61 類の非ニット製衣料品（1 億 4,922 万ドル）では，HS61.10 のセーター
　類が 3,998 万ドルが最大である。

・日本の衣類輸入市場での存在感が乏しい。図 6-3 は，別表 6-1（日本の対
　ミャンマー輸入）の 2017 年実績をプロットしたものである。縦軸は日本輸
　入市場における国別シェア（％），横軸を輸入額（100 万ドル）である。大
　多数の品目が 1 億ドル以下に集中し，しかも輸入シェアも 10％以下で，左
　下隅に集中している。日本の消費市場で輸入シェアが 5％以下の場合である
　と，多くの消費者が原産地の国を見つけることは容易ではない。

## 2.3　ミャンマーの衣類輸出と競合国との比較

### （1）　ミャンマーの比較対象国はカンボジア，バングラデシュ

　ミャンマー製衣類の競争力は，輸入統計から主要輸出先での競合状況から知ることができる。

　衣類を輸出目的で生産する国は多い。衣類の最大輸入国である米国の輸入相手国（原産国）は，HS61類（非ニット製衣類）が172か国，HS62類（ニット製衣類）が185か国もあり，1億ドル以上の国数だけでも各29もある（2017年輸入実績）。

　「衣類」輸出大国は中国，次いでベトナムである。ミャンマー製衣類の最大の輸出先である日本市場でも，中国からの輸入額は圧倒的である。　中国製衣類の輸入額はミャンマー製衣類の約23.5倍の規模である。『チャイナ＋1』の代表国であるベトナムと比較しても，ミャンマー製衣類の輸入額の4.6倍の規模がある。規模があまりにも違いすぎて比較にならない。

　日本の衣類の輸入規模でみると，ミャンマーと比較対象になる衣類の輸出国はカンボジア，バングラデシュである。カンボジア，バングラデシからの総輸

表 6-1　日本の衣類の輸入状況（2017 年）

| | 単位 | 原産国 | | | | | |
|---|---|---|---|---|---|---|---|
| | | ミャンマー | カンボジア | バングラデシュ | 中国 | ベトナム | インドネシア |
| 日本の国別輸入総額 | M.US$ | 1,067 | 1,263 | 1,168 | 164,542 | 18,540 | 19,887 |
| 対ミャンマー比（倍率） | | 1.0 | 1.2 | 1.1 | 154.2 | 17.4 | 18.6 |
| 日本の国別衣類輸入額 | M.US$ | 714 | 842 | 859 | 16,754 | 3,293 | 936 |
| 対ミャンマー比（倍率） | | 1.0 | 1.2 | 1.2 | 23.5 | 4.6 | 1.3 |
| 衣類が占める割合（％） | % | 66.9 | 66.7 | 73.5 | 10.2 | 17.8 | 4.7 |
| HS61 類の輸入額 | M.US$ | 145 | 356 | 443 | 8,532 | 1,617 | 414 |
| 国別シェア（％） | % | 1.1 | 2.8 | 3.5 | 65.6 | 12.6 | 3.2 |
| HS62 類の輸入額 | M.US$ | 569 | 486 | 415 | 8,222 | 1,677 | 521 |
| 国別シェア（％） | % | 4.2 | 3.6 | 3.1 | 60.6 | 12.4 | 3.8 |

出所：日本貿易統計（2017 年）。

入額および「衣類」輸入額は，ミャンマーの1.2倍以内である。しかも，ミャンマーと同様に衣類が占める割合が7割前後を占めている。しかも，ミャンマーと同じアジアの国で，比較対象に相応しい。

そこで，ミャンマーの衣類輸出の状況を，カンボジア，バングラデシュと比較し検討する。

### (2)　ミャンマー製衣類の特徴は，多様で小ロットのニット製衣料品

日本の対カンボジア衣類輸入，対バングラデシュ衣類輸入状況を輸入別表と同じ基準で作成し，輸入状況を比較した結果が表6-2である。

表6-2をもとにしたミャンマー製衣類には次の特徴がある。ただし，表6-2

表6-2　日本の対ミャンマー，対カンボジア，対バングラデシュの衣類輸入状況の比較

| | | ミャンマー | カンボジア | バングラデシュ |
|---|---|---|---|---|
| | 総輸入額　100万US$ | 1,066.8 | 1,263.3 | 1,168.3 |
| | 衣類輸入額 | 714.0 | 842.2 | 858.5 |
| | HS61類　100万US$ | 144.9 | 356.2 | 443.2 |
| | HS62類　100万US$ | 569.1 | 486.0 | 415.3 |
| | 総輸入額の0.5%（100万US$） | 5.33 | 6.32 | 5.84 |
| 総輸入額の0.5%以上の品目数 | 該当品目数 | 71 | 49 | 53 |
| | HS2桁レベル | 2 | 2 | 2 |
| | HS4桁レベル | 16 | 10 | 14 |
| | HS6桁レベル | 27 | 22 | 14 |
| | HS62類（ニット製） | 24 | 8 | 9 |
| | 細目（9桁） | 2 | 7 | 14 |
| | 該当品目の輸入額 | | | |
| | 品目数（1億ドル以上） | 3 | 5 | 8 |
| | 50〜100M US$ | 8 | 7 | 8 |
| | 10〜50M US$ | 24 | 24 | 24 |
| | 該当品目の輸入シェア | | | |
| | 品目数（25%以上） | 0 | 0 | 0 |
| | 10〜25% | 3 | 4 | 8 |
| | 5〜10% | 18 | 15 | 16 |
| | 最大の輸入シェア（%）（品目番号） | 19.2 (HS62.03.12) | 14.2 (HS62.05.69) | 16.8 (HS62,04.69.) |

出所：日本輸入」統計（2017年）をもとに作成。

の品目選定基準（国別総輸入額の 0.5%以上）は，近似しているものの同額ではないことに留意することが必要である。

① 3か国からの輸入規模，衣類輸入規模は，近似し大差がない（表 6-1 と同様）

② ミャンマー製衣類はニット製衣類が主である。HS61 類（非ニット製品）と HS62（ニット製品）に分けると，ミャンマーはニット製品の割合が 79.7% と高く，ニット製衣類が主体である。一方，ニット製衣類が占める割合は，バングラデシュからの輸入では 48.3% で，カンボジアはその中間（約 57.7%）である（表 6-1 と同様）。

③ ミャンマー製衣類は輸入品目が多様で品目数が多い。総輸入額の 0.5% を超える輸入額を持つ品目数を数えると，ミャンマーが上回る。なかでも，HS62 類（ニット製）の HS6 桁レベルではミャンマーが 24 品目であるのに対し，カンボジアが 8 品目，バングラデシュが 9 品目である。HS62 類の輸入額はミャンマーが大きいが，品目数ほどの差がない。

④ 日本の輸入市場で国別シェアが高い品目が，カンボジアやバングラデシュに比べ少ない。国別輸入シェアの分布では，3か国とも 25% を超えるシェアがある品目はない。ただし，10〜25% の輸入シェアを持つ品目数はバングラデシュが 8 であるのに対し，ミャンマーは 3 品目に留まる。シェアが最大である品目は HS62.03.12 の男性用合繊製上着（非ニット）で，国別シェアが 19.2%（輸入額 3,400 万ドル）である。

⑤ 輸入額が 1 億ドル以上の品目はミャンマーが 3 品目であるのに対し，カンボジアは 5 品目，バングラデシュは 8 品目である。

こうした結果から，ミャンマーから輸入される衣類は，小ロットで多様なニット製衣類に特徴がある。


## 2.4　日本以外の輸入市場での競合状況

### (1)　米国の輸入市場での競合比較

日本以外の輸出国での競合状況を知るために，選んだ国が米国である。その理由は次の点である。

表 6-3　米国における「衣類」の輸入状況（2017 年）

| 品目＼輸出国 | ミャンマー | カンボジア | バングラデシュ | 中国 | ベトナム | インドネシア | ホンジュラス |
|---|---|---|---|---|---|---|---|
| 総額（Mil/US$） | 366 | 3,066 | 5,687 | 505,470 | 46,488 | 20,209 | 4,581 |
| 衣類が占める割合(%) | 36.7 | 70.6 | 86.1 | 5.4 | 24.7 | 22.7 | 55.5 |
| 衣類（Mil/US$） | 135 | 2,166 | 4,895 | 27,283 | 11,467 | 4,595 | 2,542 |
| ミャンマーとの比較(倍率) | 1.0 | 16.1 | 36.4 | 202.7 | 85.2 | 34.1 | 18.9 |
| HS61 類 | 62 | 1,604 | 1,374 | 14,304 | 6,761 | 2,373 | 2,072 |
| 　国別シェア（%） | 0.1 | 3.6 | 3.1 | 32.3 | 15.3 | 5.4 | 4.7 |
| HS62 類 | 73 | 562 | 3,520 | 12,979 | 4,706 | 2,222 | 471 |
| 　国別シェア（%） | 0.2 | 1.5 | 9.6 | 35.5 | 12.9 | 6.1 | 1.3 |

出所：米国輸入統計。

　第 1 に米国が世界最大の衣類輸入国であること。米国市場は，① 世界で最も『輸出しやすく』，『商品の嗜好性が多様化』しているうえに販売ルートが整っているので，販路開拓が他国より容易である，②『高級品から低級品まで多様な商品が販売されている』ので，米国輸出を狙いやすい，③ 日本の輸入が少ない中米・カリブ諸国などからの輸入も多く，それらの国との競合する品目を知ることもできる。第 2 にミャンマーは米国等から経済制裁を受けるまで，米国は制裁前の最大の輸出先であった。

　なお，米国市場に近い中米・カリブ海諸国も強力な競合国である。そこで，表 6-3 にはアジア諸国以外にホンジュラスの輸入状況を付け加えた。ホンジュラスからの衣類輸入規模はカンボジアのそれに近く，T-シャツ（HS61.10）の主要生産国で米国の輸入額（7.4 億ドル）は 1 位（シェア 13%）である。

### (2)　米国輸入市場での競合状況

　米国の輸入状況について表 6-1 と同様の表を作成し，比較してみた（表 6-4）。この表からわかる主な点は次の点である。ただし，米国輸入市場における 3 か国の輸入規模の違いが大きく異なっている。このため，3 か国を比べることに重点を置くのではなく，3 国の輸出の違いをみてみることなる。

　ミャンマー製衣類の輸入規模は，カンボジア，バングラシュのそれと比べる

表 6-4　米国における 3 か国の比較 (2017 年)

| | ミャンマー | カンボジア | バングラデシュ |
|---|---|---|---|
| 総輸入額　100 万 US$ | 366.36 | 3,066.28 | 5,687.41 |
| 衣類輸入額 | 134.62 | 2,165.68 | 4,894.51 |
| 　HS61 類　100 万 US$ | 61.55 | 1,603.73 | 1,374.38 |
| 　HS62 類　100 万 US$ | 73.08 | 561.95 | 3,520.13 |
| 総輸入額の 0.5% (100 万 US$) | 1.83 | 15.33 | 28.44 |
| 　　　ミャンマー比 (倍率) | 1.0 | 8.4 | 15.5 |
| 　該当品目数 | | | |
| 　　　HS2 桁 | 2 | 2 | 2 |
| 　　　HS4 桁 | 14 | 23 | 18 |
| 　　　HS6 桁 | 18 | 34 | 26 |
| 　該当品目の輸入額 | | | |
| 　　品目数 (10 億ドル以上) | 0 | 1 | 4 |
| 　　　5〜10 億ドル | 0 | 1 | 4 |
| 　　　1〜5 億ドル | 0 | 12 | 25 |
| 最大の輸入額 (100 万 $)【品目番号】 | 21<br>(HS62.04) | 410<br>(HS61.10) | 1,466<br>(HS62.03) |
| 　該当品目の輸入シェア | | | |
| 　　品目数　25% 以上 | 0 | 0 | 16 |
| 　　　10〜25% | 0 | 10 | 25 |
| 　　　5〜10% | 0 | 23 | 22 |
| 最大の輸入シェア (%)【品目番号】 | 1.88<br>(HS62.10.50) | 21.9%<br>(HS61.07.22) | 27.9%<br>(HS62.09.20) |

出所：米国輸入統計 (2017 年) をもとに作成。

と，非常に小さい（前述のとおり）。その結果，総輸入額の 0.5% に相当する額は，ミャンマーが 183 万ドルに対し，カンボジアは 1,533 万ドル，バングラデシュは 2,844 万ドルと大差がある。

　ミャンマー製衣類の輸入額が小さく，『強み』がある品目がない。このため，巨大な米国輸入市場で高いシェア（市場占有率）を獲得できず，ミャンマー製衣類の存在感が小さい。最もシェアが大きい品目（HS62.10.50）でも 1.88% だから，低価格帯の商品を扱う小売店でミャマー製商品を見つけることは容易ではない。一方，カンボジア製衣類やバングラデシュ製衣類は 20% を超える品目があり，特定分野で米国市場を獲得している。HS4 桁レベルの輸入額でみ

ても，ミャンマーは21百万ドル（HS62.04）に対し，カンボジアは4.1億ドル（HS61,10），バングラデシュは14.66億ドル（HS62.03）である。

なお，ドイツの輸入状況を米国と同様の分析をすると，結果の傾向は同じである。ミャンマーからの輸入はバングラデシュからの輸入に大きく離され，存在感が乏しい。英国の輸入状況も同様の結果になっている。

## 3. ミャンマーの縫製産業

### 3.1 CMP型の委託生産方式による生産形態

ミャンマーでの衣料品製造は，一般に『Cutting, Making and Packing（CMP）型』ビジネスモデルと呼ぶ委託生産の受注で行われている（図6-4）。生産者は，主要な原材料（生地，付属品等）を無為替で輸入し，ミャンマー国内の縫製工場で裁断（C），縫製（M），仕上げ（T），梱包（P）して製品を全量輸出する。欧米諸国の商品季節性から委託契約期間は6か月程度である。

生産を委託しているのは，主として先進諸国の大規模小売店である。例え

図 6-4　CMP型生産方式

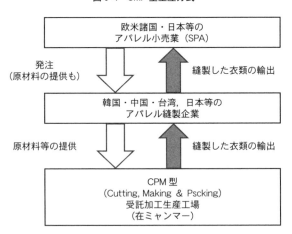

出所：筆者作成。

ば, INDITEX（スペイン）, H&M（スウェーデン）, ADIDAS（ドイツ）, GAP, OLD NAVY（米国）, ZARA（スペイン）などである, 日本のブランドではユニクロ, ミキハウス, ワコールなどがある。

　ミャンマーで縫製した衣類は, 委託先企業の配送センターに出荷し, その後各地の店舗に送られ販売する。ミャンマーから小売店が販売先の国ごとに仕分けて直接輸出することはない。例えば, ZARA ブランドを販売する INDITEX は, 中国を含め各地で生産した商品をスペインの物流センターに納入させ, 需要に応じて小売店ごとに仕分けて店舗むけに配送している。

　欧米の大手企業は発注量が 10 万着単位以上と大きい。小規模な地場企業では対応ができず, 中国・香港・台湾などの中華系企業, 韓国系企業等の外資系企業が受注し生産している。一方, ミャンマーの地場企業は数千着程度の小ロットの生産を手掛けることが多いとされる。

## 3.2　外国企業の進出

　ミャンマーの縫製産業を支えるのは, 中国（香港を含む）, 韓国, 台湾, 日本などの外資系企業である。ミャンマー投資企業管理局（DICA）の認可をうけた外資系企業数と認可額は, 東アジアの国・地域が上位に集中している（表6-5）。最も大きいのは多国籍企業の子会社からの投資を含むシンガポールで, 中国が 2 番目に大きい。DICA は国別業種別の投資実績を明らかにしていないので, 縫製業の投資額はわからない。なお, 縫製産業の 1 件あたりの投資額は大きくないので, 投資実態は金額よりも件数が重要であるとの見方ができるが, 件数も不明である。

　委託加工形態での輸出入には, ミャンマー投資委員会（Myanmar Investment Commission,「MIC」）に申請・承認を得て, 企業登記手続きを行い輸入原材料の免税を得ることが必要である。MIC は, 2016 年 3 月から 2018 年 3 月までの約 2 年間に認可した 400 件の企業・業種・出資形態を明らかにしている。その 400 件のうち, CMP 企業として認可を得たのは 78 件あり, 縫製業が最多（58 件）である。出資形態別では外資 100％による出資が 51 件と約 9 割を占め, 合弁事業は 5 件, ミャンマー資本は 2 件にとどまる（表 6-6）。

表 6-5　ミャンマーの対内直接投資状況（DICA の認可統計）

（単位：件数，100 万ドル）

| 国・地域 | 登記（Existing）事業者 | | | 認可（permitted）事業者 | | |
|---|---|---|---|---|---|---|
| | 法人数 | 認可額 | 順位 | 法人数 | 認可額 | 順位 |
| （合計） | 1,173 | 61,932 | | 1,474 | 76,074 | |
| シンガポール | 233 | 17,871 | 1 | 279 | 19,032 | 2 |
| 中国 | 206 | 17,138 | 2 | 237 | 19,956 | 1 |
| 香港 | 147 | 7,706 | 3 | 168 | 7,820 | 4 |
| タイ | 75 | 3,900 | 4 | 117 | 11,047 | 3 |
| 韓国 | 139 | 3,744 | 5 | 153 | 3,817 | 6 |
| ベトナム | 18 | 1,294 | 7 | 18 | 2,100 | 7 |
| マレーシア | 33 | 1,119 | 9 | 63 | 1,955 | 8 |
| 日本 | 93 | 974 | 10 | 104 | 1,076 | 10 |
| インド | 24 | 737 | 11 | 26 | 744 | 11 |

注：2018.4.30 現在。
　　シンガポールからの進出には，シンガポールに進出した日系企業などの外資
　　系企業による投資を含む。香港も同様。
出所：ミャンマー投資企業管理局（DICA）。

表 6-6　CMP 型事業所の認可状況（ミャンマー投資委員会）

| 製造分野 | CMP 型事業所の認可件数 | | | | |
|---|---|---|---|---|---|
| | 認可件数 | 外資（100％） | 合弁 | 地場資本 | |
| 衣類製造 | 58 | 51 | 5 | 2 | 「衣類製造」には「下着」，「縫製品」製造業を含む |
| 繊維製造 | 2 | | 2 | | 「繊維製造」はポリエステル繊維糸の製造業 |
| はきもの製造 | 5 | 4 | 1 | | |
| かばん製造 | 8 | 8 | | | |
| 手袋　製造 | 1 | | 1 | | |
| 傘　製造 | 1 | | | 1 | |
| 食品　製造 | 1 | | | 1 | |
| 医療器具製造 | 1 | 1 | | | |
| 電気機器　製造 | 1 | 1 | | | |
| （合計） | 78 | 65 | 9 | 4 | |

注：ミャンマー投資委員会（MIC）が認可した一覧表（2017 年 3 月から 2018 年 3 月までの 400 件）
　　をもとに集計。

　なお，Myanmar Business Times（2016.8.20 付）の報道によると，CMP 認可の縫製工場数を 389，そのうち外資系企業の工場数が 196 である。報道時期と表 6-4 の認可企業の認可時期に重複がないので，CMP 型縫製企業数は 450 を超え，100％出資の外資系工場が過半数を占めると考えてよい[2]。なお，縫製工場に働く雇用者数は少なくとも 35 万人以上で，女性従業員が約 9 割を占めると推測されている。

　日本企業の CMP の認可を受けた事業所数（工場数）は分らない。東洋経済新報社の海外進出企業総覧（2018 年版）の掲載企業 120 社中 7 社が「繊維衣服製造業」である。小島衣料，ハニーズ，マツオカ・コーポレーション，ワコール（子会社のルシアン）などである（末尾の別表）。進出企業の特徴には，① 中国をはじめベトナム，バングラデシュ，カンボジア，インドネシアなど，ミャンマー以外のアジアの国々にも，生産拠点を持つ企業である。② ミャンマー進出の韓国系企業等に生産を委託する例がある。③ 衣類の縫製を行う以外の進出例に，検品サービスを主とした事業を行う企業が進出している。自社以外の工場で生産する商品の検品・補修，生産指導等を行っている，④ 委託先は日本企業が主で，最終需要者の多くは日本である。自社あるいは親会社が小売店舗を持ち，ミャンマーに生産子会社が進出している，等である。

# 4. LDC 卒業と今後の課題

## 4.1　ミャンマー製衣類の輸出課題

　近年のミャンマーの衣類輸出は好調で，今後も着実な増加が見込まれる。ただし，米国市場，ドイツ・英国等の EU 市場では，ミャンマーからの衣類輸入規模は，隣国のバングラデシュ，カンボジアと比べると小さい。このため，課題の第 1 は世界最大の輸入規模を持つ米国市場でのシェアを高めることにある。

　ミャンマーは民生移管が実現するまで GSP の適用を受けることができなかった。経済制裁前に衣類輸出先の 5 割を占めていた米国市場から締め出さ

れ，2004～2012 年の 9 年間は米国の輸入実績はない。このため，米国輸出に大きく依存していたミャンマーの縫製品産業は壊滅的な打撃を受けた（図6-5-(1)）。

その間，カンボジアは内戦終結後に米国や EU から優遇措置を受け大発展した。1996 年時点でみると，ミャンマー製衣類の輸入額（8,358 万ドル）はカンボジアからの輸入額（237 万ドル）の 35 倍の規模であった。ところが，1997年以降のカンボジアの衣類輸入額は急増しミャンマーからの輸入を大きく上回るようになり，ミャンマーが経済制裁をうけていた間に衣類生産・輸出国として発展を遂げ，ミャンマーからの衣類輸入額の約 13.3 倍の規模がある（図6-5-(2)）。

再開直後の 2014 年，GAP が韓国系企業に委託し米国向け生産を開始するなどを契機に，米国向け輸出は年々増加している。2017 年は再開後の最高額の約 1.35 億ドルとなったが，2000～2001 年当時の 4 億ドル台の約 1/3 の水準に留まっている。仮に，2000 年当時の国別輸入シェア（約 1.5%）を維持できていると仮定すると，現在の約 5 倍規模（約 6.6 億ドル）になる。そうした状況を作り出せるかが課題である。

数年前から『China＋1』と言われ，中国から他国に生産拠点を移すないし中国以外の国の拠点を拡充する動きがある。ミャンマーにとって中国の隣国である地の利を生かす絶好の機会である。なお，制裁解除後のミャンマー製品のHS2 桁分類レベルでの 1 位は皮革製品（HS42 類）である。衣類の輸出拡大に加え，衣類以外の分野での輸出が増えることは望ましい。

第 2 が，外資系企業誘致の一層の努力と，他の競合国に比べて衣類生産国と有利となる施策である。生産方式が先進諸国の衣料品販売先からの生産委託方式（CMP 方式）だから，生産を受託できる地場の企業を育成するとともに生産主力の韓国・中国・日本等から進出した外資系企業の誘致を進めることが，米国だけでなく EU 他の主要市場での販売増～輸出増につながる。

発注元の衣料品販売企業は世界各地に委託先を持ち，競争相手はバングラデシュ，カンボジアだけではない。中国，ベトナムなどのアジア諸国，ホンジュラス，メキシコ，グアテマラ，ハイチなどの中米・カリブ諸国など世界各地にある。

図 6-5　米国のミャンマー製衣類の輸入額推移

(1) ミャンマーからの輸入推の推移

（単位：100 万 US$（左），%（右））

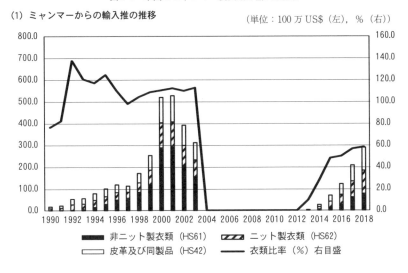

■■■ 非ニット製衣類（HS61）　　▨▨▨ ニット製衣類（HS62）
□□□ 皮革及び同製品（HS42）　　── 衣類比率（%）右目盛

(2)　カンボジアからの衣類輸入との比較

（単位：100 万ドル）

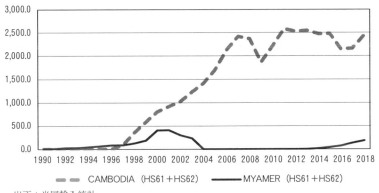

━ ━ CAMBODIA（HS61＋HS62）　　──── MYAMER（HS61＋HS62）

出所：米国輸入統計。

　H&M の委託先をみると，ミャンマーにある工場は 62 に対し，バングラデ
シュは 516 と 8 倍以上の差がある。GAP Inc.がミャンマーに委託しているの
は 1 事業所（従業員規模：1,001−5,000 人）しかない。一方，カンボジアは 47
事業所，バングラデシュは 48 事業所と圧倒的な差がある。さらにミャンマー
委託先の工場規模（従業員数）は小さく，1 万人を超える工場が 4 か所もある

バングラデシュとの差は工場数以上に大きい（表6-7）。

　委託工場数の差は，委託先の発注量に関係し委託先工場からの生産量ひいては輸出量に反映する。このため，大口の受注能力がある韓国や中華系企業の縫製企業を誘致することが必須の要件になる。そのためには競合国以上に生産委託を請け負う外資系企業が進出しやすい投資環境を整備する『投資環境整備の競争』のうえで優位にたつことである。その際，欠かせないのが大手販売企業から信頼を勝ち取ることが不可欠である。この点は次項でふれる。

　第2が衣類生産を委託する欧米企業への信頼感の醸成である。衣類生産国は中国やASEAN等アジア諸国だけではない。中米・カリブ海，東欧諸国，マダガスカル等のアフリカ諸国など全世界に広がり，激しい競争が行われている。近年ではエチオピア等の新たな生産国が生まれている。将来はロボットミシンによる生産も普及する。

　一方，発注者側では企業の社会的責任をより重視する方向に転じている。衣類生産国として発展するのは，安くて豊富な労働力に加えて委託生産を請け負う国の労働環境，環境に対する配慮が優れた国を志向する。労働・環境等に十分配慮し『安心して任せられる生産環境』を持つ国になることへの競争に対し，先んじることが優位になる時代に転換している。日系企業もミキハウス，ワコールの現地法人が企画・生産を委託したタキヒョーが生産を任せた韓国系

表6-7　大手衣料販売企業の衣類生産の委託工場数

| | 時点 | MYANMAR | CAMBODIA | BANGLADASH |
|---|---|---|---|---|
| H&M（合計） | 2019.2.25 | 62 | 65 | 516 |
| 　　　SUPPLIER | | 26 | 26 | 178 |
| 　　　FACRORY | | 36 | 39 | 318 |
| GAP | 2019.5 | 1 | 47 | 48 |
| （従業員数）　＞10,000 | | 0 | 0 | 4 |
| 　　5,001〜10,000 | | 0 | 0 | 5 |
| 　　1,001〜5,000 | | 1 | 22 | 26 |
| 　　0〜1,000 | | 0 | 25 | 13 |
| UNIQLO | 2018.03.31時点 | 0 | 5 | 10 |

出所：各社のSIPPLIERS LISTただし，H&Mは掲載サイトへのアクセス日を示す。

企業（SEINUS Co）のミャンマー工場が，長時間労働，賃金の不払い，不衛生な労働環境等を NGO の Human Rights Now（HRN）から指摘を受け改善した苦い経験を持つ。

　第3が，イスラム系少数民族・ロヒンギャの難民帰還と人種差別問題である。この問題に対し，欧米諸国や国際 NGO がミャンマー政府の対応を注視し，解決を求めている。世界銀行はミャンマーの懸念要因ないし阻害要因にあげ，外国からの直接投資への影響を懸念する。ロヒンギャへの行為に対し，国際 NGO だけでなく断固とした姿勢を示す外国企業もある。この問題への対応が不適切であると，人権を重視する欧米諸国や欧米系企業はミャンマーに対し厳しい対応になる。EU は武器を除く全品目に適用しているミャンマー商品の GSP の適用を停止する可能性がある。EU はミャンマーに対する特恵制度を停止する意向を示したことがある（2018.10.5）。GSP 適用の停止だけでなく，外国からの直接投資の停滞，欧米諸国等からの観光客の減少など，ミャンマー経済に深刻な影響を与えることになる。

## 4.2　ミャンマーの『LDC 卒業』時期と LDC 卒業への備えと課題

　ミャンマーは，後発途上国（LDC）の『卒業』要件を満たしていると UNCTAD（国連貿易開発会議）が発表した（2018.03）。2021 年に再度『卒業要件』を満たすと，2024 年には開発途上国から『卒業』することになる。ミャンマーだけでなく，アジアではラオスとバングラデシュが，同時期に『卒業』を迎える状況にある。後発途上国が『卒業』できることは国際的な地位を高めることで好ましい（表 6-8）。

　一方，『LDC 卒業』は，享受してきた GSP 等による関税上の優遇措置や LDC 諸国を対象にした ODA を受けられなくなることによる影響が懸念される。特に，衣類の輸出の増加は，関税上の優遇措置を活かしたことが大きかっただけに，衣類だけでなく，履物類，カバン・袋物等の分野では，輸出産業の生産国としての能力を高め『LDC 卒業』に備えることが喫緊の課題になる。なお，カンボジアは 2018 年のレビューで『卒業基準』をクリアできていないので，カンボジアよりも早く『卒業』するミャンマーにとって縫製業等の生産

表 6-8　LDC 卒業指標とレビュー結果（2018 年 3 月時点）

| 項目 | 達成項目 | 1 人当たり GNI | HAI | EVI |
|---|---|---|---|---|
| 卒業基準 | 2 | 1,230 以上 | 66 以上 | 32 以下 |
| カンボジア | 1 | 1,075 | 68.9 | 34.8 |
| ラオス | 2 | 1,996 | 72.8 | 33.7 |
| ミャンマー | 3 | 1,255 | 68.5 | 31.7 |
| バングラデシュ | 3 | 1,274 | 73.2 | 25.2 |

注：1.　GNI：1 人当たり国民総所得（3 年平均）。
　　　　ラオスのみ LDC 認定時期の違いにより卒業基準が 1,242 以上。
　　2.　HAI　人的資源開発の程度を表すための指標。
　　3.　EVI　外的ショックからの経済的脆弱性を表すための指標。
出所：UNCTAD "2018 Triennial Review".

　地の魅力を高めていけるのかが問われることになる。
　そのために，輸出品目の多角化を図ることが重要な課題になる。衣類等の労働集約的な軽工業品輸出や天然資源に依存しない品目を増やすことへの取り組みである。
　ミャンマーは中国，インド，タイに国境を接し巨大な市場にアクセスする絶好な地理的環境を持つ。可能性の一端を近年急増している HS85 類の輸出が示している。そのためには，アジアの生産・販売のネットワークに位置づけできる製造業企業の誘致が欠かせない（表 6-9）。

**表 6-9　電気機器（HS85 類）分野における日本およびタイの輸入状況（例）**

（単位：1,000US$）

| | 日本の輸入 | | | | タイの輸入 | | | |
|---|---|---|---|---|---|---|---|---|
| | 2015 | 2016 | 2017 | 17/'15 | 2015 | 2016 | 2017 | 17/'15 |
| 総額 | 865,119 | 940,279 | 1,066,811 | 1.23 | 3,556,719 | 2,368,005 | 2,501,910 | 0.70 |
| HS85 類　電気機器および同部品 | 4,841 | 7,314 | 14,322 | 2.96 | 2,911 | 12,518 | 23,003 | 7.90 |
| 85,18.29 Loudspeakers, Other Than Those Of Subheading 8518. | 780 | 1,553 | 4,958 | 6.35 | 32 | 701 | 691 | 21.64 |
| 85.04Electrical Transformers, Static Converters Or Inductors | 0 | 1,502 | 3,340 | | 84 | 944 | 6,070 | 72.54 |
| 85.04.31 Transformers Nesoi, Power Handling Cap Nov 1 Kva | — | — | — | | 34 | 548 | 3,893 | 114.39 |
| 85.04.90 Pts For Elect Transformers Static Converters Indct | 0 | 1,502 | 3,340 | | 0 | 36 | 335 | |
| 85.36.10 Fuses For Voltage Not Exceeding 1000 V | 2,187 | 1,813 | 2,725 | 1.25 | 0 | 3 | 320 | 694.40 |
| HS85.25.80 Television Camera, Digitl Camra & Vid Cam Recorder | 1,122 | 1,895 | 1,525 | 1.36 | — | — | — | |
| HS85.48.90-10mage Sensors Of The Contact Type Comprising A Pho | — | — | — | | 4 | 10 | 5,267 | 1,228.66 |

出所：日本輸入統計　タイ輸入統計。

## 別表 6-1　日本のミャンマーからの輸入状況

| 順位 | HS | | | 品目名 | 輸入額 (100万米ドル) | | | 伸び率 (%) | 商品別構成比 (%) | 市場別構成比 | 輸入数量 (1千) | 単価 (米ドル) | |
|---|---|---|---|---|---|---|---|---|---|---|---|---|---|
| | | | | | 2015 | 2016 | 2017 | 2017 | 2017 | 2017 | 2017 | 2017 | 単位 |
| | | | | 輸入総額 | 865 | 940 | 1,067 | 13.5 | 100.00 | 0.16 | — | — | |
| 1 | 62 | | | Apparel Articles And Accessories, Not Knit Etc. | 515 | 537 | 569 | 6.1 | 53.34 | 4.19 | | — | |
| | | 6203 | | Men'S Or Boys' Suits, Ensembles Etc, Not Knit Etc | 138 | 143 | 150 | 4.9 | 14.03 | 6.08 | 11,218 | 13.34 | NO |
| | | | 620343 | Men'S Or Boys' Trousers Etc, Not Knit, Synth Fiber | 48 | 52 | 57 | 9.5 | 5.33 | 8.31 | 6,854 | 8.30 | NO |
| | | | 620343200 | Men'S Or Boys' Trousers, Bib And Brace Overalls, B | 48 | 52 | 57 | 9.5 | 5.33 | 8.31 | 6,854 | 8.30 | NO |
| | | | 620312 | Men'S Or Boys' Suits Of Synthetic Fibers, Not Knit | 30 | 27 | 34 | 25.5 | 3.17 | 19.20 | 882 | 38.39 | NO |
| | | | 620311 | Men'S Or Boys' Suits Of Wool, Not Knit | 21 | 25 | 23 | -7.3 | 2.15 | 5.91 | 337 | 67.83 | NO |
| | | | 620342 | Men'S Or Boys' Trousers Etc, Not Knit, Cotton | 16 | 15 | 13 | -17.2 | 1.19 | 1.56 | 1,816 | 7.01 | NO |
| | | | 620333 | M/B Suit-Type Jackets & Blazers Synthetic Fib,N Kt | 7 | 7 | 8 | 13.6 | 0.79 | 7.69 | 375 | 22.55 | NO |
| | | | 620341 | M/B Trouser Overalls Breeches Shorts Wool, Nt Knit | 8 | 6 | 6 | 1.5 | 0.53 | 8.40 | 288 | 19.68 | NO |
| | | 6201 | | Men'S Or Boys' Overcoats, Cloaks Etc, Not Knit Etc | 97 | 82 | 88 | 7.8 | 8.28 | 8.36 | 5,000 | 17.67 | NO |
| | | | 620193 | M/B Anoraks Ski Jackets & Smlr Art Manmade Fib,Nkt | 48 | 47 | 52 | 12.3 | 4.92 | 7.87 | 3,579 | 14.67 | NO |
| | | | 620193200 | Men'S Or Boys' Anoraks (Including Ski-Jackets), Wi | 48 | 47 | 52 | 12.5 | 4.92 | 8.01 | 3,579 | 14.67 | NO |
| | | | 620113 | Men'S Or Boys' Overcoats Etc, Not Knit, Mnmd Fiber | 30 | 22 | 24 | 8.0 | 2.21 | 13.48 | 1,084 | 21.75 | NO |
| | | | 620111 | M/B Overcoats Carcoats Similar Art Wool, Not Knit | 10 | 9 | 6 | -33.8 | 0.57 | 7.70 | 114 | 53.38 | NO |
| | | 6202 | | Women'S Or Girls' Overcoats Etc, Not Knit Or Croch | 69 | 70 | 81 | 16.8 | 7.61 | 6.13 | 4,926 | 16.49 | NO |
| | | | 620213 | Women'S Or Girls' Overcoats Etc, Not Knit, Mm Fib | 39 | 35 | 41 | 18.2 | 3.88 | 7.58 | 2,227 | 18.57 | NO |
| | | | 620293 | W/G Anoraks Ski Jackets & Smlr Articles Mmf, N Kt | 17 | 20 | 30 | 48.2 | 2.80 | 6.88 | 2,258 | 13.22 | NO |
| | | 6204 | | Women'S Or Girls' Suits, Ensemb Etc, Not Knit Etc | 55 | 69 | 76 | 10.4 | 7.17 | 2.26 | 10,195 | 7.50 | NO |
| | | | 620463 | Women'S Or Girls' Trousers Etc Not Knit, Syn Fiber | 14 | 20 | 22 | 14.2 | 2.09 | 3.48 | 3,247 | 6.88 | NO |
| | | | 620462 | Women'S Or Girls' Trousers Etc Not Knit, Cotton | 20 | 21 | 22 | 3.3 | 2.03 | 2.37 | 3,481 | 6.21 | NO |
| | | | 620469 | Women'S Or Girls' Trousers Etc Not Knit, Tex Nesoi | 2 | 6 | 7 | 22.4 | 0.64 | 2.80 | 858 | 7.89 | NO |
| | | | 620433 | W/G Suit-Type Jackets & Blazers Syn Fibers, N Knit | 3 | 4 | 6 | 43.1 | 0.60 | 3.70 | 567 | 11.25 | NO |
| | | | 620453 | Women'S/Girls' Skirts Synthetic Fibers, Not Knit | 3 | 6 | 6 | -5.0 | 0.53 | 1.72 | 713 | 8.00 | NO |
| | | 6205 | | Men's Or Boys' Shirts, Not Knitted Or Crocheted | 63 | 67 | 66 | -1.7 | 6.17 | 7.41 | 10,380 | 6.34 | NO |
| | | | 620530 | Men'S Or Boys' Shirts, Not Knit, Manmade Fibers | 40 | 43 | 40 | -7.1 | 3.76 | 13.65 | 7,056 | 5.69 | NO |
| | | | 620520 | Men'S Or Boys' Shirts, Not Knit, Of Cotton | 21 | 23 | 24 | 7.4 | 2.28 | 4.47 | 3,179 | 7.65 | NO |
| | | 6211 | | Track Suits, Ski-Suits & Swimwear, Not Knit Etc | 42 | 50 | 43 | -13.5 | 4.06 | 4.07 | 5,327 | 8.14 | NO |

| 順位 | HS | | 品目名 | 輸入額<br>(100万米ドル) | | | 伸び率<br>(%) | 商品別<br>構成比<br>(%) | 市場別<br>構成比 | 輸入<br>数量<br>(1千) | 単価<br>(米ドル) | |
|---|---|---|---|---|---|---|---|---|---|---|---|---|
| | | | | 2015 | 2016 | 2017 | 2017 | 2017 | 2017 | 2017 | 2017 | 単位 |
| | | 621133 | Men'S Or Boys' Other Garments Manmade Fibers, N Kt | 22 | 26 | 23 | -11.4 | 2.14 | 6.88 | 2,446 | 9.32 | NO |
| | | 621143 | Oth Gar Wom Grls Mm Fib Ex Track Ski-Suits Swmwer | 9 | 14 | 11 | -23.0 | 1.04 | 2.99 | 1,819 | 6.09 | NO |
| | 6206 | | Women'S Or Girls' Blouses, Shirts Etc Not Knit Etc | 24 | 31 | 32 | 4.4 | 2.99 | 2.86 | 5,537 | 5.76 | NO |
| | | 620640 | W/G Blouses, Shirts & Shirt Blouses Mmf, Not Knit | 9 | 12 | 19 | 55.3 | 1.80 | 3.34 | 3,517 | 5.45 | NO |
| | | 620630 | W/G Blouses Shirts & Shirt Blouses Cotton,Not Knit | 10 | 14 | 11 | -23.7 | 0.99 | 2.27 | 1,752 | 6.05 | NO |
| | 6210 | | Garments, Of Felt Etc, Or Fabric Impregnated Etc | 22 | 21 | 27 | 32.9 | 2.57 | 6.05 | 1,552 | 17.70 | NO |
| | | 621040 | Men'S Or Boys' Garments, Not Knit, Coated Etc | 14 | 13 | 16 | 25.8 | 1.48 | 7.35 | 823 | 19.24 | NO |
| | | 621050 | Women'S Or Girls' Garments, Not Knit, Coated Etc | 7 | 6 | 9 | 51.1 | 0.84 | 8.32 | 606 | 14.75 | NO |
| 2 | 61 | | Apparel Articles And Accessories, Knit Or Crochet | 66 | 115 | 145 | 25.6 | 13.58 | 1.13 | | — | |
| | 6110 | | Sweaters, Pullovers, Vests Etc, Knit Or Crocheted | 22 | 34 | 40 | 17.3 | 3.74 | 0.93 | 8,017 | 4.97 | NO |
| | | 611030 | Sweaters, Pullovers Etc, Knit Etc, Manmade Fibers | 15 | 23 | 31 | 38.0 | 2.93 | 1.27 | 6,901 | 4.53 | NO |
| | | 611020 | Sweaters, Pullovers Etc, Knit Etc, Cotton | 2 | 7 | 6 | -12.1 | 0.54 | 0.50 | 963 | 5.95 | NO |
| | 6104 | | Women'S Or Girls' Suits, Ensemb Etc, Knit Or Croch | 10 | 19 | 21 | 9.1 | 1.92 | 1.66 | 3,532 | 5.81 | NO |
| | | 610463 | W/G Trouser Overall Breeches Shorts Syn Fib, Knit | 6 | 9 | 9 | 3.4 | 0.87 | 2.09 | 1,671 | 5.55 | NO |
| | 6109 | | T-Shirts, Singlets, Tank Tops Etc, Knit Or Crochet | 4 | 8 | 18 | 116.6 | 1.72 | 0.83 | 6,095 | 3.00 | NO |
| | 6106 | | Women'S Or Girls' Blouses & Shirts, Knit Or Croch | 5 | 13 | 14 | 11.1 | 1.32 | 1.74 | 3,590 | 3.91 | NO |
| | 6103 | | Men'S Or Boys' Suits, Ensembles Etc, Knit Or Croch | 4 | 8 | 11 | 37.5 | 1.00 | 1.94 | 1,963 | 5.43 | NO |
| | 6105 | | Men's Or Boys' Shirts, Knitted Or Crocheted | 1 | 4 | 9 | 134.9 | 0.87 | 2.35 | 1,474 | 6.31 | NO |
| | 6108 | | Women'S Or Girls' Slips, Pjs, Etc, Knit Or Crochet | 3 | 7 | 9 | 27.3 | 0.84 | 1.44 | 6,453 | 1.39 | NO |
| | 6102 | | Women'S Or Girls' Overcoats Etc, Knit Or Crochet | 5 | 6 | 6 | 5.0 | 0.60 | 3.60 | 527 | 12.11 | NO |
| 3 | 64 | | Footwear, Gaiters Etc. And Parts Thereof | 111 | 99 | 122 | 23.1 | 11.42 | 2.30 | | — | |
| | 6403 | | Footwear, Outer Sole Rub, Plast Or Lea & Upper Lea | 78 | 52 | 62 | 17.4 | 5.77 | 5.18 | | — | |
| | 6402 | | Footwear, Outer Sole & Upper Rubber Or Plast Nesoi | 14 | 22 | 35 | 55.2 | 3.24 | 2.19 | | — | |
| | 6404 | | Footwear, Outer Sole Rub, Plast Or Lea & Upper Tex | 16 | 22 | 22 | 2.3 | 2.09 | 1.09 | | — | |
| | 6405 | | Footwear Nesoi | 1 | 1 | 3 | 74.0 | 0.23 | 2.19 | | — | |
| | 6406 | | Parts Of Footwear; Insoles Etc; Gaitors Etc, Parts | 0 | 1 | 1 | -16.0 | 0.09 | 0.38 | | — | |
| 4 | 03 | | Fish, Crustaceans & Aquatic Invertebrates | 56 | 56 | 60 | 7.4 | 5.62 | 0.51 | | — | |
| 5 | 07 | | Edible Vegetables & Certain Roots & Tubers | 26 | 22 | 29 | 33.1 | 2.70 | 1.15 | | — | |
| 6 | 12 | | Oil Seeds Etc.; Misc Grain, Seed, Fruit, Plant Etc | 18 | 23 | 29 | 27.4 | 2.69 | 0.61 | | — | |

| 順位 | HS | 品目名 | 輸入額<br>(100万米ドル) 2015 | 2016 | 2017 | 伸び率<br>(%)<br>2017 | 商品別構成比<br>(%)<br>2017 | 市場別構成比<br>2017 | 輸入数量<br>(1千)<br>2017 | 単価<br>(米ドル)<br>2017 | 単位 |
|---|---|---|---|---|---|---|---|---|---|---|---|
| 7 | 42 | Leather Art; Saddlery Etc; Handbags Etc; Gut Art | 6 | 16 | 26 | 64.8 | 2.43 | 0.45 | | — | |
| 8 | 40 | Rubber And Articles Thereof | 10 | 8 | 16 | 93.9 | 1.52 | 0.35 | | — | |
| 9 | 71 | Nat Etc Pearls, Prec Etc Stones, Pr Met Etc; Coin | 11 | 17 | 16 | -8.7 | 1.48 | 0.14 | | — | |
| 10 | 85 | Electric Machinery Etc; Sound Equip; Tv Equip; Pts | 5 | 7 | 14 | 95.8 | 1.34 | 0.01 | | — | |

注：HS2桁レベルで上位10品目。そのうち、衣類（HS61類，HS62類）は，下位レベルの品目の輸入額が，総輸入額に対する割合（商品別構成比）が0.5％以上を持つものを表示。
出所：日本貿易統計をもとに作成。

## 別表6-2　ミャンマーに進出した日本企業（例）

| 企業名 | 本社所在地 | 概要 |
|---|---|---|
| 小島衣料 | 岐阜県岐阜市 | ミャンマーに工場（他に，中国，バングラデシュ2工場） |
| フレックス・ジャパン（WHITE OWL FASHION CO.,LTD） | 長野県千曲市 | シャツが主体。ジャケット，ベスト等の生産<br>2006年合弁として設立，2012年（完全子会社化）。2015（第2工場） |
| ワコール Myanmar Wacoal Company Limited | | 下着の生産（進出時期：2015年） |
| ハニーズ | 福島県いわき市 | ミャンマーに2工場（2012年，2015年）<br>・傘下に小売り店（国内店舗数　約870　2018.5現在）ネット通販での販売<br>・ミャンマーに物流倉庫を向け，日本国内に直接搬入（2017年）<br>・衣料品のうち24.8％（16年度上期）はをミャンマーで生産。<br>ミャンマーの生産比率は約3割（2018年）中国を上回る生産 |
| ミキハウス | | 海外部門は，ミキハウストレード |
| タキヒョー | 名古屋市 | ミャンマーでの生産は韓国企業等に再委託 |
| 桑原 KUWAHARA (MYANMAR) CO.,LTD. | 愛知県一宮市 | 2014年進出　縫製でなく「検品」が主（月間能力　50万点）<br>・検品　補修　修正・加工<br>・180名（2018.07）中国人（4）　日本人（1） |
| 三和ジャパン (Zuyuan Edenweiss Sanwa Industry Company Limited) | 名古屋市 | ニットを主力に扱うデザイン会社<br>・2013年に合弁でミャンマーでの生産を開始 |

| ロンヨンジャパン<br>(Longyong Japan)<br>Myanmar LonG hai Corp. | 大阪府<br>吹田市 | ヤンゴンにプリント工場を設立し，スポーツウエアの生産（開始：2012年）<br>・2015年にスポーツ衣料には欠かせない2次加工プリント工場を操業開始<br>http://www.longyong.co.jp/business/myanmar.html |
|---|---|---|
| あつみファッション<br>(Atsumi Myanmar Co.,Ltd) | 富山県<br>氷見市 | ティラワ経済特区（SEZ）に合弁工場（2015），合弁企業設立（2016）<br>・女性用下着の生産（従業員280名　2018.03） |
| マツオカコーポレーション<br>(MYANMAR POSTARION CO.,LTD) | 広島県<br>福山市 | ミャンマーに2工場（他に，中国（8），ベトナム（3），バングラデシュ（2）<br>・インドネシアに東レ，ファースト。レイテイリング他による合弁会社（PT MATSUOKA INDUSTRIES INDONESIA）<br>＊売り上げの7割：UNIQLO |
| ジャスト<br>(Asian JUST) | 名古屋市 | 2001年進出。現在は合弁企業<br>量販店向けスーツ製造大手 |
| ジーエフ<br>MYANMAR GF COMPANY LIMITED | 岐阜県<br>揖斐郡<br>大野町 | 検品サービスの最大手（2009年に進出）（進出した韓国系企業との取引が多い） |
| 東海染工 | 名古屋市 | 2018年中に洋服の縫製工場を新設すると発表（2018.2）現地企業と合弁　デニム生地の生産を予定<br>・数年後にはミャンマーからアジア域内への輸出も目指す |

出所：各社のホームページを参考に作成。

（増田弘太郎）

**参考文献**
UNCTAD "2018 Triennial Review".
「ミャンマーの衣類縫製産業の輸出競争力～LDC卒業に備えるための課題～」（『国際貿易と投資』114号，2018年）。
「カンボジアのアパレル縫製業と輸出産業の多様化～"タイ＋1"，"チャイナ＋1"の機会を生かせるか～」（『国際貿易と投資』103号，2016年）。

# 第 7 章

# 産業人材育成の現状と課題

**要約**

　本章ではミャンマーにおける産業人材育成の現状と課題を確認したうえ
で，先進的で一定の成果を上げている職業訓練機関や企業の事例について実
態をまとめた。

　現状と課題については，政府や国際機関のポリシーペーパーなどで産業人
材育成の重要性が指摘されつつも，実態としては潜在的なニーズに対して適
切な教育・職業訓練サービスが提供されていない。育成される人材や企業，
職業訓練機関の個々の努力だけでは限界があるので，社会全体としての取り
組みの必要性が強調されていた。職業訓練機関や企業の事例としては，典型
例と言うよりむしろ先進的なケースを取り上げた。一定の成果を上げている
ことは高く評価できるが，長期的な社会経済発展の基盤となる産業人材育成
による貢献への期待を勘案すると政策的な支援などの課題が残っていること
が明らかになった。

## 1. はじめに

　2018 年度の現地調査は，2015 年度調査の結果を踏まえて実施したものであ
る。このため，まず簡潔に前回調査の結果について確認しておきたい。産業人
材育成の取り組みとしては，日本の公的機関，民間企業だけでなくドイツ国際
協力公社（GIZ）や国際機関と協力しているケースを紹介した。それぞれ個別
の取り組みは一定の成果を上げていたが，民間企業におけるものづくり技術・
技能へのニーズが十分に顕在化していないことの影響はマイナスに働かざるを

得ないことが分かった。主要な調査対象とした裾野産業，製造業向けではなく
他の産業も含めたより一般的な対象に向けた研修を企画することで，事業とし
ての持続可能性を確保する取り組みが散見された。国際競争力のある裾野産
業，製造業において必要な能力開発に焦点を絞れれば理想的かもしれないが，
そのような方針を取ることが容易ではないためである。企業事例は最終商品
メーカーに限られるが，外資系と現地資本系，機械工業と軽工業，輸出向けと
国内市場向けといった様々なケースでの産業人材育成と原材料・部品調達の現
状を示した。こうした企業レベルの外形的な違いだけでなく，スキル特性や従
業員の定着率，経営者の考え方などによっても左右されることが明らかになっ
た。いずれにしても，各社はそれぞれの条件で産業人材育成に関する取り組み
を合理的な判断に基づいて実施していることがよく理解できた。

　2018 年度調査では，前回調査で訪問していない研修・教育機関を中心に訪
問した。職業訓練機関に加えて，今回は国外の大学と提携して経営学関係など
の学士号，修士号を出している私立カレッジも対象に加えた。企業事例として
は上ビルマのマンダレー，ザガイン，モンユワ各地域でのケースを紹介する。
これらの事例研究に先立ち，次節ではミャンマーにおける産業人材育成の現状
と課題について概観したい。


## 2.　産業人材育成の現状と課題

　途上国・新興国共通の課題である産業人材育成は，ミャンマーでも同国政府
や援助機関・国際機関などが発表した関連政策・戦略などで強調されてきた。
例えばミャンマー産業発展ビジョンは日緬両政府の協力で作成されたものであ
るが，そこでも人材育成の重要性が指摘されている（経済産業省，2015）。

　国連工業機関（UNIDO）によるミャンマーの産業開発戦略に関する報告書
では，産業開発を実現するために必要な環境（business-enabling
environment）の例として人材育成が挙げられている。一方で，人材育成自体
の意義を理解する立場から，産業開発を通じて人材育成が進展する側面にも触
れている。そのうえで産業人材育成の課題として，1）政府による支出不足と

特に公教育における時代遅れの教育，2）職業訓練レベルの卒業証書などが公的な裏付けを持っていない事例が多いこと，3）職業訓練の内容が主に基本的なスキル開発に関連していて，産業でのニーズに合っていないことを挙げている。課題への対応策としては，総合的な人材育成の取り組みを民間投資促進によって強化することの必要性が指摘されている。より具体的には，1）教育内容の品質保証のための政府の承認を含めた標準化，2）インターンシップの標準手順など国内統一の枠組み設計，3）企業を対象とした専門家によるセミナー開催の奨励，4）雇用主が支援する義務的職業訓練プログラムの制度化（内部研修のための研修費用の一部をまかなうための減税などの措置をとる）が挙げられている（UNIDO, 2017）。これらは先進国や新興国で既に成果を上げてきた施策であり，国際的な協力を受けながら，実行する段階に来ているといえよう。

　アジア開発銀行のワーキングペーパーでは，スキル不足が経済成長を妨げていると指摘している。具体的には，労働力の多くが未熟で，教育水準が低いことが問題視されている。国内で熟練した才能のある人材を雇用することは容易でなく，プロフェッショナルとしての能力を持つ「出稼ぎ組」を帰国させるに値する賃金を支払える企業も限られている（Tanaka, Spohr & D'Amico, 2015）。

　一時期のブーム先行の状況が一段落したとはいえ，ミャンマーがフロンティア市場・生産拠点としての魅力を持っていることから，主に政府開発援助（ODA）などの形を取った支援が中心に日本の産業人材育成支援の取り組みも着実に根付いている。

　恒常的な組織として地方を含めた研修事業等を展開している代表的な例としては，国際協力機構（JICA）事業として実施中のミャンマー日本人材開発センター（MJC）が挙げられる。設立以来の活動については本研究会の先行プロジェクト「アジア新興市場への調達生産網展開支援ニーズ調査研究」の最終報告書（国際貿易投資研究所, 2016）に詳しいが，後述するように直近では最大都市ヤンゴンとその周辺地域だけではなく地方に立地する企業への研修に力を入れていることが特筆される。

　ODAの長期的な効果が現れている事例としては，海外産業人材育成協会

（AOTS）ミャンマー同窓会（MHAA）の活動が挙げられる。直近では2018年12月，日本の経済産業省のODA事業として，AOTSおよびミャンマー産業省中小企業開発局の協力を受け，「マーケティングの視点から学ぶスタートアップ」を開催した。同年11月，AOTSおよび泰日経済技術振興協会（TPA）と連携の下，日・アセアン経済産業協力委員会（AMEICC）の資金面での支援を受け，バガンで5Sカイゼンの研修プログラムを開催した。（以上，AOTS海外ビジネスサポートサイトのホームページより）。さらに直近の動きとしては，JICAが支援する自動車整備士の育成訓練学校が創設されることになった。

## 3. 産業人材育成支援の取り組み

　本節では，合わせて5件の産業人材育成の取り組みを紹介する。1つのケースを除き，いずれも何らかの形で国外からの人的・資金的な支援を受けていた。ただ現実には，支援を受けていない職業訓練機関は多く，本人や企業も費用負担が容易でない場合が多い中，社会的にどのようにして人材育成の費用を負担していくかは残された大きな課題である。潜在的なニーズが十分にすくいきれていない状況を改善していくことが求められる。一方で国外からの支援を受けている事例は，受講者や所属先企業への直接的裨益だけでなく，その社会的意義を発信する産業人材育成のショーケースとしての役割も期待される。

### 3.1　ミャンマー日本人材開発センター（MJC）

　同センターは，ミャンマーにおける「日本センター」として2013年8月設立し，同年12月に事業を開始した。これまでマネージャー，起業家向けの研修コースやミャンマー企業と日系企業の同業同士を引き合わせるネットワーキングも実施してきた。前述のように既にその活動の詳細は紹介済みであるが，今回は直近で進展している地方への活動展開について述べたい。
　コースマネージャーは2週間に1回は事務所のあるマンダレーに出張し，近

隣のモンユワやシャン州へも必要に応じて直接訪れている。累計受講者数は
ミャンマー全土で 1 万人を超えたが，そのうち 4 割以上はマンダレーを中心と
する上ビルマで実施された研修が占めている。研修受講者の中で優秀であった
100 名に毎年，経団連が奨学金を授与しているが，受賞者の比率も受講者の地
域分布の実態を反映して，39 名が上ビルマ地域から選ばれマンダレーで授与
が行われた。

　マンダレーの事務所は受講者の同窓会組織である Mandalay MJC Aulumni
Business Association（MABA）が運営し会場使用料などで収入を得る形にし
ていて，同窓会活動を活発に行うための基盤となっている。MABA に続い
て，マンダレー管区の西隣でモンユワを含むザガイン管区にも同窓会組織
Sagaing Region Alumni Business Association（SRABA）が設立されている。
マンダレーなど地方でコースを実施しはじめたのは 2014 年で，その翌年の段
階ではヤンゴンよりむしろマンダレーの方に製造業の集積があるにもかかわら
ず，全体としては地方での実施は少なかった。MABA などの会員や所属企業
の従業員は研修参加のリピーターが少なくない。また，知人の経営者などに研
修の情報を伝える自発的な広報役を担っている例もあるという。さらに，
MJC では前述の経団連奨学金を授与された 100 名の中から毎年 10 名を選抜し
て日本での研修に派遣しているが，2014 年に研修の一環として延岡市を訪問
して地元の経営者との交流が始まり，延岡市側にも延岡・ミャンマー友好会が
設立された。2016 年には同友好会からの協力の下，マンダレー事務所内に恒
久的な交流施設「ノベオカフェ」を開設した。コーヒーなどを飲みながら延岡
の企業等の情報に触れられるようにしていて，延岡から訪れる経営者などに
とっても現地の拠点となる。2018 年 11 月には，延岡から企業代表 4 社を含む
友好会メンバーが現地を訪れた。セミナーに加えて，現地で事前審査によって
選ばれた企業 32 社との商談会，さらにビジネス交流会も開催した。一連の活
動を通じて MJC や MABA の活動を現地経済界にアピールし，ひいては研修
事業等への関心を高める効果も期待されている。こうした同窓会員の取り組み
も功を奏して，その後の数年で上ビルマ地域をはじめとする地方での受講者数
が大きく伸びている。

## 3.2　Center for Vocational Training Myanmar（CVT）

　2002 年にスイス人の国際赤十字元職員が設立した職業訓練機関で，スイス官民の支援によって運営されてきた。スイスやドイツで広く実施されているデュアルシステムに従ったカリキュラムで研修を行っているところが大きな特徴と言える。両国の仕組みは基本的には似通っているが，スイスの方がドイツより比較的広い範囲の職務を対象にする点では違いがあるという。現在もアドバイザリーボードのメンバーはスイス人が占めているが，教員は全員ミャンマー人で援助期間も終わり自立した運営を行っている。現在でも国際協力事業として始まった経緯もあり，組織目標としてはスキル開発を通じた貧困削減が強調されている。

　同センターの研修事業は 3 つのプログラムからなっている。すなわち小中学校のドロップアウト組を対象とする Education for Youth（E4Y），高卒者を対象とする職業訓練実習プログラム（Apprenticeship），CVT 教員などトレーナーの育成プログラムを主とするキャパシティ・ビルディングプログラムである。

　まず，E4Y は 4 年プログラムで，基本的な「読み書き算盤」のできる 13〜14 歳を対象とし，応募者には関連する内容の入学試験を課す。普通教育で教えられる内容に加えて，電気工，金属加工，木材加工の中から関心のある分野を選び，3 年次には後述の職業訓練実習プログラムと同じ CVT 内の施設を利用した実習，4 年時には企業での実習に参加することができる。

　次に職業訓練実習プログラムでは，3 年制のディプロマコースが一般事務（commercial assistant），電気工，ホテル・調理，金属加工，木材加工の 5 つの専門分野で設けられている。定員は金属加工と木材加工が 25 人ずつ，他の 3 分野は 75 人ずつである。応募資格は年齢が 17 歳から 22 歳，中学または高校卒業レベルの学歴，さらに CVT の職業訓練の考え方を理解し，CVT と協力する意思を持つ受入企業があることが求められる。カリキュラムは通常，週に 4 日間は受入先企業で働きながら実務について学び，1 日は CVT で理論的な内容を中心とした教育を受ける。また 1 年に 1 回，CVT で 2 週間の実務研

修にも参加する。この実務研修では，受入企業での業務ではカバーしきれない
が重要な実務的内容について集中的に学ぶことが目的となる。修了者は企業で
監督者あるいはその候補として働くことが期待されている。受入企業は登録初
年度に 10 万チャット，以降 5 年度目まで毎年 2 万チャットの登録費を支払う。
5 年の登録期間終了後は再登録が必要になる。さらに，実習生 1 人当たり毎年
10 万チャットを納めることが求められる。これまでに，累計でおよそ 300 社
が同プログラムに協力してきた

　最後にキャパシティ・ビルディングプログラムは，CVT の教員を養成する
認定インストラクターコース，受入先企業で実習プログラム参加者を指導する
企業内トレーナーの育成コース，「ミャンマーのための若手起業家（Young
Entrepreneurs for Myanmar（YE4M））コースで構成されている。

　認定インストラクターコースは職業訓練実践プログラムの 5 コースのうち，
外部から講師を確保することが比較的容易な一般事務を除く 4 コースを対象と
している。実践プログラムの修了者か同等の学歴があることに加えて，当該分
野で 3 年以上の実務経験を持つことが応募要件となっている。受講期間は合わ
せて 8 週間で，一般的なティーチングスキルに 90 時間，各専門分野の理論と
実践に 250 時間をかける。以上の受講後，CVT 教員に指導を受けながら教育
実習を行い，そのパフォーマンスについて評価を受ける。

　企業内トレーナーコースは毎週土曜日に 10 回，合わせて 80 時間をかけて
デュアル職業訓練の基本，スキル管理，実習生との契約と雇用，企業内研修の
準備と実施などの内容に関する講義を受ける。主な受講者としては受入企業で
実習生の指導役となる経営者，管理・監督者，社内でトレーナー役を担う従業
員を対象としているが，潜在的に同様の役割を担う可能性があり若い実習生の
教育訓練に意欲を持つ応募者にも広く門戸を開いている。

　YE4M コースは，35 歳未満で既に中小企業を経営しているか，起業の意思
があることを応募要件としている。毎週土日の午後に開講し，3 カ月かけて 84
時間の全課程を修了する。講義科目には企業家精神と創造性，マネジメントの
原則，ミクロ経済学といった全般的な内容に加えて，オペレーション管理，販
売とマーケティング，財務管理，人的資源管理といった各論，さらに企業の社
会的責任や女性の起業家精神が含まれる。最後の 6 時間は全受講生が自身のビ

ジネスプランを発表する。

　以上のように既存の事業は着実に進められているが，手狭なヤンゴン市内中心部から 10 キロメートルほど離れた場所に新キャンパスを建設し受講者数を 2 倍に増やす計画は，財務上の制約から実現の目途が立っていない。スイスの協力事業の重点がアジアからアフリカへと移行していることも，継続的な援助が得にくかったことの一因である。

## 3.3　Academy for Skills and Knowledge（ASK）

　2014 年に設立された民間の職業訓練機関でサービス産業や IT 産業を対象とした実務人材の育成を行っている。

　高校卒業レベルを受講対象者としている。例えばコンピューターの利用スキルに関するコースでは 4 カ月間同アカデミーで学んだあと，企業で 2 カ月間インターンシップに参加する。職業訓練機関として修了証を発行しているが，経営者自身は必ずしもその発行にこだわっておらず，習得したスキルを見てもらえば企業にも十分理解してもらえると自負している。1 バッチあたり 20 人の学生を受け入れていて，コミュニケーションやリーダーシップといったソフトスキルにも力を入れている。

　これまでに 45 社がインターンシップに協力している。人材派遣会社ではないので，アポイントメントに関して企業から手数料はとっていない。インターンを含む全課程を修了者のうち 85％がインターン先に就職している。以前は 90％を超えていたこともあったが，直近では比率が下がる傾向にある。企業によってはインターンよりも始めから派遣会社などから紹介を受け，試用期間後に採用するかどうか判断する方法を好む場合もある。ただ，職業訓練機関としてはインターンを含めて知識・スキルを高め，その成果としての人材を評価してもらったうえで採用につなげるという現在の方法を変えるわけにもいかないので，地道に学生の質の改善を重視する形で取り組んでいくことにしている。

　受講生の受け入れに関しては，学力など特別な基準は設けていない。年齢や学歴といった最低限の条件が満たされれば原則として受け入れる。一方で受講開始後の評価については，知識や実用的なスキルレベルだけでなく，講義に

15分以上遅刻すると出席を認めず，全体で80％の出席を満たさなければ，テストで良い点を取っても修了とは認めない。イヤリングは禁止，ヘアスタイルも穏当なものにするなどのルールがある。このように規律を重んじるのは経営者の哲学ともいえる。シンガポールで働いていたことがあり，その経験から規律の重要性を強く認識し，ミャンマーの若者にも身につけてほしいと考えている。

　トレーナーは専任の4名を除くと，主に中小企業の経営者を中心とした各分野の専門家が務めている。職業訓練機関の中には外部から有名な人材を招いて講義を担当してもらうケースも少なくないが，ASKでは実務経験を重視している。顧客サービスのコースには大企業のテレコム・インターナショナル・ミャンマーから経験豊富な講師を招いた。

　経営者は2015年，業界団体である私立TVET協会を設立した。現在会員は30機関程度であるが，ヤンゴンにはエンジニアリングや農業を対象とするものも含め登録済みの私立職業訓練機関が600校に上るため，さらに会員を増やすことを目標にしている。ASKをはじめ私立の機関は，前述のCVTなど開発援助プロジェクトとして立ち上げられたケースと比べると資源の制約が大きい。ASK自体も，直接的な外国からの支援を受けていないことが活動上の制約になっていることを認めている。また，経営者によると国外からの支援を受けてきた機関で学ぶ学生は協会加盟機関の学生と比べると経済的にも恵まれているという。このため，業界団体を通じた私立機関の全体的な底上げを実現させることで，社会的なインパクトの拡大も期待できると考えている。

## 3.4　Myanmar Institute of Banking（MIB）

　MIBはミャンマー銀行協会の研修部門と2002年に設立され，2005年にディプロマを発行できるInstituteに組織変更した。銀行業に関する一般的なディプロマプログラムはフルタイムの1年制とパートタイムの2年制から履修方法を選ぶことができる。毎年コース全体で60～70名を受け入れている。この他，ディプロマプログラムとしては中小企業金融に特化したものも実施されていて，同じくフルタイム，パートタイムそれぞれ40～50名が学んでいる。個別

のモジュールごとに履修して修了証書を取得できる枠組みもある。モジュールは通常，2〜3 時間から 2〜3 日の日程で実施される。講師は会員銀行の上級専門家や提携関係にあるヤンゴン経済大学の教員が務めている。受講者は主にスーパーバイザー，アシスタントマネージャーからマネージャークラスの役職者である。ディプロマプログラムの場合の学費は毎月 8 万チャットで，受講者の所属先銀行が支払う。

中小企業金融の社会経済的意義の大きさとは裏腹に会員銀行の関心は十分に高まっておらず，会員銀行からの派遣だけで定員を確保することは必ずしも容易でないため，3 分の 1 程度は外部からの受講者が占めている。このため，短期のモジュールで受講できるような工夫も行っている。会員銀行の関心の低さは研修成果の活用についても悪影響を及ぼしている。というのは，せっかく研修で日本やドイツの経験を含む知識やノウハウを習得しても，所属先で中小企業金融に多くの人員を割いていないこともあり，関連のない業務に異動することがよく見られるのだという。

中小企業金融に関しては国内の講師数も不十分であるため，JICA の中小企業向けツーステップローンや GIZ の関連プロジェクトの協力の下，2014 年から 2016 年にかけて講師育成のための研修を実施した。国外から講師を招いて 13 名が受講したが，評価基準が厳格で 6 名のみが講師として合格の評価を得た。さらに問題だったのは，6 名のうち既に半数が金融関連から他の業界に移ってしまっている。ここでも研修成果の活用が十分に実現されない事態が生じている。民間からの協力としては，三菱 UFJ 銀行から講師派遣に加えてコンピュータールームの機材一式の供与を受けている。

## 3.5　Strategy First Institute（SFI）

2010 年設立の私立カレッジで，これまでに 2 万人の学生・受講者を送り出してきた。現在もヤンゴン市内に 4 カ所，マンダレーとモンユワにもそれぞれ 1 カ所のキャンパスを持ち，学生数は 2,500 人に上る。社会人の継続学習向けコース，ディプロマ，学部，修士の 4 段階で合わせて 12 プログラムを持っている。ミャンマーでは，国立以外の高等教育機関が単独で学位を出すことが認

められてこなかったため，SFIも国外の大学や学位認証機関と連携することで
国内での学位プログラムを成立させている。

　学部レベルでは，ビジネス経営（英オックスフォードブルークス大学
(OBU)），ビジネスIT（英 National Computing Centre Education），土木工学
(Scottish Qualificatoins Authority）の3つのプログラムがある。ビジネス経
営は一般的な経営学部・商学部のカリキュラムに即しているが，ビジネスIT
は8モジュールのうち5つがビジネス，3つがITに割り当てられている。IT
の部分もビジネスアプリケーションのユーザーとしての知識・スキルを習得す
る内容で，プログラミングは含まれていない。土木工学は私立カレッジとして
は極めて珍しい。実習を行うため土木産業との密接な協力も欠かせない。定員
も30名で，3専攻合わせて650名であることからすると少数精鋭となってい
る。学費はビジネス経営コースの場合，卒業までの総費用が1,835万チャット
と決して安価ではない。そこでイギリスにずっと滞在して学位を取得すると生
活費を含めて1億1,700万チャット以上になるという試算を示し，入学希望者
にアピールしている。

　修士コースは定員が合わせて250名で，OBU，タイのスタムフォード国際
大学（いずれもMBA）と英ヘリオットワット大学（建設プロジェクト管理）
が連携先になっている。

　講師は合計で70名。イギリスやタイから25名の講師がSFIを訪れ，講義
を行っている。国内の講師も多くは国立大学等の現役教員が非常勤でSFIで
の講義を出講している。専任の教員も国立大学の退職者が少なくない。

　CSRの一環として，チン州とラカイン州政府の協力の下，両州に地方政府
職員のためのカレッジを開校した。起業家精神と観光の2つのプログラムがあ
り，1カ月のモジュール当たり授業料は5,000チャットと非常に割安に設定し
ている。

## 4.　企業事例

　企業における産業人材育成の実態を調べるため，上ビルマのマンダレー，ザ

ガイン，モンユワ各地域で比較的積極的に取り組んでいるローカル企業において，事業内容と人材育成に関するインタビューを行った。以下，その結果を紹介する。事例によると，経営者やマネージャー，テクニシャンクラスまでのクラスについては off-JT を含めた学習機会が得られていたが，労働集約的な工程に携わるワーカークラスにはこうした機会が提供されていないことが分かった。

## 4.1　機織業 A 社

　マンダレー南郊の村落にある機織業集積に立地する企業で，同地で50年以上の歴史がある。この村落はおよそ400カ所の機織業者が操業している一大集積地であり，その中で同社は最大の規模を誇っている。同社を含めて工場と呼べる規模のものは5カ所しかなく，残りは家庭内工房クラスで大半は企業としての登録を行っていない。

　同社は仕入れた天然の糸をスピンドルで紡糸し，様々な色に染色し，織布を織るという川中部門を担っている。染色した糸の乾燥は天日干しで行っているが，ヤンゴンに比べマンダレーは雨量が少ないので，織物工場の立地としては優位性を持っている。工場内のレイアウトや作業方法は創業当時からずっと変わらない。稼働している紡糸機・織布機は全部で55台に上り，とくに織布機は日本の戦後賠償によって寄贈されたものが22台も稼働していた。主要部分はともかくとして，部品などは現地で補修しながら使われてきた。潜在的な需要に対応できればフル稼働が可能だが，ワーカーを村落の外から募っても恒常的に不足気味であるため，部分的な稼働にとどまっている。

　ワーカー1人で織機2台を担当し，51インチ×84インチや45インチ×76インチなどのサイズの織布を1日1台あたり平均7反織っている。賃金は完全出来高制で，1反あたり学校制服向けの緑色の布には300チャット，他の布には500チャットを支払う。平均的な1日の労賃は4,800〜5,000チャット程度になるという。政府発表の最低賃金の4,800チャットを満たすレベルになっている。織布の販売価格は，綿布の刺しゅう入りのものが1反4,500チャットであるため，ワーカーの取り分は1割強といったところか。機械のメンテナンスや

段取り変え，新しいデザインへの対応を担当するテクニシャンは職業訓練校卒で，賃金は基本給30万チャットの月給制，さらに段取り変え1回当たり2,500チャット，デザイン変更1回当たり1万チャットの追加支給がある。デザインは販売先の中卸業者5社や最終製品の販売店が行うため，同社は関与していない。テクニシャンは社外から伝えられたデザインを糸に仕込んでいく。

　以上のワーカーやテクニシャンについては，これまでのところ特に社外研修の機会は設けておらず，OJTで必要なスキルを習得するようにしている。例えばテクニシャンの場合，経験の長い者が教師役となって経験の短い者に教えている。各工程の作業に関しては生産性や安全に大きな改善の余地があるため，MJCが5S（整理，整頓，清掃，清潔，しつけ）をはじめとする日本的な生産管理の研修への参加を働きかけていて，経営者も前向きな姿勢を示している。この他，工業省が機織業集積における業界団体づくりを支援していて，同社は団体の中心的な存在となることが期待されている。将来にわたっては，業界団体が集積内の「家庭内工房」を経営する自営業者に研修など能力開発の機会を提供することが目標の1つとなっている。

## 4.2　飲料製造B社

　ザガイン市近郊の工業団地内の工場で，ペットボトル入りミネラルウォーター製造と米製蒸留酒の瓶詰めを行っている。蒸留酒は，同じザガイン管区のシュエボーで酒造ライセンスを持つ別会社が製造しており，そこから原酒を仕入れている。グループとしては，もともと1970年代から焼酎を製造してきたが，2010年にビルマ族オーナー社長がミネラルウォーターを生産している会社を華人経営者から買収し，基本的には既存の設備を生かす形で生産を続けている。社長はMJCの第1期経営塾の卒業生で，その後も日本研修に参加するなど積極的にMJCの活動に関わっている。経営塾はCEO対象とした4カ月にわたる中期コースで，戦略，カイゼン，マーケティング，財務，ビジネスプラン，日本研修を通じて総合的な経営力を向上させることを目的としている。経営塾で直接学んだ内容が有益であっただけでなく，その後の人的なネットワーク拡大につながったことも成果として挙げられていた。

　従業員数は201人で，大半は労働集約的な工程に携わるワーカーが占める。ワーカーは中卒で1日8時間の勤務に対して4,800チャットの日給が支払われる。業績に応じたボーナスも支給している。ミネラルウォーターの生産ラインでは，内製のペットボトルに機械による充填が行われ，ラベル貼りやボトル6本をまとめる梱包も機械化されているので，ワーカーの人数は限られている。これに対して酒の瓶詰ラインでは30人程度が以下のような手順で進められる作業に携わっていた。まず，他のメーカーのリサイクルされたビールの大瓶を洗浄した後，ガラスの傷などがないかバックライトを当てて全数確認する。良品の瓶にタンクに貯めた酒を詰め込み，キャップをする。もう一度，充填後の瓶に傷がないかを確認したうえでラベルを貼り，24本ずつ箱詰めする。以上の工程の中で2度の瓶の傷の確認が比較的高いスキルを必要とするが，それでも数カ月の経験があれば十分である。他の工程は単純作業といっていい。このため，彼らの能力を開発するためのoff-JTの取り組みも行われてはいない。

　ミネラルウォーター工場は気温が高く需要も多い乾季には8時間×3シフトを組んでいるが，訪問時の8月は雨季だったため2シフト体制を取っていた。1日に500cc×6本セットを1万5,000セット，合わせて9万本を生産している。中心は自社ブランド製品だが，韓国ロッテグループにも同じ中身の商品を相手先ブランドとして供給している。小売価格は自社ブランドが1本300チャットなのに対してロッテのブランドは1本350チャットになり，後者の方がB社からの卸価格も若干高くなるという。

## 4.3　伝統薬製造C社

　C社は1980年に設立以来，モンユワ工業団地内の工場で伝統薬を製造している。保健省傘下のTraditional Medicine Departmentから伝統薬生産者として認可を得ている。生産品目はnerve tonic capsule，garlic capsuleなどで，肩こり・疲れ解消，精力回復などの効能を謳うことが認められている。シャン州ピンウールインに薬草農場をもち，そこで原料を得ている。さらに農機部品製造や建設業も経営している。

　現在の社長は2代目でヤンゴン経済大の商学部を卒業した。2003年に父親

が経営していた工場を引き継ぎ，経営の近代化，生産性向上に励んでいる。グ
ループ会社の事業の関係で日本の農機メーカーや空調機器メーカーとも取り引
きがあり，こうした企業の日本本社を訪れるなど，商用でも2週間単位の出張
をこれまでに6回経験している。さかのぼって1995〜2000年には東京でアル
バイトをしながら滞在していたこともあり，日本のことには大変詳しい。
MJCが上ビルマでも研修事業を始めた当初からカイゼンや5Sなどの研修プロ
グラムに積極的に参加し，その成果を自社に取り入れている。とくにカイゼン
については，ミャンマー商工会議所連合会がHIDA（現AOTS）の支援を受
けて実施した事業で，日本の大学教授がC社の工場を訪れ直接指導にあたっ
た。ザガイン管区全体のMJC同窓会の会長を務めており，MJCの日本研修に
も前述の経団連奨学生枠とは別途自費で参加し，延岡や豊田を始め日本各地を
訪れている。それとは別に札幌と帯広で行われたリサイクル事業に関する
JICA研修にも参加したことがある。こうした機会を通じて新たな技術や日本
の市場動向に関する知見を深め，さらには日本企業とのネットワークづくりに
も積極的に取組んでいる。将来は日本企業と連携し，ASEANや日本市場への
輸出を目指したいとしている。

　従業員は出入りがあるが，60〜90人で操業している。工場内では，5Sやカ
イゼン活動の成果を相当程度感じることができた。例えば，各工程が英緬2カ
国語で表示されていたし，5Sの説明が何カ所か掲示されていた。5S活動に関
しては，2016年に5S委員会が立ち上げられ，現在も定期的に会合を開き全社
レベルの実施状況をモニタリングしている。製造がクリーンルームで行われて
いることによるところも大きいが，整理・整頓などは十分に実施され，防塵の
ための服装規定もしっかり遵守されていた。トップダウンで掛け声がかけられ
ただけでなく，個々の従業員レベルに活動が落とし込まれていることが見受け
られた。こうした実践は，日本や日系の多くの生産現場では標準的に見られる
が，今回訪問した上ビルマの他の3社では行われていなかった。他の3社も，
一般的な同地域の中小製造業と比べると技術導入や生産管理，人材育成に積極
的と考えられるが，同社の取り組みはとくに評価できる。

## 4.4　木製家具製造 D 社

C 社と同じくモンユワ工業団地に工場を構えている。1987 年に設立された当時は従業員 9 人で木製家具等の半完成品のみを製造していた。1996 年からは寄木細工の床やフレーム，ドア，窓枠，家具などの生産を始めた。2007 年からは中国やイタリア向けに輸出もしていて，販路を拡大すべく 2015 年に輸出向け展示商談会に参加したが成約には結び付いていない。現在はシンガポールや中国への輸出を模索している。他方で端材を用いた集成材製品にも力を入れ，環境にやさしい新製品プロジェクトとしてデンマーク政府の援助を Responsible Business Fuind のスキームで受けている。

経営者は学部で農学を専攻していたが，卒業後にモンユワ経済大学で MBA を取得し，2010 年には家具工場の経営を父親から引き継いだ。自社ブランドとして角材加工・仕上げをした半最終製品を，主に国内のホテルやコンドミニアム用に販売してきた。2015～16 年まで関連の需要が旺盛で従業員もピーク時には 100 人にまで増えていた。ただその後は需要の一巡で売り上げが落ち込み，従業員も現在は 20 人程度にまで減少した。ハイエンドの商品よりも中所得層向けの汎用品にシフトし，機械化で量産を図ろうとしている。

2016 年には，日本に最終製品を輸出することを目的として，日本人の木製品製造専門家による 10 日間の集中指導を受けた。HIDA のスキームによるもので，品質向上，作業マニュアルの作成，生産工程の記録などに関する内容だったが，必ずしも画期的な成果にはつながっていない。例えば，品質向上のためのトライアルとして猫の絵のデコレーションの入った椅子を試作したが，D 社の従業員はサンプルと全く同じものを作ることができなかったという。輸出も可能な製品を開発製造するには従業員のスキル向上と創意工夫が重要であり，同時に機械や技術を改善する必要があることが認識させられる結果になった。また，作業マニュアルは工場内に掲示されておらず，従業員も作業に当たってマニュアルの内容を必ずしも意識していないと見受けられた。生産工程の記録も見える化はされていない。工場内の全機械設備のレイアウトがそれぞれの名称とともに掲示されていて，別途同社でどのような加工が可能かとい

う一覧が写真で示されていたことは見学者にとって役立つが，自社の管理には活かせる形になっていない。ただいずれにしても努力を続ける中で短期的に達成可能なレベルを明確に認識するという効果は戦略上大きく，一旦最終製品から手を引き半製品をイタリアに輸出するという現実的な判断にもつながっている。

## 5.　おわりに

　本章ではミャンマーにおける産業人材育成の現状と課題を確認したうえで，先進的で一定の成果を上げている職業訓練機関や企業の事例について実態をまとめた。平均的な事例，比較的遅れた事例について十分に検討していないため一般化は躊躇せざるを得ない面が残るが，先進的な事例でも長期的な社会経済発展の基盤となる産業人材育成に期待される貢献を勘案すると課題が残っていることが分かった。「現状と課題」でも触れたように，育成される人材や企業，職業訓練機関の個々の努力だけでなく，社会全体としての取り組みが求められている。

（高橋　与志）

**参考文献**

経済産業省（2015）『ミャンマー産業発展ビジョン〜Next Frontier in Asia: Factory, Farm, and Fashion〜』

Tanaka, S., Spohr, C., and D'Amico, S.(2015) *Myanmar Human Capital Development, Employment and Labor Markets*, ADB Economics Working Paper Series, No. 469.

United Nations Industrial Development Organization (2017) *Myanmar: Strategic Directions for Industrial Development, Summary of Industrial Development Strategy.*

AOTS 総合研究所（ARI）/ 海外ビジネスサポートサイト［グローバル・インターフェイス・ジャパン（GIJ）］http://gij.aots.jp/

Academy for Skills and Knowledge（ASK）フェイスブックページ　https://www.facebook.com/pages/Ask-The-Academy-for-Skill-and-Knowledge/844516912242884

Center for Vocational Training Myanmar（CVT）ホームページ　https://www.cvt-myanmar.com/

Myanmar Institute of Banking（MIB）フェイスブックページ　https://www.facebook.com/Myanmar-Institute-of-Banking-263891944230279/

ミャンマー日本人材開発センター（MJC）フェイスブックページ　https://www.facebook.com/myanmarjapancenter/

Strategy First Institute（SFI）ホームページ https://strategyfirst.edu.mm/
　この他，飲料製造 B 社，木製家具製造 D 社については，それぞれのホームページ上の情報も参考にした。

第 8 章

# 民政移管後のミャンマー経済
## ―踊り場からの脱却へ向けて―

**要約**

　本章は 2011 年の民政移管後のミャンマー経済のあり方を長期的経済成長の歴史に位置づけつつ，2016 年のアウンサンスーチー政権誕生以降の経済減速の要因を検討した。結論は以下のとおりである。第一に，テインセイン大統領により始動された経済自由化と国際経済環境の改善により，民政移管後のミャンマー経済・産業はその歴史において最大の成長機会を眼前にしている。第二に，テインセイン政権時代の急成長は長く続いた軍事政権の抑圧からの解放と対外開放によるもので，ある程度自動的かつワン・ショット的な復興プロセスであった。第三に，スーチー政権下における経済減速はそうした復興過程の終わりという構造的要因と，急速な成長による歪みの是正・対処の必要があって起きたものである。第四に，スーチー政権の経済担当大臣の経済運営のまずさも，経済減速の原因のひとつであった。ただし，3 年の時を経て，スーチー氏は経済重視に舵を切り，大臣も政策に精通しつつある。ミャンマー経済が現在の踊り場を脱し持続的な成長を実現するためには，これまでの自由化，規制緩和，対外開放に加えて，近代的な市場経済を支えるインフラ，法・制度，官民における人材が必要となる。こうした「基盤」をつくり上げるために，政府が果たすべき役割は大きい。

## 1. はじめに

2011 年 3 月にミャンマーでは 23 年間におよぶ軍事政権（1988 年 9 月～2011

年3月）が終わり，元将軍ではあるものの軍服を脱いだテインセイン大統領が率いる文民政権が発足した。その5年後の2016年3月には，前年11月の総選挙で圧勝したアウンサンスーチー氏（以下，スーチー氏）率いる国民民主連盟（National League for Democracy：NLD）が新政権を発足させた[1]。憲法の規定により国会の4分の1の議席を軍人議員が占めることや，国防・内務・国境の3大臣は国軍最高司令官が指名することなど，国軍の影響力が残る政治体制ではあるものの，これによりミャンマーの民主化は一応国際社会に認められるレベルに達したといえる。

　実際，欧米諸国の制裁はテインセイン政権下で段階的に解除され，スーチー政権下では全面解除が実現した。同時にミャンマーは対外開放と経済自由化をすすめ，その結果外国投資や援助が一気に流れ込んだ。2012年以降は日本でも「ミャンマー・ブーム」が起き，企業家は我先にと視察に赴いた。軍政時代に世界のパーリア（除け者）であったミャンマーは，今やもっとも経済的ポテンシャルを秘めた新・新興国として世界の人気者となったのである。

　このような大きな変化をもたらした2011年の民政移管から，8年が経過した。この間，ミャンマー経済・産業は大きく変化した。本書ではそうしたミャンマーのドラスティックな変化の一端を，貿易，投資，連結性，人材開発などの多方面から紹介してきた。本章はこれまでの議論をまとめつつ，改めて変わったところと変わらなかったところを整理して，現状を包括的に理解する一助としたい。また，しかしながら，スーチー政権の発足とほぼ時を同じくして，ミャンマー経済は失速感を強めている。スーチー政権の発足からは3年が経過している。本章のもう一つの目的は，今回の経済減速を含めてスーチー政権の成果と課題を整理することである。

## 2.　ミャンマーの経済成長と産業構造

　はじめに，長期的なミャンマーの経済成長の歴史を振り返っておこう。表8-1は1960年代以降のミャンマーの1人当たり実質GDPの年平均成長率を示したものである。1962～88年はビルマ式社会主義の時代である。この時期は

表 8-1　ミャンマーの経済成長

(%)

|  | 1961 − 70 | 1971 − 80 | 1981 − 88 | 1989 − 99 | 2000 − 10 | 2011 − 15 |
|---|---|---|---|---|---|---|
| 1人当たり実質 GDP の年平均成長率 | 0.7 | 2.2 | -1.3 | 4.5 | 11.2 | 6.3 |

出所：World Development Indicators, accessed on 14 June, 2018.

計画経済と鎖国主義がとられており，成長率は低迷した。経済が長期停滞に
陥っていたことがわかる。1988 年 9 月〜2011 年 3 月は軍事政権の時代である。
この図表では 1989〜99 年及び 2000〜10 年の期間に分けて実績を示している。
軍事政権は権力を掌握するとすぐに，社会主義経済体制を放棄し，対外開放と
市場経済化に乗り出した。この時期ミャンマーは欧米諸国の制裁下にあったも
のの，一定の外国投資の流入や経済自由化による国内企業の勃興などにより，
成長率は高まった。

　しかし，その後 2000〜10 年の成長率が 2 桁成長となっていることについて
は，数値の信頼性に疑問がある。この時期ミャンマーは 1990 年代以上に厳し
い制裁を国際社会から科されており，2007 年には経済苦境を背景にしたサフ
ラン革命とよばれる大規模な民衆蜂起が起きている。2008 年には 14 万人の死
者・行方不明者を出したサイクロン・ナルギスによる災害も受けており，とて
も 2 桁成長を実現できるような環境ではなかった。この時期は軍事政権が経済
停滞を糊塗するために，数値を水増しした可能性が高い。

　2011−15 年は民政移管後のテインセイン大統領の時代である。テインセイ
ン大統領は基本経済政策のひとつとして正確な経済統計の作成と公表を掲げて
おり，軍事政権時代のような意図的な数字の水増しはなくなったと考えてよ
い。したがって，この時期の 6.3％という成長率は，1960 年代以降のどの時期
よりも高いといえる。2011 年のテインセイン大統領の改革と国際経済環境の
改善は，ミャンマーに過去に経験したことのない成長機会をもたらしたといえ
るだろう[2]。

　つぎに，ミャンマーの産業構造の変化をみてみよう。表 8-2 は 2005 年度以
降のミャンマーの産業構造を示したものである。2005 年度の時点で，農林水
産業が中心の第 1 次産業は，産業全体のほぼ半分を占めていた。他方，製造業
や建設業が中心の第 2 次産業は，2 割にも満たない水準であった。ところが

表 8-2　ミャンマーの GDP の産業別構成比

(%)

| | 2005 年度 | 2010 年度 | 2017 年度 | 2005 -> 2010 | 2010 -> 2017 |
|---|---|---|---|---|---|
| 第 1 次産業 | 46.7 | 36.9 | 23.3 | -9.8 ポイント | -13.5 ポイント |
| 第 2 次産業 | 17.5 | 26.5 | 36.3 | 9.0 ポイント | 9.8 ポイント |
| 第 3 次産業 | 35.8 | 36.7 | 40.4 | 0.9 ポイント | 3.7 ポイント |

出所：Statistical Yearbook, 2018.

　2005〜2010 年の 5 年間で第 1 次産業の構成比が大幅に低下し，第 2 次産業の
それが大きく伸びるという「工業化」が進展した。ただし，これは先に述べた
2000 年代の GDP の 2 桁成長を実現するために，数値操作をしやすい製造業の
生産高を水増ししたことからおきたという可能性もある。この時期の産業構造
変化については，注意して数字をみる必要がある。
　しかし，この産業構造の転換は 2010〜2017 年度にも継続している。この時
期，テインセイン大統領は意図的に工業化を「演出」することはしていない。
実務的な統計の正確性という問題は残るものの，民政移管後ミャンマー経済が
多かれ少なかれ産業構造の転換を経験したことは間違いないだろう。結果とし
て，2017 年度においては最大の産業分野は製造業（23.9％）で，これに商業
（20.8％），農業（15.4％），畜・水産業（7.8％），建設業（6.3％）が続くという
産業構造となった。ミャンマーにおける最大の産業分野は，もはや（狭義の）
農業ではなく製造業なのである。

## 3.　対外経済関係

　次に，対外経済関係の変化をみてみよう。まず貿易の動向である。図 8-1 は
1977〜2015 年を 4 つの時期に分けて，輸出入の年平均伸び率を示したものであ
る。薄いグレーの棒グラフが輸出の伸び率，黒い棒グラフが輸入の伸び率であ
る。1977−88 年の時期は輸出入ともに，停滞していることがわかる。この
時期はビルマ式社会主義時代の後期に当たり，原則すべての貿易に国家統制が
かかっていた。1988 年 9 月に登場した軍事政権はビルマ式社会主義を放棄し，

図8-1　ミャンマー貿易の伸び率（CAGR, %）

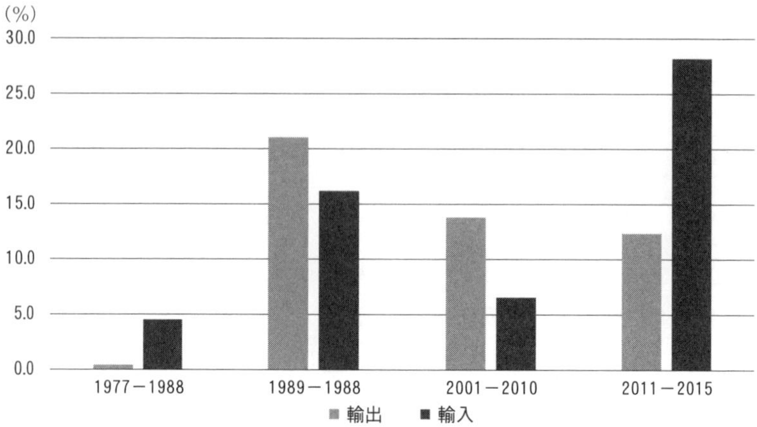

出所：World Development Indicators, accessed on 14 June, 2018.

貿易自由化をすすめた。そのため1990年代には一転して，輸出入ともに大きく伸びた。この時期，輸出は年平均21.1％，輸入は16.2％も成長した。輸出の増加に貢献したのは，タイへパイプラインで輸送が開始されたオフショアの天然ガスであった。

　ところが，2000年代には輸出入ともに伸び率が低下している。とくに輸入の伸び率は6.6％にまで低下した。これは1997年のアジア通貨危機以降，外貨不足に直面した軍事政権が輸入規制を強化したためである。この時期，輸出先行政策（エクスポート・ファースト）がとられ，輸出をした業者のみがその輸出稼得外貨の範囲内でのみ輸入が認められるという，きわめて統制的な貿易政策がとられた。国内企業や消費者が輸入財へのアクセスを厳しく制限されるなかで，GDPが2桁成長を実現したとは考えられない。このことも，この時期GDP統計の数値が水増しされた傍証のひとつとなるだろう。

　さて，その次の時期，すなわちテインセイン政権下では，輸入のみが大きく伸びた。テインセイン政権の自由化政策は，輸出を大きく伸長させることなく，輸入の増大をもたらしたのである。この時期のミャンマーの貿易動向については，第1章（大木）が詳しく分析しているので，ここではその背景についてのみ解説しておく。2000年代を通じた厳しい輸入規制のもとで，国民は窮

乏生活を余儀なくされてきた。たとえ隣国のタイ，マレーシア，シンガポール，あるいは中東などに出稼ぎに行った家族からの仕送りなどで，ミャンマー国内の国民が外貨をもっていたとしても，彼らは輸入財へのアクセスはなかったのである。例えば，日本の中古自動車はミャンマー国内において人気で大きな需要があったが，その輸入は厳しく制限されていた。そのため，10 年落ちのトヨタのマーク II が時に 1,000 万円相当もするという状況であった。それがテインセイン政権下で一気に自由化されたため，2012 年以降日本から毎年 10 万台を超える中古自動車がミャンマーに輸出されることとなった。ミャンマー国内の中古自動車の値段は 4 分の 1，あるいは 5 分の 1 にまで低下したといわれる。テインセイン政権は政治体制の移行期を安定させるためにも，国民に目に見える成果を示す必要があった。そのひとつが貿易自由化による輸入財へのアクセスであったのである。

　しかし，輸出はすぐには伸びなかった。国際社会の制裁が解除され，たとえばアメリカへの輸出が解禁された。アメリカが 2003 年に輸入禁止をする以前，ミャンマー製の衣料品の最大仕向け地はアメリカであった[3]。ところが，禁輸が解かれたからといってすぐに衣料品のアメリカ向け輸出が元の水準に戻ったわけではない。ミャンマーではインフラの未整備をはじめとしてさまざまな生産のボトルネックがあり，市場アクセスの回復が必ずしも輸出の増加に直結しなかったのである。結果として，輸出は伸び悩み，貿易赤字が拡大した。

　1997 年のアジア通貨危機の際に外貨不足に直面した当時のミャンマー軍政は，輸入規制を強化せざるを得なかった。しかし，今回は貿易赤字が拡大しても，テインセイン政権もスーチー政権も輸入規制の強化は行っていない。現在，貿易赤字は外国直接投資（FDI），政府開発援助（ODA），及び海外出稼ぎ労働者からの送金（Remittances）によってファイナンスされている（図 8-2）。

　FDI については第 2 章（本間）が詳しく論じているので，ここでは詳細は省略するが，2011 年以降大幅に増加したことがわかる。ODA の受取額は，1990 年代は年平均 1 億 560 万ドル，2000 年代は 2 億 2,250 万ドルに過ぎなかったが，2011－16 年には 15 億ドル近くに急増した。金融自由化により，海外出稼ぎ労働者からの送金も増加している。それまでホンディとよばれる地下銀行

図 8-2　外国直接投資，政府開発援助，海外送金のミャンマー受取額（年平均）

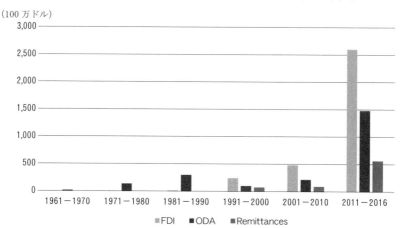

出所：World Development Indicators, accessed on 14 June, 2018.

システムで送金されていた仕送りが，フォーマルな銀行ネットワークを通じて
送金されるようになったのである。

　以上のような対外経済関係の改善が，テインセイン政権とスーチー政権の経
済自由化政策を支える基礎的条件となっている。


## 4.　スーチー政権下での経済減速

　2016年3月に発足したスーチー政権下で，経済成長は鈍化しているといわ
れている。たしかに，IMF推計のGDP統計によれば成長率は減速傾向にあ
る。GDP成長率はテインセイン政権下で徐々に高まり，2013年度には8.4％を
記録した。これは2000年代のみせかけの「高成長」を除けば，ミャンマー独
立後もっとも高水準の成長率であった。しかし，その後減速し2016年度には
5.9％となった。2017年度は6.8％に持ち直し，2018年度以降は6％台の成長率
を維持すると見込まれている[4]。ただし，GDP統計の正確性が保証されないも
とで，この程度の成長率の減速がミャンマー経済にどれほどの影響を与えてい
るのか正直よくわからない。

　このようにミャンマーの経済実態を把握するのは難しいが，近年実業界への
アンケート調査により景気動向を把握しようとする調査がいくつか発表される
ようになった。そのひとつは，ドイツに拠点をおくコンサルタント会社のロー
ランド・ベルガー（Roland Berger Strategy Consultants）が行ったアンケー
ト調査である[5]。この調査は2017年6〜8月に500人の企業経営者・幹部を対
象に実施されたものであり，1年前の2016年にも同様な調査が実施されてい
る。本調査において「これから12カ月のミャンマーの経済・ビジネス状況を
どのように展望するか」を聞いている。回答は「急速に悪化する，ゆっくりと
悪化する，変わらない，改善する，急速に改善する」の5段階で得ている（表
8-3）。

　表8-3によれば，2016年調査では「改善する」あるいは「急速に改善する」
と答えた企業経営者・幹部が73％を占めていたのに対し，2017年調査におい
ては49％にまで減少している。かわって「急速に悪化する」あるいは「ゆっ
くりと悪化する」が5％から，16％に上昇している。この調査が行われた直後
の2017年8月には多数のロヒンギャ難民がバングラデシュに逃れるという事
態が発生しており，ミャンマーに対する国際社会の批判が強まった。そのた
め，外資系企業の評価はより悪化している可能性がある。また，表8-3には外
資系企業とミャンマー企業の両方を合計した数値のみを示したが，両者の間に
大きな認識ギャップはなかった。このことは多くのミャンマーの国内企業が，
2017年6〜8月においてミャンマー経済・ビジネスの先行きについての期待を
下方修正したことを示している。スーチー政権下において，実業界のビジネ
ス・マインドに転換があったことは確かであろう。

表8-3　これから12カ月のミャンマー経済・ビジネス状況に関する展望

| | 前回（2016年，%） | 今回（2017年，%） | 差（%ポイント） |
|---|---|---|---|
| 急速に悪化する | 0 | 1 | 1 |
| ゆっくりと悪化する | 5 | 15 | 10 |
| 変わらない | 22 | 35 | 13 |
| 改善する | 65 | 46 | -19 |
| 急速に改善する | 8 | 3 | -5 |

　出所：Roland Belger, "Myanmar Business Survey #2", Dec., 2017.

## 4.1　構造的要因

　それでは，なぜ経済は停滞感を強めたのであろうか。残念ながら，統計の未整備からこの問いに実証的に答えることは困難である。ここでは各種報道や関係者の話から得た情報をもとにして，筆者の推測を述べることにしたい。いくつかの要因が複雑に絡み合っていると考えるが，構造的な要因とNLD政権に起因する固有の要因にわけると理解しやすいだろう。

　まず，構造的な要因については，軍政時代の疲弊した経済・産業からの「復興期」が2016年度頃に終わりつつあった点が指摘される。テインセイン政権期の高度成長は，経済自由化と国際経済環境の改善（制裁の解除）により実現した。そのひとつの事例がすでに紹介した，日本の中古自動車の輸入自由化と価格の大幅下落であった。毎年10万台以上の中古車が流入したが，5年間でほぼ代替は終了した。それまでヤンゴンはボロボロのクラッシック・カーの展示場のようであったが，あっという間に年式の新しいきれいな中古自動車が街に溢れる状況になった。しかし，代替需要が一巡してしまえば売れ行きが鈍るのは当然である。

　同様な現象は携帯電話にもみられた。軍事政権時代を通じてミャンマーの携帯電話は国営の郵便・電気通信事業体（MPT：Myanmar Posts and Telecommunications）の独占で，加入料金はきわめて高かった。しかも携帯電話の回線が限られていたため，公務員や軍人が特権的に加入権を得て，それを並行市場に横流しをすることが横行していた。実際，筆者も2000年にヤンゴンに駐在していた際にどうしても携帯電話が必要な時期があり，当時の並行市場の相場であった200ドル／月で携帯電話を又借りしたことがある。現在の労働者の賃金が約100ドル／月であることを考えれば，その高額さがわかるだろう。しかし，テインセイン政権下で2013年に携帯電話事業が外資に開放され，外資3社が参入すると，SIMカード1枚が1,500チャット（約1ドル）で入手できるようになった。図8-3は100人当たりの携帯電話加入者数を示しているが，2016年までにほぼ100％の加入率を達成したことがわかる。

　第2章（本間）が紹介しているように，この時期多額の外国投資が携帯電話

図8-3　ミャンマーの携帯電話加入者数（100人当たり）

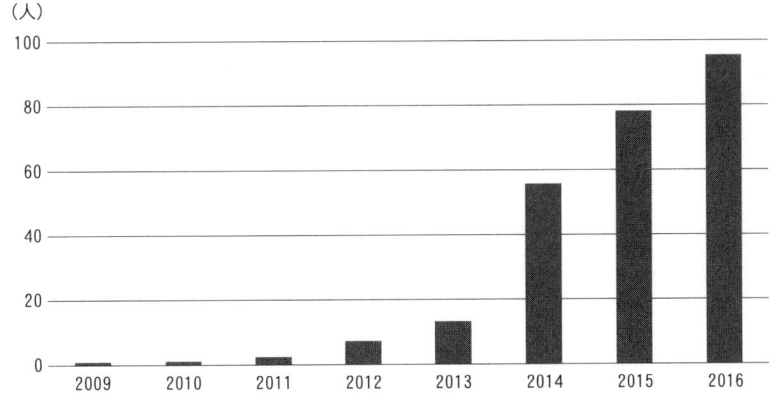

出所：World Development Indicators, 2019年8月7日アクセス。

　事業に流入した。それは携帯電話を爆発的に普及させることに貢献したが，一度100％の加入率を達成してしまえば，その後の成長が鈍化するのは当然である。ミャンマー人が持っている携帯電話はほとんどがスマートフォンであり，SNS，E-Commerce，モバイル決済など今後も携帯電話関連の成長余力は大きい。しかし，当面の成長スピードが鈍化することは避けられない。

　このように，民政移管後の経済自由化と国際経済環境の改善は23年間の軍事政権下で抑圧されてきた需要やそれを満たすための経済活動を解放し，その結果いわば押さえ込まれていたバネの重しが除かれることで一気にバネが跳ね上がったような成長が実現したのが，テインセイン政権期であったといえよう。これは戦後の「復興期」にも似ており，ある程度自動的な過程ともいえる。しかし，日本の中古自動車と携帯電話が典型例であるが，その効果はワン・ショット的である。一度当面の需要が満たされてしまえば，そうした自動的なプロセスは終わらざるを得ない。そうした時期が偶然にもスーチー政権の登場と時を同じくして生じたことが，経済減速の構造的な要因のひとつである。

　さらに，スーチー政権は急速な成長や開発にともなう，歪みの是正にも取り組まなければならなかった。テインセイン大統領は体制移行を成功させるために，国民に民主化の成果をみせる必要があった。そのため，すぐに目に見える

成果（Quick Wins と呼ばれた）を追求した。結果として，負の副作用も生じたのである。例えば，道路インフラを整備しないまま大量の中古自動車の輸入を解禁したため，ヤンゴンは中古自動車で溢れ，深刻な渋滞が発生した。NLD 政権は自動車の輸入規制に乗り出し，2017年の輸入台数は2014年の約半分の水準にまで低下した。その後も輸入規制は強化されている。

　また，NLD 政権は政権発足後すぐにヤンゴンでの高層建築の建設を一時凍結した。この措置は景気の足を引っ張ったとして実業界から批判を受けた。にもかかわらず，違法建築の取り締まり，乱開発防止のための許認可の正規化，高騰した土地価格の適正化，環境対策，汚職撲滅，税金の徴収などは，NLD 政権でなくてもいずれ取り組まざるを得ない課題であった。これらの措置が景気減速に拍車をかけた側面はあるし，規制の仕方にも問題はあったかもしれない。しかし，ミャンマー経済がそうした踊り場にさしかかっており，政府がなんらかの対策を打たなければならなかったことも事実なのである。

## 4.2　NLD 固有の要因

　つぎに，NLD 政権に起因する固有の要因について検討しよう。まずスーチー氏の政策の優先順位の問題である。2015年11月の総選挙を戦う際にNLD が発表した公約のトップ・プライオリティは，少数民族との和平の実現であった。実際，スーチー氏は少数民族武装勢力と停戦合意及び政治解決を話し合う場として，テインセイン大統領がすでに一度開催していた連邦和平会議を「21世紀のパンロン会議」[6] と改めて名付けて，全国停戦の実現をめざした。

　スーチー氏は「平和なくして経済発展なし」とのスローガンのもと，少数民族との和平を最優先としたのである。スーチー氏の多くの時間と注意がパンロン会議に注がれた。スーチー氏は内外のメディアから新政権の経済成長戦略を問われると決まって，経済成長の前提は法の支配であり，まずはそれを確立することが大事であると答えていた。スーチー氏は平和と民主主義が確立すれば，経済成長は自動的についてくると考えていたのかもしれない。しかし，こうしたトップの姿勢は，NLD 政権が本格的かつ具体的な経済政策・計画・プログラムを策定する作業を遅らせることになった。

　状況をさらに悪化させたのは，経済担当となった大臣の行政経験不足と専門知識の欠如であった。任命された大臣は必ずしも NLD 党員ばかりではなかったが，やはり NLD の限られた人的ネットワークのなかから選ばれた人材であった。NLD は軍政時代，何度も解党の危機に直面しながら，民主化運動を戦ってきた政党である。党員やその関係者の多くは投獄や自宅軟禁を経験しており，行政経験を積むことはもとより，学業を続けることさえもできなかった人が多い。もちろん NLD 政権の大臣の多くは修士号や博士号をもつ高学歴者ではあったが，国内の劣化した教育機関で得た知識が実際の行政にどれほど活かせるものであったのかは疑問である。

　とくに NLD 政権発足と同時に行われた省庁再編によって誕生した，計画・財務省（旧国家計画・経済発展省と財政歳入省が合併した巨大官庁）は経済政策の司令塔になることが期待されていた。しかし，任命されたチョーウィン大臣は就任当初からディプロマ・ミルで偽の博士号を取得した疑惑にさらされ，かつ経験・知識不足からこの巨大官庁を効果的に運営することはできなかった。彼は社会主義時代に計画・財務省の役人であったが，1990 年代の初めの軍政初期におそらくまだ低いポストの段階で退職している。彼の官僚時代に，大所高所からの判断を要する行政経験を積む機会はなかったであろう。結局，2018 年に汚職疑惑が起こり，更迭された。

　NLD 関係者が新たな大臣として任命されるなかで，国軍出身の高級官僚や行政官のなかには暗黙の抵抗をしたものもいただろう。ミャンマーの官僚制度は政治任用ではなく，政権交代で官庁に送りこまれるのは基本的に大臣 1 人である。事務次官，局長，課長以下，幹部職員を含めてスタッフが政権交代にともなって変わることはない。おそらく専門知識をもたない素人の大臣は，彼らにとってはさほど怖い存在ではなかったであろう。あるいは，NLD の新大臣が役所のもっている既得権益に切り込むような改革を行おうとしても，元軍人の高級官僚は大臣に面従腹背することも可能であったはずである。彼らは大臣よりはるかに現場の実務に通じていたからである。

　対照的に，軍事政権及びテインセイン政権時代は大臣も高級官僚も元軍人であり，同じ釜の飯を食った仲間であった。すでに固い人間関係ができていることも多かった。そのような環境にあっては，良きにつけ悪しきにつけ，官僚が

軍出身の大臣の命令に背くことはできなかったはずである。NLD 大臣がおかれた状況を，あるミャンマーの官僚は「頭が変わっても首が変わらなければ，向きは変えられない」と筆者に語ったことがある。どこの国でも政治主導は難しいのである。このような状況下で，経済担当の大臣は重要な決定を自信をもってできなくなっていく。その結果，すべての案件がスーチー氏のところまで上がり，彼女の決済が必要になっていったのである。さらには，ロヒンギャ問題の発生によりスーチー氏がより多忙になるにしたがい，多くの経済案件が滞るという悪循環が生じていったのではないかと推測する。

　しかし，こうした状況も徐々にではあるが，改善の兆しがみえつつあるように思われる。2020 年の総選挙が近づくなかで，スーチー氏も国民に目にみえる成果を示す必要に迫られてきた。民主主義を実現したというだけでは，すでに国民の支持を得ることが難しくなっていることもわかっている。そのためか 2018 年頃より，スーチー氏の経済重視が明確になってきているように思われる。また，NLD 大臣も 3 年の勉強期間を経て，政策にも精通してきた。官僚との人間関係もできてきただろう。まだまだ多くの課題はあるが，スーチー政権はミャンマーの経済成長を加速すべく政策の舵を切りつつある。

## 5.　おわりに

　本章では民政移管後のミャンマー経済を少し長い時間軸に位置づけつつ，スーチー政権下での経済減速の要因についても検討してきた。ここで，これまでの議論をまとめておこう。第一に，テインセイン大統領により始動された経済自由化と国際経済環境の改善により，ミャンマーはその歴史において最大の成長機会を眼前にしている。第二に，テインセイン政権時代の急成長は長く続いた軍事政権の抑圧からの解放と対外開放によるもので，ある程度自動的かつワン・ショット的な復興プロセスであった。第三に，スーチー政権下における経済減速はそうした復興過程の終わりという構造的要因と，急速な成長による歪みの是正・対処の必要があって起きたものである。第四に，スーチー政権の経済担当大臣の経済運営のまずさも，経済減速の原因のひとつである。ただ

し，3年の時を経て，スーチー氏は経済重視に舵を切り，大臣も政策に精通しつつある。ミャンマー経済の再活性化が期待されている。以上，民政移管後8年のミャンマー経済を振り返ってきた。

　最後に，今後スーチー政権に求められる経済政策について言及しておこう。現在，ミャンマー経済は減速し，踊り場にある。この踊り場から脱却し，次の段階へすすむためには新たな経済政策が必要となっている。テインセイン政権期には経済の自由化，規制緩和，対外開放などにより，経済活動の制約を除くことで成長を実現することができた。しかし，これからは自由化や規制緩和をすすめると同時に，高度で効率的な市場経済を機能させるためのインフラ，制度，人材をつくり上げ，生産・物流・取引のボトルネックを解消していかなければならない。

　図8-4はこのことを示したものである。ビルマ式社会主義の計画経済及び軍事政権時代を通じて，ミャンマー経済・産業は大部分が伝統的，農業・農村的，インフォーマル的経済に属しており，近代産業と呼べるものは国有企業やごく一部のビジネス・グループの企業活動に限られていた。自由化・規制緩和・対外開放は統制・閉鎖性の強かったミャンマー経済を，自由で開放された市場経済へと移行させ始めることに成功した。しかし，ミャンマー経済は少し

図8-4　ミャンマーにおける統制・計画経済から開放・市場経済への移行・発展

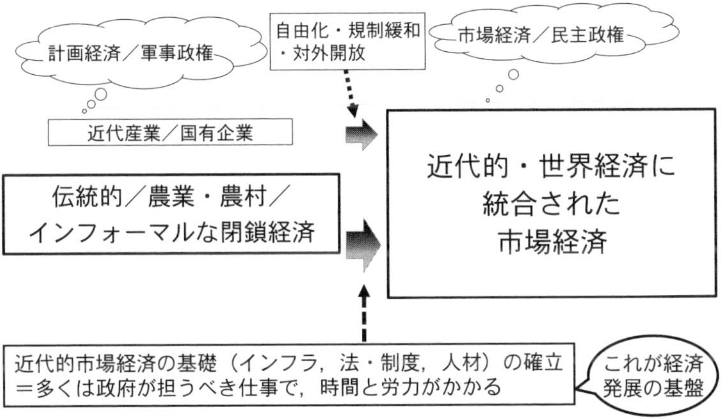

出所：筆者作成。

成長・拡大すると，すぐに様々なボトルネックにぶつかってしまう。これは近代的な市場経済を支えるインフラ，法・制度，人材などの基盤ができていなかったためである[7]。電力不足による生産ボトルネックの顕在化が典型例である。近代的な市場経済を動かすための専門性をもった官僚の不足も，もうひとつの事例である[8]。

　政治的意思さえあれば自由化や規制緩和はすぐにでも実行できる。しかし，インフラ・制度・人材をつくり上げていくプロセスには，多大な労力と長い時間がかかる。一朝一夕でできることではない。そして，こうした市場経済の基盤を作る仕事は，民間セクターの協力を得る必要はあるものの，基本的にはミャンマー政府が担うべきものである。4年目を迎えたスーチー政権は「法の支配さえ確立すれば経済は自動的に成長する」というようなナイーブな段階を脱し，専門的，機能的で一貫性のある政策を具体的にすすめる段階にはいったといえよう。第二段階の改革が求められているのである。

（工藤　年博）

**注**

1　憲法の規程により，外国人を家族にもつスーチー氏は大統領になれない。このため NLD 政権は新たに国家顧問（State Counsellor）という地位を設置し，スーチー氏をこれに任命した。スーチー氏は大統領ではないが，事実上スーチー国家顧問が NLD 政権を率いている。

2　なお，このアクセス時点では，World Development Indicators（WDI）の統計で利用できる数値は 2016 年の 4.9％のみであった。それ以降はおおむね 6−7％前後で成長しているとの見方が強い。これについては別のデータ・ソースを使って，あとで議論する。また，2016 年の 1 人当たり GDP は 1,196 ドルであった。

3　詳しくは第 6 章（増田）を参照。

4　IMF, "IMF Executive Board Concludes 2018 Article IV Consultation with Myanmar", Press Release No. 19/115, April 12, 2019.

5　Roland Berger, "Myanmar Business Survey #2", December 2017.

6　ミャンマーが英国から独立する前年 1947 年 2 月に，シャン州のパンロンでアウンサン将軍と少数民族の代表らが会談した会議。少数民族の自治権を認めつつ，ビルマ族と一緒に連邦国家として独立することで合意した。しかし，独立後，すぐに民族紛争が起きることになった。

7　これらの課題のうち，輸送インフラと近隣国との連結性については第 4 章（藤村・春日），産業人材育成については第 7 章（高橋）を参照。

8　この面で日本政府がミャンマーの官庁に，国際協力機構（JICA）の専門家やコンサルタントとして派遣している人たち貢献は目覚ましい。ミャンマーの官庁で，ミャンマーの官僚と席を並べて，日々一緒に働くなかで，専門知識やアドバイスを提供する協力のあり方は，相手国への寄り添い型として高く評価されるべきであろう。

**参考文献**

Central Statistical Organization (CSO), Statistical Yearbook, various issues.

International Monetary Fund (IMF), "IMF Executive Board Concludes 2018 Article IV Consultation with Myanmar", Press Release No. 19/115, April 12, 2019.

Roland Berger, "Myanmar Business Survey #2", December 2017.

World Bank, World Development Indicators, available at https://databank.worldbank.org/source/world-development-indicators.

# 索　引

## 執筆者一覧 （執筆順）＊は編著者

＊大木　博巳　　国際貿易投資研究所　研究主幹　　　　　　　　　（第1章）

　本間　　徹　　独立行政法人国際協力機構　国際協力専門員　　（第2章）

　牛山　隆一　　日本経済研究センター　主任研究員　　　　　　（第3章）

　Aung Kyaw　モンユワ経済大学商学部　教授　　　　　　　　（第4章）

　藤村　　学　　青山学院大学経済学部　教授　　　　　　　　　（第5章）

　春日　尚雄　　都留文科大学地域社会学科　教授　　　　　　　（第5章）

　増田耕太郎　　国際貿易投資研究所　客員研究員　　　　　　　（第6章）

　高橋　与志　　広島大学大学院国際協力研究科　准教授　　　　（第7章）

＊工藤　年博　　政策研究大学院大学　教授　　　　　　　　　　（第8章）

### 編著者略歴

工藤　年博（くどう　としひろ）

1963 年生まれ。ケンブリッジ大学院卒業。政策研究大学院大学教授。専攻はミャンマー地域研究，開発経済論。編著書に『ミャンマー経済の実像―なぜ軍政は生き残れたのか』（アジア経済研究所，2008 年），『ミャンマー政治の実像―軍政 23 年の功罪と新政権のゆくえ』（同，2012 年），『ポスト軍政のミャンマー―改革の実像』（同，2015 年）など。

大木　博巳（おおき　ひろみ）

1953 年生まれ。横浜市立大学卒業。国際貿易投資研究所研究主幹。編著書に『東アジア国際分業の拡大と日本』（ジェトロ，2008 年），『ASEAN の新輸出大国、ベトナム』（文眞堂，2018 年）など。ミャンマー関連では『ミャンマー農村部の生活実態と BOP ビジネスの可能性』（ITI コラム，2014 年），「メーソート・ミャワディ国境貿易の光景、集積する日本の中古品」（ITI フラッシュ，2018 年），「ミャンマーの国境貿易」（ITI フラッシュ，2018 年）等。

**アウンサンスーチー政権下のミャンマー経済**

2020 年 2 月 10 日　第 1 版第 1 刷発行　　　　　検印省略

編著者　　工　藤　年　博
　　　　　大　木　博　巳
　　　　　国際貿易投資研究所
発行者　　前　野　　　隆
発行所　　株式会社　文　眞　堂
　　　　　東京都新宿区早稲田鶴巻町 533
　　　　　電　話 03（3202）8480
　　　　　Ｆ Ａ Ｘ 03（3203）2638
　　　　　http://www.bunshin-do.co.jp
　　　　　郵便番号（162-0041）振替00120-2-96437

製作・モリモト印刷

©2020

定価はカバー裏に表示してあります

ISBN978-4-8309-5061-2　C3033